室町期山名氏の研究

伊藤大貴著

吉川弘文館

目 次

第三部　応仁・文明の乱以後の山名氏と都鄙の政治情勢

凡例

一、参考文献の副題は原則として省略した。

一、本書の人名表記は原則として諱に統一したが、諱が判然としない者は法名などで表記した場合もある。また、足利将軍の名前は原則として尊氏のほか、義教、義政、義尚、義材、義澄にそれぞれ表記を統一した。

一、引用史料の傍線・記号・返り点などは筆者が加えた。なお、判読不能箇所（欠字を含む）は一文字につき□、文字数不明の場合は［　］、塗抹箇所は一文字につき■で示した。

序章　室町期政治史研究と山名氏

はじめに

室町期の日本列島は、京都の室町殿（足利将軍）の下に多様な勢力が包摂される社会であった。そのうち、全国規模の南北朝内乱を経て、政治・軍事両面で成長を遂げた有力な武家領主は、室町殿の下で在京しながら中央政治に関与した実力者（大名）であり、同時に各地の分国支配を担う守護として地域社会と向き合ったように、都鄙（中央と地方）をつなぐ存在であった。

本書は、そうした守護（大名）家の当主ならびにその一族・被官の政治動向や都鄙間活動、権力組織の変容などを取り上げる。とりわけ彼らの多くが在京していた一五世紀を中心に考察し、その実態について具体的に明らかにすることを主な目的としている。それでは、これまでの研究史において、守護の存在はどのように捉えられてきたのであろうか。まず、守護の視点をもとに室町期政治史研究の展開とその課題を確認し、次いで検討対象となる守護家について整理したうえで本論に入ることにしたい。

一　室町期政治史研究の現状と課題

（一）室町期政治史研究の現状と課題──守護の視点から──

室町期政治史の研究は、主に戦前の田中義成・渡辺世祐両氏による実証的な政治過程の考察を基礎とする形で展開してきた。(1)田中・渡辺両氏の研究は現在の政治史理解にも大きな影響を与える内容であるが、その中でも細川・斯波・畠山の管領家、さらに山名・土岐・一色・赤松などの諸氏は将軍の政務を補佐して幕政に関与した有力諸侯として認識されており、彼らも政治史叙述の中に組み込まれている。

戦後に入り、室町幕府を守護大名による連合政権と規定した議論を経て、(2)佐藤進一氏による室町幕府論が登場すると、新たに将軍権力の求心性や将軍権力を支えた権力基盤に注目する研究動向が生まれた。(3)佐藤氏の議論が発表された一九六〇年代以降、幕府政治史に関する諸研究も将軍権力とその側近勢力への注目や管領・諸大名ら守護勢力の相互関係、義教期の専制政治、嘉吉の乱後の管領政治と義政親政の様相などの議論へと展開していった。(4)幕府政治史（特に義満～義教期）の基調をどう捉えるのかという点は論者や対象時期により微妙な差異が存在するが、専制政治を志向する将軍権力と衆議による政務運営を重視する守護勢力の相克により、具体的な政治過程が推移していったとする大きな見方自体は共有されていると考えてよいだろう。

将軍権力に対抗する政治集団としての守護勢力は、室町期政治史の中でも枢要な位置付けを与えられたが、守護側の政治史研究は主に管領家を対象に展開していった。六〇～七〇年代にかけては、小川信氏による細川・斯波・畠山三管領家の研究、五味文彦氏の「管領制」と「大名制」の研究、嘉吉の乱後の管領政治と足利義政親政の確立過程や応仁・文明の乱に至る過程を考察した百瀬今朝雄氏の研究などが登場した(5)。続いて八〇年代には嘉吉～康正年間にかけての管領政治の推移と将軍親政の様相を明らかにした鳥居和之氏の研究などが発表されたほか、今谷明氏が幕府政治を支えた諸大名による「重臣会議」の機能と実態を検討し、文安年間の土一揆と細川・畠山両管領家の抗争を結び付けた政治過程論を提示した(6)。

このように、幕府政治を支えた有力守護層の筆頭格である管領家については、幕府制度における歴史的位置、将軍と守護を結ぶ媒介項としての役割や守護家集団の代表者・統括役としての側面が注目されつつ政治史研究が展開したが、それ以外の諸家については、六〇年代前後より「守護領国制論」を背景とする個別研究が広がり始めたものの、十分な議論に展開したとは言い難い。例えば、八〇年代～九〇年代初頭には、高橋修氏が義持期・義政期の一色氏の政治動向をそれぞれ考察している(7)。高橋氏の研究は非管領家の政治動向に関する数少ない成果の一つといえるが、一色氏に限らず、中央政界における守護の政治動向に関する専論の少なさは高橋氏も指摘するところであった。

元来、守護研究をめぐっては、終戦直後より発展していった守護領国制の議論以来、守護の分国支配の実態や対国人関係、被官組織の構造、在地掌握の問題や荘園制との向き合い方といった地域権力としての諸要素に注目が集まっていた(8)。佐藤氏の議論を土台に研究が進んだ将軍権力に比べると、守護勢力の政治動向は副次的な位置にとどまったと言わざるを得ない。

ただし、守護勢力の政治的位置は等閑視されたままであったわけではない。様々な批判を受けた守護領国制の議論は停滞気味になる一方、七〇年代に提起された田沼睦氏の「室町幕府―守護体制論」では幕府・守護・国人による支配体制を論じるうえで守護を中心に据えた見方が示されたほか、八〇年代後半に入ると、川岡勉・矢田俊文・今岡典和氏による「戦国期守護論」が提唱されて、室町・戦国期の室町幕府による支配秩序や権力論を連続的に捉える視座が示された(9)。さらに九〇年代の「地域社会論」では下からの秩序形成を受け止める存在として守護公権が見直されるなど、[10]中世後期社会における守護の再評価や幕府論・守護論を総括した体系的な議論が展開していった。

そうした中、九〇年代から二〇〇〇年代初めにかけて、川岡氏が既存の「室町幕府―守護体制論」を発展的に継承し、中世後期の支配体制に関する包括的な議論を打ち出した。川岡氏の「室町幕府―守護体制論」では、中央と地域社会双方を取り結ぶ媒介項として守護を高く評価しているが、その中で守護は中央政治に関与する存在として改めて位置付け直された。[11]さらに川岡氏は専制志向の将軍権力と衆議を重視する守護勢力の相克という視点を見直し、将軍権力と管領を筆頭とする守護家集団の相互補完的な政務運営の在り方を示したほか、権力論に政治史的視点を導入しながら室町期の支配体制の大枠を示した点も特徴的であり、今なお中世後期の政治・支配体制論においては中核的な位置にある議論と評価できる。

中央政界における守護の位置や動向については、二〇〇〇年代に入ると、大名衆議の構造を検討した吉田賢司氏が諸大名同士の微妙な意見や立場の相違に注目したほか、[12]室町殿に対する守護たちの政治的示威行動である「御所巻」を考察した清水克行氏が諸大名の「結束力」を疑問視する見方を示している。[13]また、森茂暁氏は従来の幕府論では「フレーム」（政治体制）の検討が先行しているとして、室町殿と重臣（守護）の動きを個別事例まで踏み込みつつ、幕府内部や個人を重視した足利義持・義教期の幕府政治史を叙述した。[14]さらに土岐頼康を素材に南北朝期政治史を検討した山田徹氏も同様の見解を述べており、従来は幕府内部の個々の動向が捨象されやすく、管領や執事ではない大名が相対的に軽視されていたとしている。[15]桑山浩然氏が示唆するように、政治の現場は様々な思惑や立場を有した者たちが集う場であった。[16]関係者の動向は必ずしも一括りにできない多様で複雑なものであったことが推察される。これまでの研究では将軍権力と対比させて在京守護層を一つの政治集団として把握する傾向があったが、政治史の背後にある「個」の動きが重視されにくかった点は課題であろう。本書では特に近年、幕府内部の個々の動きを見ていく必要が相次いで指摘されている点に注目したい。

そのうえで筆者が留意したいのは、京都社会や都鄙関係の視点である。将軍権力や幕府政治史の分野では家永遵嗣氏の諸研究に代表されるように、都鄙間情勢の連動という視座による新たな成果が積み重ねられてきた(17)。特に二〇〇〇年代以降は、京都の室町殿の下に諸領主が集住する社会構造や京都の持つ求心力、都鄙関係論への注目がよりいっそう集まっている(18)。これらの議論の中には川岡氏の「室町幕府―守護体制論」を相対化する目的で展開していったものもあるが、政権都市・京都への注目により、在京する諸領主と中央政界の密接な連動面を考慮する必要はさらに増してくるといえるだろう。実際に山田氏は南北朝期の所領配分と中央政治の関係を論じており、政治史の視点の重要性が見て取れる(19)。さらに別稿にて山田氏は在京する領主たちによって構成される社会構造が嘉吉の乱や応仁・文明の乱、明応の政変といった政治的画期により段階的に解体されていく見通しを示している(20)。また、早島大祐氏の都鄙関係論、松井直人氏による中世後期武士の在京構造の研究、川口成人氏による大名被官の都鄙間活動の実態解明など、在京領主社会の内実を明らかにする動きが進んでいる(21)。ただし、「室町殿論」の盛況のように、二〇〇〇年代以降も足利将軍家の政治史研究が進展していった点に比べると(22)、在京した諸領主の具体的な政治動向を個々のレベルまで見る試みは依然として積み残された課題になっている。義満期以降、政治史の更新が相次ぎ、通説的な政治史理解に大幅な見直しを迫る動きもある中(23)、「個」の動きを当時の全体的な政治・社会構造の中にどのように位置付けていくのか、そして「個」の視座から捉え直すことが可能な側面はないか、改めて考察する余地があろう。

先に述べた守護の役割を高く評価する川岡氏の議論に対しては、その後、守護の側面では捉えきれない在京大名の役割が指摘されたほか、地域ごとの多様性や非守護勢力が議論に組み込まれていないなどの批判が展開していった(24)。ただ、川岡氏の議論を相対化する動きであっても守護の役割や政治的位置付けを否定しているわけではなく、二〇一〇年代に入ると、守護を軸とした支配体制を再評価する見方が散見される点には注意しておきたい(25)。時期や地域による差異はあるものの、室町期の政治体制論における守護の政治的重要性は完全に相対化されていないと見てよい。京都社会における大名、すなわち守護は政治的・経済的にも中核的存在であり、守護家当主のほかに多くの被官や一族を内包し、様々な関係者との間で多様なネットワークを有した集団であった。都鄙双方に軸足を置く守護＝大名に視点を設定する意義は依然薄れていないと考える。

なお、京都の求心性に注目する議論に対しては、狭い京都社会内部で完結する議論に陥っているとの指摘があるが(26)、河村昭一氏や川口氏をはじめとする近年の守護（大名）被官研究の成果を踏まえると(27)、京都社会との関係がもたらした守護権力自体への影響はやはり無視できない。筆者としては、むしろ狭い京都の中に当時の政治・社会状況が凝縮して存在し、地方の矛盾も持ち込まれる点がこの時代の特徴なのであり、京都社会における武家領主の実態を考察する意義は十分にあると考えたい。ただし、京都社会のみで室町期の政治史をすべて説明し得るわけではなく、地域社会の動向を踏まえなければならない。とりわけ本書が重視するような在京守護の場合、その政治動向を分国地域内部で完結させるのではなく、基本的には京都と地方が互いに連動し合う見方を基調としつつ、全体的な政治史の中に位置付けて理解する取り組みが必要であろう。

以上の点をまとめておく。室町幕府政治史上、将軍権力に対抗する勢力として位置付けられた守護層であったが、集団として一括把握される傾向が根強かった。また、室町幕府の支配体制に関するアウトラインを論じる動きが先行する一方、在京領主の一員であった守護家個々の政治動向に関しては、管領家の研究などを除くと検討の余地がある。実際、将軍権力との相互補完的な幕政運営が行われて、在京守護家ごとに複雑な様相・立場で行動していた点が明らかにされている。近年の政治史研究の進展や京都の求心性、都鄙関係論への注目を踏まえながら、個々の政治動向を考察する意義は増していると指摘できる。

（二）応仁・文明の乱以後の政治史について

応仁・文明の乱後、守護を含めた武家領主の多くは京都を離れていき、大きく政治・社会状況が変化していった。一五世紀を通して政治史を見る時、乱後の政治状況と守護の関係はどのように捉えていけばよいだろうか。

応仁・文明の乱後の室町幕府をめぐる研究を振り返ると、幕府は無力となり、細川氏の「傀儡」となったという視点で語られていたが(28)、戦国期将軍権力の独自基盤に注目する研究が徐々に登場していった。特に今谷氏の戦国期室町幕府の政治・権力構造に関する諸研究を起点として再検討が進み、戦国期室町幕府の政務運営や政権構造などの具体的な様相を明らかにする動きが広がった(29)。二〇〇〇年代以降は山田康弘氏の戦国期将軍権力論をはじめとして、戦国期将軍権力が各地の地域権力に対して一定の影響力を持ち合わせた存在として再評価されるようになっている(30)。

一方、本書で重視する政治過程論を見ると、一九七〇年代の百瀬氏の研究によって「将軍家分裂」の視点が導入され、明応の政変で将軍家が二系統に分裂する事態が本格化する見通しが述べられた(31)。一九八〇年代に入ると、かかる視点をもとに石田晴男氏が中央・地方情勢の相互連動という視座から戦国期政治史に触れた(32)。さらに一九九〇年代に入ると、家永氏が百瀬・石田両氏の研究をより深く発展させて、応仁・文明の乱後の大名間同盟の推移や中央の政局との連動面、関東・北陸地方などにおける都鄙間連動の実態を考察した(33)。その後、一六世紀初頭にかけて将軍家が分裂した中央政局と地方情勢の連動過程や足利義材の西国流浪期間中における地域権力側の対応などについて、様々な地方を対象として検討が深められている(34)。

ただし、注意しなければならないのは、将軍家分裂という事例は、応仁・文明の乱中にも確認できるものの、本格化していくのは明応の政変以後という点である。そのため、戦国初期政治史に関する多くの議論は明応の政変を起点として、一六世紀前半を対象としている点に特徴がある。一方で家永氏は、応仁・文明の乱~明応の政変にかけての時期に戦国初期の政治状況が形成されていくと指摘しているほか(35)、平出真宣氏は、明応の政変以前の段階において中央・地方情勢は特に密接な相互連動が見られたと述べており(36)、中央政権の段階差へ注目する必要を説いている。そこで応仁・文明の乱以後の室町幕府を見ると、足利義政・義尚並立期から義尚政権、義材政権とおよそ三〇年の間で政権が段階的に変化している。伊勢北畠氏と義尚・義材両政権の政治的関係を取り上げた大藪海氏、さらに当該期の将軍・大名関係に注目し、大名側の視点を取り入れながら中央政治史を捉え直している小池辰典氏をはじめとする諸研究が見られるが[37]、こうした一五世紀後半の中央政権の段階差と地方情勢の連動面を見る試みは他の大名家でも必要であろう。また、一九七〇年代以降の今谷氏による「京兆専制」論をはじめとして[38]、戦国期室町幕府をめぐる政治史の議論の多くは細川氏を軸に見る傾向があったが、近年では畠山氏や若狭武田氏、六角氏、赤松氏といった他の大名家の視点からの研究も進んでいる[39]。このような個別に視座を設定して全体的な政治史を捉えようとする動きにも本書では注目したい。

このように、応仁・文明の乱以後の室町幕府も一定の影響力を保持していることが明らかにされると共に、中央・地方双方の情勢が連動する視点で研究が進んでいる[40]。特に一五世紀後半段階では中央政権が段階的に変化する中で戦国期の幕開けとされる明応の政変が発生しており、こうした政治過程の中に在国志向を強める守護（大名）たちをどのように位置付けていくのかという点が課題といえるだろう。一連の議論で取り上げられる都鄙間の相互連動という視点は、近年特に京都の求心力を重視するようになっている室町期の議論とも親和性が高く、室町期から戦国期にかけて連続的に捉えることが可能な視座といえる。しかし、室町期に在京勢力が主体を占めている地域でありながらも検討から漏れた地域がいまだに残されている点は課題であろうし、武家領主層の在国化が進展して社会構造の変動が大きくなる戦国期は、室町期とは異なる社会状況が成立している。このような室町期から戦国期にかけての都鄙関係ならびに社会構造の変質という視点を踏まえながら、戦国初期の政治情勢がどのように形成されていくのかという過程を具体的に描き出し、戦国期の議論に接続しなければならないと考える。

以上、これまで本節で述べてきた内容を整理したうえで本書の基本的な方向性を提示しておく。室町期政治史の中で守護（大名）は社会的に枢要な勢力の一つとして評価されているが、守護の動きを全体的な政治史の中に位置付けて理解するには個別事例の積み重ねを含めて議論の余地がある。そこで本書では守護の視点から室町期政治史を考察するが、特定の守護家に対象を設定し、近年の室町期研究で重視される都鄙関係を基軸として見通すことにしたい。続いて一五世紀後半の政治状況についても、応仁・文明の乱を境に守護が在京する政治構造が崩壊へと向かい、中央政権が段階的に変化する中での守護を取り巻く都鄙の政治情勢を考察し、一六世紀前半の政治状況の前提が形成されていく過程を明らかにする。また、守護家を構成した人々やそこに連なる者たちの都鄙間活動やその実態、存在形態などの基礎的事実の解明もあわせて目指すことで、室町期における政治・社会状況の多角的な考察を進める一助としたい。これらを課題として留意しつつ、個別の守護家を取り上げたいと考えるが、さしあたって本書では山名氏を検討対象とする。それでは次に山名氏の概要と研究上の意義を述べたうえで山名氏研究の現状と課題を見ていく。

二　山名氏研究の現状と課題

（一）山名氏の概要

まず、山名氏の概要を述べていく。新田義重の子・義範を祖とする山名氏は、上野国山名郷を本貫地とする一族であるが、建武四（一三三七）年に惣領・山名時氏が伯耆国守護に補任されて以降は山陰地方を中心に分国を拡大していった。

山名一族のうち、但馬国を本拠とした惣領家は室町幕府相伴衆に列したが、木下聡氏は相伴衆・国持衆を構成した家のうち、山名惣領家が最上位の家格として位置付けられていたと指摘している(41)。さらに山名氏の場合、伯耆・因幡・石見をそれぞれ本国とする庶流守護家が存在しており、伯耆・石見両守護家は国持衆（外様衆）、因幡守護家は御供衆に列した。いずれも惣領家と同様に在京する家であり、守護職を得なかった他の一族も含めると細川氏に匹敵する一族規模を誇った。

また、政治史分野においても、山名氏は明徳の乱や嘉吉の乱、応仁・文明の乱といった政治史上の画期となる戦乱に関与している。さらに惣領・山名時熙（常熙）は室町幕府の宿老として政治的に重用され、その子・持豊（宗全）も嘉吉の乱後の中央政界で政治的影響力を拡大した。市川裕士・稲垣翔両氏は、山名氏は室町期の有力守護家の一典型として有効な素材と評価している(42)。

厳密に言えば、市川・稲垣両氏の指摘は分国支配・権力構造分野での見解であるが、中央政界での枢要な地位や重要な政治的画期への関与を踏まえると、政治史分野においても同様に捉えることができるだろう。山名氏の場合、惣領家は管領家とは異なる家格であったが、それは管領家とは別の視点で政治史を見ることにも繋がる。加えて複数の庶流家を含む山名氏が本国とした山陰地方東部は京都に比較的近く、畿内近国の外縁部を構成する地域であり、特に惣領家本国の但馬国は京都の後背部ともいえる地域であった。このような地域的特性を考えれば、地域社会の動向と京都の政治情勢との連動が十分考えられる。しかし、こうした地域を分国としていながらも、これまで山名氏は具体的な検討対象となることがさほど多くなく、次の研究史整理でも触れるように様々な点で検討の余地がある。室町期政治史上、山名氏を対象として考察する意義は十分にあるといえるだろう。

それでは、これまで山名氏の研究はどのように展開してきたのだろうか。次で詳しく見ていこう。

（二）山名氏研究の展開

最近では渡邊大門氏による山名氏関係論稿の網羅的収集や市川・岡村吉彦両氏による研究動向整理といった諸研究

により[43]、山名氏に関する先行研究の概要が明確になってきているが、改めて先行研究を整理しておきたい。山名氏研究の展開を見ると、稲垣氏は①政治史研究、②分国支配・権力構造研究の二種類に大別可能であると指摘している[44]。おおむね稲垣氏の整理は大枠を示しており、首肯できる。そこで稲垣氏の分類を参考にしつつ、①政治史研究、②分国支配・権力構造研究の二つの視点でそれぞれ先行研究を整理したい。

①政治史研究分野

本格的に山名氏の政治動向に関する研究が展開していくのは、一九六〇年代以降である。六〇年代に水野恭一郎氏が南北朝期と戦国初期の山名氏の動向をそれぞれ概観し、山名氏の政治動向に関するアウトラインを示した[45]。水野氏の研究は守護領国制の展開という点に問題関心があったが、実際のところ、具体的な政治動向の叙述に力点が置かれている。その後、一九七〇年代に今谷明氏が山名氏研究の数少ない実証的成果と評価しているように[46]、山名氏研究分野における実証的な政治史研究の嚆矢と位置付けることができる。また、同じ六〇年代には小川信氏による細川勝元と山名持豊（宗全）の人物評伝が出されており[47]、細川氏と対照的な存在として山名氏を位置付けて政治史を叙述したところに特徴がある。小川氏の評伝は、政治史研究などが進展した現在では見直すべき箇所も見られるが、山名持豊をめぐる通説的な政治史理解を形成した著作の一つとして特筆すべき内容といえるだろう。

一九七〇年代に入ると、一五世紀前半を中心に惣領をつとめた山名時熙や一六世紀半ば以降の因幡守護・山名豊国の人物評伝が相次いで発表された[48]。いずれも小坂博之氏の著作であるが、個別の人物評伝にとどまらず、その内容は山名氏の政治動向を一次史料に基づいて叙述したものであり、水野・小川両氏と並ぶ政治史研究の基礎として位置付けることができる。さらに七〇年代後半以降、片岡秀樹氏によって応仁・文明の乱以降の因幡・伯耆両守護家をめぐる戦乱過程や庶流守護家の系譜整理などが行われ、惣領家以外の一族にも個別具体的な実証研究が広げられた[49]。とりわけ小坂・片岡両氏は、禅宗史料を含めた古記録類に注目しており、従来二次史料中心であった郷土史研究とは異なる特徴を持つ。また、一九八〇年代には高橋正弘氏による戦国期山名氏の政治史研究が登場したが[50]、小坂・片岡両氏と同様に高橋氏も古記録類を含めた一次史料の網羅的収集による政治史叙述を展開した。加えて高橋氏は、山陰地方東部の山名氏分国を横断的に見る視点を導入し、惣領家・庶子家の政治動向を相互連動させつつ包括的に考察している点に特徴がある。このように八〇年代までに登場した研究は、政治史分野の基礎的研究として位置付けられる存在であり、現在の政治史理解の土台はこの時期までに形成されたといえる。

一九九〇年代に入ると、小坂・山口久喜・山本隆志各氏による山名氏の本貫地や但馬守護所、庶子家の系譜整理などに関する基礎的考察が見られたほか[51]、二〇〇〇年代初めには、宿南保氏による中世後期但馬地域の通史も登場している[52]。宿南氏の研究は但馬地域の山城や金石文といったローカルな文化遺産などにも検討対象を広げているが、二次史料との向き合い方に課題が残る内容であった[53]。また、この時期には天正年間の因幡・伯耆両国の諸領主の動きを説いた長谷川博史氏の研究も登場している[54]。長谷川氏の研究は因幡・伯耆両国における吉川氏の政治的位置を明らかにする目的で国衆の動向を追ったものであり、必ずしも山名氏が主な分析対象ではないが、一次史料に基づく実証的な成果といえる。さらに因幡・伯耆両国の戦乱過程を一次史料から叙述した基礎研究として、岡村吉彦氏による概論も挙げることができる[55]。いずれも八〇年代以来の政治史理解を継承しつつも新たな検討を加えている点は注目できる。

こうして徐々に政治史分野の研究が増えていく中にあって新たな段階に入るのは、二〇〇〇年代後半以降であった。渡邊・片岡両氏によって、応仁・文明の乱以降の山名氏と赤松氏の争乱、山名惣領家の内紛の実態が八〇年代の研究以来、再びクローズアップされたほか、片岡氏による一五世紀における庶子家・因幡守護家の系譜検討も注目すべき成果である[56]。とりわけ一連の政治史の成果では、川岡・山本両氏による山名持豊（宗全）の人物評伝が相次いで発表された点も大きい[57]。川岡氏は最新の室町期政治史や守護権力論をもとに持豊をめぐる政治史を概説したほか、山本氏は持豊が京都の中央政界で長年活動した点に注目し、京都という都市社会の中に山名氏を位置付けて叙述している点に特徴がある。従来の政治史研究分野は、孤立した個別研究・地域史研究の性格が色濃く、全体的な研究動向と常に連動していたとは言い難い状況であったが、川岡・山本両氏の著作は最新の室町期研究の成果に接続されており、山名氏研究の水準が一気に押し上げられたといえる。

また、二〇〇〇年代後半以降は戦国期山名氏の政治史研究も再び盛んになった。先に述べた渡邊・片岡両氏の戦国初期政治史研究に加えて、山本浩樹氏によって戦国期但馬国をめぐる諸勢力の具体的な政治動向が検討されたことにより、天文～天正年間の山名氏の基本的動向が改めて明確に整理されたといえる[58]。さらに新鳥取県史編纂事業に伴って、戦国期因幡・伯耆両国の動乱過程を素材とした通史が刊行されている[59]。とりわけ川岡氏は室町幕府との関係を軸に戦国期山名氏の動向を概観し、大内氏や尼子氏をはじめとする周辺勢力の動向も意識しつつ政治史の考察を精力的に進めているように[60]、最近に至るまで着実に研究が進展する状況が続いている。

これまで述べてきた政治史分野の特徴を挙げると、山名氏の政治動向に関する概論や個々の人物評伝、庶子家を含めた守護家の系譜復元といった内容が中心であったと整理できる。一方で二〇〇〇年代以降、政治史分野は活況を呈しているように見えるが、留意しなければならないのは、川岡・山本両氏による持豊評伝を除くと、多くは戦国期に集中している点である。そもそも二〇〇〇年代よりも前の研究を振り返っても、その大半は戦国期を取り上げており、全体的に検討時期に偏りが見られるまま推移してきた。室町期のうち、特に応仁・文明の乱以前の政治史については依然として低調な状況に変わりないと指摘できる。

②分国支配・権力構造研究分野

分国支配・権力構造に関する研究は、一九八〇年代にかけて、太田順三・岸田裕之両氏による山名氏の領国支配構造を取り上げた研究や川岡氏による守護山名氏と備後国人・山内首藤氏の関係を検討した研究などが挙げられる[61]。八〇年代までの研究の特徴として、主に一五世紀以後の守護山名氏による分国支配体制、国人との関係解明を軸とした分国支配の在り方を論究する流れが見て取れる。

一九九〇年代に入ると、宿南氏による但馬守護代家（垣屋・太田垣両氏）の研究が登場している[62]。厳密に言えば、この宿南氏の研究は政治史叙述も含まれており、すでに触れた二〇〇〇年代初頭の宿南氏による通史にも反映されているが、惣領家の本拠地である但馬国の分国支配を担った守護代の実像について迫っており、惣領家の権力構造とその変遷を知るうえでの基礎的な考察として注目できる。また、九〇年代には柴原直樹氏によって惣領家の備後支配と備後国人同士の結合との関係が明らかにされた[63]。柴原氏の研究は、和智氏を中心とする国人連合の存在に注目したものであり、八〇年代の川岡氏の研究で取り上げられた山内首藤氏とは異なる国人グループに対象を設定している点に特徴がある。さらに同時期には、高田星司氏による山名氏の播磨支配の研究も発表されており、嘉吉の乱後に惣領家の播磨支配を担った惣領・山名持豊の子息たちの存在を取り上げている[64]。高田氏の研究は、惣領を支えた一族がどのように分国支配に関与していたのかという点を具体的に考察しており、従来不明な点が多かった山名一族による分国支配の実態に迫ったものであった。

続いて二〇〇〇年代に入ると、新鳥取県史編纂事業が開始されたこともあり、山名一族の分国のうち、因幡・伯耆両国の分国支配に関する研究が相次いで発表された[65]。岡村氏による一連の研究では、守護代層による伯耆国の分割支配や嘉吉の乱後の伯耆守護家による備前支配の実態、因幡国における奉公衆に連なる有力国人衆と守護支配の限界、因幡国内に散在した惣領家直轄領の存在が明らかにされている。従来、庶子家の分国支配については、岸田氏が石見国を取り上げている事例があったが[66]、因幡・伯耆両国は不明な点が多く、岡村氏の研究によって本格的な議論を行い得る下地が準備されたといえよう。

さらに先に述べた政治史分野と同様に二〇〇〇年代後半以降、分国支配や権力構造の分野も活況を呈している。渡邊氏は戦国期山名氏の発給文書を分析することで、山名氏の分国支配を時期ごとに概観し、山名氏権力における垣屋氏や太田垣氏といった守護代層の政治的立場も考察した[67]。また、稲垣氏は山名氏の播磨支配を素材として守護代以下の支配機構や段銭収取構造を具体的に解明し、分国支配機構の下部構成員まで明らかにした[68]。さらに川岡勉氏は細川氏に匹敵する勢力にまで成長した山名氏の根底に「同族連合体制」が存在した点を指摘し、惣領を中心とする一族被官の強固な結合に注目したほか、家臣団組織の概要にも触れている[69]。このほかにも川岡氏は但馬国人と山名氏の関係、山名氏を支えた被官組織や庶子家を含めた分国支配の特徴にも言及している[70]。

最近では市川氏が室町幕府の地方支配を論じる中で山名氏の分国支配も考察しているが、特に市川氏は川岡氏の「同族連合体制」論をもとに南北朝・室町期の山名氏における権力構造の実態に迫っている[71]。市川氏はこれまで必ずしも十分明らかでなかった中世後期山名氏の権力構造について惣領・庶子関係を重視しつつ具体的に分析する一方で、山名氏内部における惣領の統制下にある被官の存在や惣領の影響下で展開した分国支配といった諸側面を指摘した。市川氏の議論は、川岡氏の議論から一歩踏み込んで展開しているうえ、「同族連合体制」の持つ限界と山名氏勢力衰退の背景にも触れており、多方面で示唆に富む内容となっている。ただし、市川氏の見解に関しては、岡村吉彦氏が惣領の統制を過度に強調していると指摘しており[72]、議論が分かれるところでもある。

このように②の分国支配・権力構造分野は、①の政治史分野に比べるとやや遅れて展開したが、近年の議論では室町期以前を考察対象とする傾向が見られる。とりわけ渡邊・稲垣・市川各氏は、従来の山名氏研究は①の政治史分野が主体で②の分国支配・権力構造分野は研究が進んでいないとする共通認識を持っており、そのうえで②の分野に関心を向けている点も近年の先行研究認識として特徴的といえる。

三　本書の課題と構成

ここまで山名氏研究の展開を整理したが、先に述べたように近年の山名氏研究では、①の政治史分野に比べると②の分国支配・権力構造分野が手薄と捉えて、②に問題関心を移す傾向がある。例えば、市川裕士氏の先行研究整理は主に分国支配の視点に基づいて分類されており、②に力点が置かれている様子がうかがえる。(73)しかし、①が主体であるように見えても、実際にはすでに述べたように室町期以前の政治史研究は依然として十分ではなく、その中身は大きく偏ったものである点は留意しなければならない。近年の研究においても稲垣翔氏の研究では、山名氏による播磨支配の担い手である一族被官の居所（在京か在国か）を意識しているほか、(74)市川氏の研究では、分国支配・権力構造の研究と政治史の接続を重視している。(75)こうして見ると、②の研究が進展するほど室町期以前の山名氏における都鄙関係の実態や政治史の重要性が改めて浮上してきているといえる。本書で当該期の山名氏をめぐる政治史に取り組む目的もかかる問題認識に基づいている。

そのうえで①に関する過去の研究を振り返ると、特に八〇年代以前の研究には禅宗史料を含めた古記録類の収集活用、山名氏の在京側面への注目、中央と地方の政治情勢の相互連動、「同族連合体制」を踏まえた一族関係の視点といった諸要素が含まれている。このような視点は近年の都鄙関係論や在京領主論、政治史研究と近似した問題関心であるが、前の研究史整理で述べたように、これらの分野は近年大きく研究が進展している。加えて、②の権力構造論も一族被官の居所を意識する研究が登場しているが、基本的に先行研究では山名氏が地域社会をどのように支配したのかという側面に力点が置かれており、在京・在国の視角をもとに山名氏の権力組織の内実を考察した研究はそう多くない。このように山名氏分野の先行研究の中には更新する必要が出ている事例も散見される。最新の研究状況を取り入れながら、山名氏の動向を当時の政治・社会状況の中に位置付けたうえで室町期政治史を捉えたい。加えて山名一族や被官の実態解明もあわせて進めることにより、山名氏をめぐる基礎的事実を丹念に明らかにすることも本書の課題・目的とする。

さらに八〇年代以降、自治体史を含めた各種史料集やデータベースなどの公開により、飛躍的に史料環境の整備が進んでおり、八〇年代までの段階では知り得なかった史料も公開されるようになっている。かかる史料環境の整備を踏まえつつ①の分野に反映させる必要もあろう。山名氏研究の分野では、先に述べた五山文学といった禅宗史料に加えて、国文学分野の文芸史料といった近接分野の史料や成果を取り入れる動きが以前より見られる(76)。こうした諸史料への注目も本書では積極的に意識していきたいと考えている。

以上の課題を留意しつつ、本書では一五世紀を中心に山名氏の動向を考察したい。武家領主層の「在京」という要素を踏まえる場合、「在京」の成立と展開が時期設定の目安となろう。特に守護が在京する政治構造が定着した一四世紀末から、戦国期特有の政治状況である将軍家分裂が固定化した明応の政変までを主な検討時期とする。

本書では便宜上、一四世紀末から応仁・文明の乱以前の山名氏をめぐる都鄙の政治史を取り上げた第一部「室町期政治史と山名氏の動向」、山名一族・被官と京都社会の繋がりや彼らの都鄙往来の実態を追った第二部「京都社会と山名一族・被官」、応仁・文明の乱以降の山名氏とその政治動向を取り上げた第三部「応仁・文明の乱以後の山名氏と都鄙の政治情勢」に分けて、三部構成とした。

まず、第一部は三章構成とした。第一部第一章では、一四世紀末に起きた明徳の乱を取り上げる。明徳の乱は室町幕府と山名氏双方にとって画期となる戦乱であるが、戦前以来の通説的理解が今なお根強い。軍記物語『明徳記』の内容、戦後処理問題などについて可能な限り一次史料をもとに再検討を加える。第一部第二章では、足利義教政権と石見守護・国人の関係を考察する。同政権による軍事政策の影響とその実態を明らかにすることで抑圧や専制という評価が先行する義教の諸政策を捉え直す。第一部第三章は、嘉吉の乱〜応仁・文明の乱にかけての時期を取り上げる。この時期の山名氏は惣領・持豊を中心に結束し、細川氏と比肩しうるほど政治的影響力を増大させたとされる。持豊の子息である教豊・是豊兄弟を素材として、応仁・文明の乱に至る政治史理解の一端を見直す。

次いで第二部は補論を含めて四章構成とした。第二部第一章では、近年の室町期社会構造に関する議論を踏まえて山名氏被官の動きを考察する。こうした近年の議論は、山名氏研究の分野では十分に注目されていない。そこで従来等閑視されてきた被官を素材にその実態を検討する。第二部第二章は、庶流家の一つである石見守護家を対象として、その権力構造を分析する。石見守護家が在京勢力の一員であったことに注目し、都鄙をまたぐ一族・被官の行動を踏まえて考察する。第二部補論一・二では、これまで十分にその存在が把握されていなかった庶流の出自などを検討し、在京守護家関係者による都鄙間活動の一例を示す。

最後の第三部は四章構成とした。第三部第一章では、応仁・文明の乱における山名氏の動向を取り上げる。乱終結をめぐる問題は検討の余地が残されており、未活用史料の分析をもとに山名氏の視点から考察する。第三部第二章では、応仁・文明の乱後の山名氏の動きを都鄙間の政治情勢の中に位置付けて考察する。応仁・文明の乱の際に生じた政治課題を抱える山名氏を素材として、一六世紀初頭の政治情勢の形成過程の一例を都鄙の相互連動の側面を踏まえながら明らかにする。第三部第三章では、第二章と同時期の庶子家・因幡守護家の動きを考察する。第二章と同様に中央と地方情勢の相互連動という視点を導入し、因幡守護家の動向を段階的に捉える。第三部第四章では、さらに別の庶子家である石見守護家を取り上げる。通説では、石見守護家は応仁・文明の乱で没落したとされるが、実際には関係史料が断片的に残存している。これらの史料をもとに戦国初期にかけての石見守護家の動きを考察する。

終章では、本書の成果をまとめたうえで今後の課題に触れる。

注

（1）渡辺世祐『大日本時代史　室町時代史』（早稲田大学出版部、一九〇七年）、田中義成『南北朝時代史』（講談社、一九七九年、初版一九二二年）、同『足利時代史』（講談社、一九七九年、初版一九二三年）など。

（2）佐藤進一「幕府論」（『日本中世史論集』岩波書店、一九九〇年、初出一九四九年）、永原慶二「日本における封建国家の形態」（『永原慶二著作選集　第二巻』吉川弘文館、二〇〇七年、初出一九五〇年）など。

（3）前掲注（2）佐藤著書「室町幕府論」（初出一九六三年）。

（4）伊藤喜良「義持政権をめぐって」（『日本中世の王権と権威』思文閣出版、一九九三年、初出一九七三年）、田沼睦「室町幕府・守護・国人」（『中世後期社会と公田体制』岩田書院、二〇〇七年、初出一九七六年）、百瀬今朝雄「応仁・文明の乱」（『岩波講座日本歴史七　中世三』岩波書店、一九七六年）、佐藤進一「将軍と幕府官制についての覚書」（豊田武・ジョン＝ホール編『室町時代―その社会と文化―』吉川弘文館、一九七六年）、前掲注（2）佐藤著書「合議と専制」（初出一九八八年）など。

（5）村尾元忠「室町幕府管領制度について」（『学習院史学』七、一九七〇年）、小川信『足利一門守護発展史の研究　新装版』（吉川弘文館、二〇一九年、初版一九八〇年）、五味文彦「管領制と大名制―その転換―」（木下昌規編『シリーズ室町幕府の研究五　足利義政』戎光祥出版、二〇二四年、初出一九七四年）、前掲注（4）百瀬論文など。

（6）鳥居和之「嘉吉の乱後の管領政治」（前掲注（5）木下編著、初出一九八〇年）、青山英夫「将軍専制下における管領細川氏の動向」（『上智史学』二七、一九八二年）、今谷明「文安土一揆の背景」（『室町幕府解体過程の研究』岩波書店、一九八五年、初出一九七四年）、同「室町幕府の評定と重臣会議」（前出今谷著書、初出一九八四年）など。

（7）高橋修「足利義持・義教期における一色氏の一考察」（『史学研究集録』八、一九八三年）、同「応仁の乱前の一色氏に就いて」（小川信先生の古稀記念論集を刊行する会編『日本中世政治社会の研究』続群書類従完成会、一九九一年）。

（8）一九八〇年代までに展開した守護領国制・守護研究の概要については、今谷明「守護領国制概念と国人領主制」（『守護領国支配機構の研究』法政大学出版局、一九八六年）に要を得た総括がある。

（9）前掲注（4）田沼論文、今岡典和・川岡勉・矢田俊文「戦国期研究の課題と展望」（『日本史研究』二七八、一九八五年）。

（10）歴史学研究会日本中世史部会運営委員会ワーキンググループ「「地域社会論」の視座と方法」（『歴史学研究』六七四、一九九五年）、榎原雅治「中世後期の地域社会と村落祭祀」（『日本中世地域社会の構造』校倉書房、二〇〇〇年、初出一九九九二年）など。
(11) 川岡勉「室町幕府―守護体制の成立と地域社会」（『歴史科学』一三三、一九九三年）、同『室町幕府と守護権力』（吉川弘文館、二〇〇二年）。
(12) 吉田賢司「管領・諸大名の衆議」（『室町幕府軍制の構造と展開』吉川弘文館、二〇一〇年、初出二〇〇一年）。
(13) 清水克行「「御所巻」考」（『室町社会の騒擾と秩序　増補版』講談社、二〇二二年、初出二〇〇四年）。
(14) 森茂暁『室町幕府崩壊』（KADOKAWA、二〇一七年、初版二〇一一年）。
(15) 山田徹「土岐頼康と応安の政変」（『日本歴史』七六九、二〇一二年）。
(16) 桑山浩然「大覚寺義昭の最期」（『室町幕府の政治と経済』吉川弘文館、二〇〇六年、初出一九九一年）。
(17) 家永遵嗣『室町幕府将軍権力の研究』（東京大学日本史学研究室、一九九五年）など。
(18) 中世後期の荘園制の視点から在京領主による支配体制を捉えた伊藤俊一氏の研究（同『室町期荘園制の研究』塙書房、二〇一〇年）、都鄙関係への注目は榎原雅治「一揆の時代」（同編『一揆の時代』吉川弘文館、二〇〇三年）、早島大祐『室町幕府論』（講談社、二〇二三年、初版二〇一〇年）など。また、従来の守護論を相対化する目的が込められた山田徹氏の研究も京都の持つ求心力を重視・再評価している（同「南北朝期の守護論をめぐって」中世後期研究会編『室町・戦国期研究を読みなおす』思文閣出版、二〇〇七年）。
(19) 山田徹「南北朝期における所領配分と中央政治」（『歴史評論』七〇〇、二〇〇八年）。
(20) 山田徹「室町領主社会の形成と武家勢力」（『ヒストリア』二二三、二〇一〇年）、同「室町時代の支配体制と列島諸地域」（『日本史研究』六三一、二〇一五年）など。
(21) 前掲注(18)早島著書、松井直人「中世後期における武士の京都在住の構造」（『日本史研究』六六九、二〇一八年）、川口成人「大名被官と室町社会」（『ヒストリア』二七一、二〇一八年）など。また、早島大祐編『中近世武家菩提寺の研究』（小さ子社、二〇一九年）に収められている室町期関係の諸論稿も都鄙関係や在京守護の仏事運営などの観点からの重要な成果といえる。
(22) 「室町殿論」に関する議論は政治史や公武関係、経済史・宗教史といった様々な分野に広がりを見せているが、ひとまず代表的な成果として「小特集　室町殿論―新しい国家像をめざして―」（『歴史学研究』八五二、二〇〇九年）を掲げておく。
(23) 例えば、一四世紀末～一五世紀初頭の義満期政治史を見直す動きが山田徹氏や堀川康史氏によって展開している点も注目される。山田徹氏の研究は、同「南北朝後期における室町幕府政治史の再検討（上）」（『文化学年報』六六、二〇一七年）、同「南北朝後期における室町幕府政治史の再検討（中）」（『文化学年報』六七、二〇一八年）、同「南北朝後期における室町幕府政治史の再検討（下）」（『文化学年報』六八、二〇一九年）など。堀川康史氏の研究は、同「今川了俊の探題解任と九州情勢」（『史学雑誌』一二五―一二、二〇一六年）、同「今川了俊の京都召還」（『古文書研究』八七、二〇一九年）参照。

(24) 例えば、前掲注(12)吉田著書、大藪海『室町幕府と地域権力』（吉川弘文館、二〇一三年）など。

(25) 呉座勇一「室町期の守護と国人」（『東京大学日本史学研究室紀要』一七、二〇一三年）、堀川康史「南北朝期室町幕府の地域支配と有力国人層」（『史学雑誌』一二三―一〇、二〇一四年）など。

(26) 川岡勉「中世後期守護の歴史的位置」（同編『中世後期の守護と文書システム』思文閣出版、二〇二二年）。

(27) 河村昭一『南北朝・室町期一色氏の権力構造』（戎光祥出版、二〇一六年）、前掲注(21)川口論文など。

(28) 前掲注(1)田中著書『足利時代史』など。

(29) 前掲注(6)今谷著書。応仁・文明の乱～明応の政変にかけての時期の幕府については、設楽薫「将軍足利義材の政務決裁」（『史学雑誌』九六―七、一九八七年）、同「足利義尚政権考」（『史学雑誌』九八―二、一九八九年）、鳥居和之「応仁・文明の乱後の室町幕府」（『史学雑誌』九六―二、一九八七年）、野田泰三「東山殿足利義政の政治的位置付けをめぐって」（桃崎有一郎・山田邦和編『室町政権の首府構想と京都』文理閣、二〇一六年、初出一九九五年）など。また、二〇〇〇年代以降の成果としては、山田康弘『戦国期室町幕府と将軍』（吉川弘文館、二〇〇〇年）、木下昌規『戦国期足利将軍家の権力構造』（岩田書院、二〇一四年）など。

(30) 山田康弘「戦国期における将軍と大名」（木下昌規編『シリーズ室町幕府の研究三　足利義晴』戎光祥出版、二〇一七年、初出二〇〇三年）、同「戦国期大名間外交と将軍」（前出木下編著、初出二〇〇三年）、同「戦国期将軍の大名間和平調停」（阿部猛編『中世政治史の研究』日本史史料研究会企画部、二〇一〇年）、同『戦国時代の足利将軍』（吉川弘文館、二〇一一年）、同「戦国時代の足利将軍に関する諸問題」（天野忠幸ほか編『戦国・織豊期の西国社会』日本史史料研究会企画部、二〇一二年）など。

(31) 前掲注(4)百瀬論文。

(32) 石田晴男「室町幕府・守護・国人体制と「一揆」」（『歴史学研究』五八六、一九八八年）。

(33) 前掲注(17)家永著書、同「明応二年の政変と伊勢宗瑞（北条早雲）の人脈」（『成城大学短期大学部紀要』二七、一九九六

年）、同「将軍権力と大名との関係を見る視点」（『歴史評論』五七二、一九九七年）、同「北陸地方における戦国状況の形成」（『加能史料研究』一六、二〇〇四年）。

(34) 萩原大輔「足利義尹政権考」（『ヒストリア』二二九、二〇一一年）、山田貴司「足利義材の流浪と西国の地域権力」（前掲注(30)『戦国・織豊期の西国社会』）、川岡勉「戦国期の権力秩序と出雲尼子氏」（『戦国期守護権力の研究』思文閣出版、二〇二三年、初出二〇一三年）、山田貴司「西国の地域権力と室町幕府」（川岡勉編『中世の西国と東国』戎光祥出版、二〇一四年）。

(35) 前掲注(33)家永論文「将軍権力と大名との関係を見る視点」。

(36) 平出真宣「戦国期政治権力論の展開と課題」（前掲注(18)『室町・戦国期研究を読みなおす』）。

(37) 前掲注(24)大藪著書「戦国期室町幕府の政治的基盤としての北畠氏」、小池辰典「明応の政変における諸大名の動向」（『白山史学』五一、二〇一五年）、同「鈎の陣にみる戦国初頭の将軍と諸大名」（『日本歴史』八五一、二〇一九年）など。

(38) 前掲注(6)今谷著書「京兆専制」。

(39) 今谷明氏の「京兆専制論」以後、今谷氏の研究を相対化する方向で研究が進展している。例えば、末柄豊氏は細川一族の政治動向を検討することで今谷氏の議論を批判している（同「細川氏の同族連合体制の解体と畿内領国化」石井進編『中世の法と政治』吉川弘文館、一九九二年）。また、畿内近国の細川氏以外の大名家を対象とした研究としては、西島太郎「足利義晴期の政治構造」（『戦国期室町幕府と在地領主』八木書店、二〇〇六年、初出二〇〇〇年）、野田泰三「戦国期における守護・守護代・国人」（『日本史研究』四六四、二〇〇一年）、小谷利明『畿内戦国期守護と地域社会』（清文堂出版、二〇〇三年）、同「畠山稙長の動向」（矢田俊文編『戦国期の権力と文書』高志書院、二〇〇四年）、同「畿内戦国期守護と室町幕府」（『日本史研究』五一〇、二〇〇五年）、古野貢ほか「戦国期畿内研究の再構成と「細川両家記」」（『都市文化研究』一二、二〇一〇年）、笹木康平「戦国期畿内政治史と若狭武田氏の在京」（木下聡編『若狭武田氏』戎光祥出版、二〇一六年、初出二〇一二年）など。

(40) なお、筆者は戦国期を通じて中央と地方の情勢が常に相互連動すると固定的に見ているわけではない。平出真宣氏も中央と地方の相互連動面の有無やその評価は地域差や時期差を留意すべきと指摘している（前掲注(36)平出論文）。

(41) 木下聡「衛門・兵衛督」（『中世武家官位の研究』吉川弘文館、二〇一一年、初出二〇〇六年）。

(42) 市川裕士『室町幕府の地方支配と地域権力』（戎光祥出版、二〇一七年）、稲垣翔「播磨国における山名氏権力の地域支配

構造」（市川裕士編『山陰山名氏』戎光祥出版、二〇一八年、初出二〇一〇年）。

(43)　渡邊大門「山名氏研究文献目録稿」（『中世後期山名氏の研究』日本史史料研究会企画部、二〇〇九年）、市川裕士「山陰山名氏の動向と研究の成果」（前掲注(42)『山陰山名氏』）、岡村吉彦「山名氏」（前掲注(26)川岡編著）。

(44)　前掲注(42)稲垣論文。

(45)　水野恭一郎「南北朝内乱期における山名氏の動向」（『武家時代の政治と文化』創元社、一九七五年、初出一九六〇年）、同「応仁文明期における守護領国」（前出水野著書、初出一九六一年）。

(46)　今谷明「〈書評〉水野恭一郎著『武家時代の政治と文化』」（『史林』六〇―四、一九七七年）。

(47)　小川信『山名宗全と細川勝元』（吉川弘文館、二〇一三年、初出一九六六年）。

(48)　小坂博之『山名豊国』（吉川広昭、一九七三年）、同『山名常熙と禅刹』（楞厳寺、一九七六年）。

(49)　片岡秀樹「伯耆山名氏の活動」（『地方史研究』二九―二、一九七九年）、同「因幡守護山名氏の活動」（『地方史研究』三三―二、一九八三年）。

(50)　高橋正弘『因伯の戦国城郭　通史編』（自費出版、一九八六年）。なお、その後も高橋氏は戦国期山陰地域の政治史に関する個別論点を考察した著作を発表し、九〇年代前半にかけて政治史の成果を積み重ねている（同『山陰戦国史の諸問題　上巻』自費出版、一九九三年など）。

(51)　小坂博之「山名常熙の嫡子満時について」（『山名』一、一九九三年）、同「山名勝豊について」（『山名』三、一九九七年）、山口久喜「但馬山名氏の九日市守護所」（『山名』三、一九九七年）、山本隆志「山名氏と山名郷・山名八幡宮」（『山名』三、一九九七年）。

(52)　宿南保『城跡と史料で語る但馬の中世史』（神戸新聞総合出版センター、二〇〇二年）。

(53)　宿南氏著書の史料引用の問題については、渡邊大門氏による書評でも触れられている（前掲注(43)渡邊著書「宿南保『城跡と史料で語る但馬の中世史』」初出二〇〇四年）。

(54)　長谷川博史「毛利氏の山陰地域支配と因伯の諸階層」（『二〇〇〇～二〇〇二年度科学研究費補助金基盤研究（C）(2)研究成果報告集　戦国期大名毛利氏の地域支配に関する研究』研究代表者・長谷川博史、二〇〇三年）。

(55)　岡村吉彦「中世後期の因幡国における戦乱史」（『鳥取県中世城館分布調査報告書　第一集　因幡編』鳥取県教育委員会、二〇〇二年）、同「戦国時代の伯耆地域における戦乱史」（『鳥取県中世城館分布調査報告書　第二集　伯耆編』鳥取県教育委員会、二〇〇四年)。
(56) 前掲注(43)渡邊著書「文明一五年における山名氏の播磨国侵攻について」、片岡秀樹「文明・明応期の但馬の争乱について」(前掲注(42)『山陰山名氏』、初出二〇〇八年)、同「室町期における因幡の守護」(『鳥取地域史研究』一八、二〇一六年)。
(57) 川岡勉『山名宗全』(吉川弘文館、二〇〇九年)、山本隆志『山名宗全』(ミネルヴァ書房、二〇一五年)。
(58) 山本浩樹「戦国期但馬国をめぐる諸勢力の動向」(前掲注(42)『山陰山名氏』、初出二〇〇七年)。
(59) 鳥取県立公文書館県史編さん室編『尼子氏と戦国時代の鳥取』(鳥取県、二〇一〇年)。
(60) 前掲注(34)川岡論文、同「山名氏の但馬支配と室町幕府」(前掲注(42)『山陰山名氏』、初出二〇一四年)。
(61) 太田順三「「嘉吉の乱」と山名持豊の播磨進駐」(『民衆史研究』九、一九七一年)、同「守護山名氏の領国支配の進展」(『歴史公論』八―八、一九八二年)、岸田裕之『大名領国の構成的展開』(吉川弘文館、一九八三年)、前掲注(11)川岡著書「中世後期の守護と国人」(初出一九八六年)。
(62) 宿南保「但馬山名氏と垣屋・太田垣両守護代家」(石井進編『中世の村と流通』吉川弘文館、一九九二年)。
(63) 柴原直樹「守護山名氏の備後国支配と国人領主連合」(前掲注(42)『山陰山名氏』、初出一九九六年)。
(64) 高田星司「播磨守護山名氏の分郡支配について」(『年報日本史叢一九九八』、一九九九年)。
(65) 岡村吉彦「伯耆山名氏の権力と国人」(前掲注(42)『山陰山名氏』、初出二〇〇一年)、同「戦国期因幡国における守護支配の展開と構造」(前掲注(42)『山陰山名氏』、初出二〇〇二年)。
(66) 前掲注(61)岸田著書「芸石国人領主連合の展開」・「安芸国人一揆の形成とその崩壊」(初出一九七八年)。
(67) 前掲注(43)渡邊著書。
(68) 前掲注(42)稲垣論文、同「播磨国における山名氏権力の段銭収取構造」(前掲注(42)『山陰山名氏』、初出二〇一一年)。
(69) 前掲注(57)川岡著書六六~一〇五・一五九~一七〇頁。
(70) 前掲注(34)川岡著書「戦国期但馬の守護と領主」(初出二〇一四年)・「戦国期備後における守護支配と国衆」(初出二〇一八年)・「石見における守護支配の展開と益田氏」(初出二〇一八年)など。
(71) 前掲注(42)市川著書「南北朝動乱と山名氏」(初出二〇一三年)・「室町期における山名氏の同族連合体制」。
(72) 岡村吉彦「山名氏の同族連合体制と庶流守護家」(前掲注(26)川岡編著)。

(73)　前掲注(43)市川論文。
(74)　前掲注(42)・(68)稲垣論文。
(75)　前掲注(42)市川著書。特に市川氏は室町幕府の地方支配を論じるうえで守護・国人といった地域権力側の政治動向の解明に力点を置く姿勢を見せている（同書一八～二一頁）。
(76)　前掲注(48)小坂著書『山名常熙と禅刹』のほか、山名一族・被官に関する宗教・文芸関係研究は現在に至るまで断続的に蓄積がみられる。ひとまず、以下に代表的な研究を掲げておく。岡部恒「守護大名山名氏と禅宗」（『人文論究』二五―二、一九七五年）、下田英郎「八木但馬守宗頼と和歌」（『史跡八木城跡』八鹿町教育委員会、一九九四年）、片岡秀樹「『蟬庵稿』にみる山名一族の佛事法語について」（『但馬史研究』一七、一九九四年）、同「『一条殿御会源氏国名百韻』の詠者八木宗頼について」（『季刊ぐんしょ』三九、一九九八年）、同「但馬山名氏周辺の連歌」（『歴史と神戸』五六―二、二〇一七年）、同「中世因幡の禅宗の展開」（『鳥取地域史研究』一九、二〇一七年）など。

第一部　室町期政治史と山名氏の動向

第一章　明徳の乱と山名氏

はじめに

明徳の乱とは、明徳二（一三九一）年一二月、山名氏清・満幸らが室町幕府に対して起こした反乱である。同月三〇日、京都の内野で合戦が行われた結果、氏清は討死し、満幸は逃亡するなど山名方の敗北に終わり、足利義満率いる幕府方が勝利したことで知られている。明徳の乱以前の山名氏は一族全体で一一ヶ国の守護職を保有していたが、敗北に伴い大幅に分国が削減されて但馬・因幡・伯耆三ヶ国を残すのみとなった。明徳の乱を経て但馬守護山名時熙の家系に惣領家が固定化されたほか、山名氏内部の被官組織も変化するなど、山名氏にとって、大きな画期となった戦乱であった(1)。一方、室町幕府を率いた義満にとっても自身の権力確立を進める最中に起きた有力守護の反乱であったが、土岐氏の乱・明徳の乱・応永の乱といった相次ぐ反乱に勝利し、自身の権力基盤をより強固なものとすることに成功したとされる(2)。

明徳の乱に関する先行研究を見ると、田中義成氏は、土岐氏の反乱と同様に「強豪なる者」の勢力を削減して、「諸大名を一統せん」とする義満ならびに細川頼之の政策により反乱が生起したとの見解を示したほか(3)、佐藤進一・小川信両氏も同じく乱の背景に強大化した山名氏の勢力削減を目論む義満による策略が存在したと指摘している(4)。また、義満は山名氏の内訌を契機に介入し、当初氏清・満幸を利用して時義子息らの討伐に動くとされるが、その内訌の構図に関して、田中氏は惣領職をめぐる時義と氏清・満幸の対立を説き、佐藤・小川両氏も同様の対立構図を示している。[5]その後の研究でも基本的に時義（とその子息ら）と氏清・満幸の対立という図式で理解されており、近年でも山名氏の内訌を受けた義満の計画的な挑発・策略によって山名氏の反乱が生じたとする見解が根強いように[6]、明徳の乱研究はおおむね田中氏の議論を土台として、戦後の佐藤・小川両氏の見解を引き継ぐような形で発展してきたといえる。

そうした中にあって桜井英治氏は、惣領職をめぐる時義・時熙父子と満幸の対立を指摘する一方、満幸に与することになった氏清は「弟時義に恨みをいだいていたというよりは、むしろ満幸が氏清の婿であった関係から終始行動をともにすることになった」としており、戦乱に対する氏清の主体的関与を見直す見解を示している。[7]また、最近、市川裕士氏は戦乱に至る過程や乱後の政治動向を根本的に捉え直したうえで、内野合戦の勃発は義満の想定を上回る事態であり、通説的地位にある義満の謀略という見方は再考を要すると指摘している。[8]桜井・市川両氏の見解はいずれも戦前以来の通説に一石を投じるものであり、戦乱の生成理由に対して修正を迫る指摘といえる。さらに岸田裕之氏は内野合戦後も約四年間にわたって逃亡した満幸とその残党による蜂起が地方で相次いでいた点を指摘しており、内野合戦以後の情勢と地域社会への影響に着目した見解として注目される。[9]こうした残党蜂起という問題はこれまで十分に取り組まれてこなかったが、乱後の都鄙間の政治情勢を考えるうえでも重要な視座といえる。[10]

いずれにせよ、明徳の乱に関する一連の指摘を踏まえると、長年にわたる通説的理解を根底から見直す余地があるといえるだろう。筆者はおおむね市川氏の問題提起が妥当と考えているが、戦乱発生に至る過程や戦後の政情不安に対する義満・山名氏の動向など、なお論究すべき課題が残されている。また、史料の問題に目を向けると、田中義成氏の研究以来、軍記物語の『明徳記』が乱の顚末を語る基本史料として用いられてきた。一方で国文学分野では成立時期や作者、諸本の性格、物語の構造に至るまで研究の蓄積が見られる。[11]『明徳記』自体は乱後成立した軍記物語である以上、史実と作為部分が混ざり合った史料としてある程度の慎重さをもって捉えるべきと考える。さらに最近では明徳の乱に関連する新史料も紹介されており、(12)可能な限り、同時代史料を収集したうえで実際の政治過程を復元し、『明徳記』の語る構図を再検討する必要があろう。

以上より、本章では明徳の乱をめぐる政治過程の再検討ならびに乱後の政情不安と戦後処理の問題を検討したいと考える。明徳の乱は義満の権力確立過程の中でも重要な画期となる戦乱の一つであるが、乱に至る政治過程の段階差を意識しつつ、当該期の政治史を見直すことを目標としたい。まず、明徳の乱に至る過程のうち、義満による時義子息ら討伐までの段階を取り上げる。次いで乱が起きた明徳二年の政治過程を再検討することで氏清・満幸挙兵に至る情勢を見直したい。さらにこれまで等閑視されてきた乱後の政情不安という視点を踏まえつつ、義満の戦後処理策の展開と山名氏をめぐる情勢を考察する。

一　明徳元年の戦乱に至る政治過程の再検討

（一）足利義満の対山名氏政策

明徳の乱の顚末を描く軍記物語『明徳記』には乱発生の原因が次のように見える。

【史料一】

明徳二年辛未歳、山名陸奥守氏清、同播磨守満幸以下ノ一類悉ク同心シテ陰謀ノ企有ニ依テ、測サルニ世ノ乱出来テ、都鄙暫ク穏カナラス、其濫觴ヲ尋ヌルニ、一族山名宮内少輔時熙、同右馬頭氏之故トソ聞エシ、譬ハ武恩莫太ナルニ驕テ、此一家ノ人々、毎事上意ヲ忽緒シ奉ル体也、中ニモ山名伊与守時義但馬国ニ在国シテ京都ノ御成敗ニモ応セス、雅意ニ任テ振舞ケル間、誠ニ御沙汰アラハヤト思食立セ給ケル刻、病ニ侵サレテ伊与守早世シヌル上、力無ト思食ケルニ、其遺跡ノ輩伊与守（豆）（義熙）、宮内少輔、右馬頭猶過分ナルノミナラス、父祖ノ悪逆ハ子孫ニ酬ヘキ理ニ任テ、彼ヲ御退治有ヘキニテ、其国々ヘ討手ヲ下サレケル[13]、

史料一によれば、氏清・満幸の挙兵の遠因として山名時熙・氏之らの「過分」な振る舞いを挙げている。時熙・氏之らは氏清・満幸の挙兵に先立つ明徳元（一三九〇）年三月頃に義満側の討伐を受けて一時没落していた。『明徳記』においても時熙・氏之の討伐は明徳の乱の前哨戦として位置付けられているが、留意しなければならないのは、史料一では時熙の父である時義の振る舞いが特に問題視されており、康応元（一三八九）年の時義死去に伴って討伐対象が「其遺跡ノ輩」、すなわち時義の跡職を継承した者たちに変更された点である。この点を踏まえると、明徳の乱の背景を探るうえで時義の動向を見ていく必要があろう。また、時義に対して義満はどのような動きを展開したのだろうか。まずは時義の動向を踏まえつつ、明徳の乱以前における義満の対山名氏政策の展開を検討する。

近年、康暦の政変前後の中央政治史を再検討した山田徹氏によれば、管領の細川頼之が追放された康暦の政変後の時義は、細川氏が京都に復帰する際には紛擾を引き起こすなど、細川氏に反発する強硬な姿勢が見られるという[14]。同じく山田氏によると、細川氏復帰をめぐる幕府内対立により、義満側は康暦二（一三八〇）年と永徳元（一三八一）年に時義討伐の軍事動員を行っていたことがわかるほか、時義は中央政界から距離を置き、但馬に在国するようになったという。山田氏が明らかにした時義討伐戦は、結果的に未遂に終わったと思われるものの、義満が時義に対して「御沙汰」（＝討伐）を検討していたとする史料一の記述を裏付けており、注目できる。史料一が示唆するように、義満と時義の関係は確実に悪化していたと指摘できる。

一方で桜井英治・市川裕士両氏は、山名惣領以外の有力庶子は義満から新たに分国を給与されており、義満の惣領に対する牽制策の一環であると指摘している[15]。義満が惣領を牽制する動きを取った背景には、特に康暦の政変以降は

先述した義満と時義の関係悪化が存在しているのであろう。義満は時義に対しては警戒と抑圧を進める一方で、有力庶子には接近する姿勢を見せたのである。佐藤進一氏は、義満は強大化した山名氏を警戒して、山名氏に対する圧迫策を展開していたと指摘するが[16]、当初義満の圧迫策は山名一族全体を対象とするのではなく、あくまでも時義に対して向けられていた。山名氏に対する義満の姿勢は一様ではない点には注意しなければならない。

このように、明徳元年以前の義満は山名氏に対して二つの方針で臨んでいたといえる。一つは義満に反発して中央政界から距離を置く惣領の時義に対する抑圧策、もう一つは有力庶子への接近策であった。惣領を抑圧して他の一族を庇護するような義満の動きは、山名氏の内訌を誘発していくようにも見えるが、山名氏の内部はどのような状況であったのだろうか。次で見ていこう。

(二)　山名氏の「内訌」とその実態

本章冒頭で触れたように、先行研究の多くは明徳の乱の一因として時義と氏清・満幸の対立関係を説くが、その実態はどうであったのだろうか。

まず、氏清を見ていこう。山田氏は、康暦の政変以降に時義が一時的に討伐対象となったことを受けて、時義の代わりに氏清が在京奉公するようになったと指摘している[17]。また、同じく山田氏によれば、氏清は公家の持明院保脩の娘と婚姻関係を結んでいたが、細川頼之も持明院家と婚姻関係を結んでおり、氏清と頼之は間接的に結ばれていたとしている。山田氏の指摘に付言すると、氏清は「細川讃州」（細川義之ヵ）に娘を嫁がせていたとする古態本系図も存在するため[18]、細川氏と比較的近い立場であったことが想定される。山田氏が指摘するように、細川氏と融和的な姿勢をとることが可能な一族であった氏清が時義の代わりに在京奉公するようになったと理解できる。そして時義が在国している間、義満は氏清を要地の山城守護職に補任して信任の厚さを示したが、義満の後ろ盾を得たように見える氏清自身は必ずしも惣領の時義を脅かす行動に出たわけではない。この間、在国しながらも時義は惣領の立場から本貫地に所在する山名八幡宮の供僧職補任・安堵を実施していたうえ、[19]後で触れるように、惣領が代々地頭をつとめた出雲国横田荘は引き続き時義の管轄下に置かれていた。[20]市川氏の指摘にもあるように、有力庶子の台頭という側面を強調すれば、惣領の影響力低下という評価も導き出せそうではある。[21]ただし、それでも時義の惣領としての立場には変化が見えない点は留意しておきたい。

さらに氏清は、満幸ら一族の多くと婚姻関係・猶子関係を取り結ぶことで人的ネットワークを形成していたが、小坂博之氏が指摘するように、山名時熙の妻は氏清の娘であった。[22]また、備後守護山名義熙にも氏清は娘を嫁がせており、氏清の人的ネットワークは時義の子息や彼に近い一族（以下、便宜上「時義系一族」と呼ぶ）にも及んでいた。[23]時義没後まもなく時熙らの討伐が実行された点を見ると、時義没後に複数の縁組が結ばれたとするよりも時義生存中には縁組が成立していたとすべきであろう。山田氏が述べるように、確かに時義系一族は従来と異なる門派の禅僧に傾倒して独自の仏事を行い、中央政界から遠ざかる志向性を持っていたが、[24]それでも氏清の持つ幅広い人的ネットワークに時義系一族も含まれていた点は見過ごせない。あわせて氏清は時義の代わりに在京奉公していた点を踏まえると、時義系一族は一族内で孤立していたわけではなく、一族間での都鄙間連携が存在・機能していた。こうした動きは師義没後から続く惣領や一族周辺状況に応じた権力の分散・代行の一環であり、強力な惣領不在期の一族連携策として評価する方がよい。[25]その意味においても時義に対して氏清は恨みを抱いていたわけではないとする桜井英治氏の指摘は示唆的であり、[26]時義・氏清間の関係悪化を説く見方は成り立ち難い。

一方、満幸はどうであろうか。満幸は義満からの偏諱を受けており、康応元年三月の義満の厳島社参詣にも近習の一人として供奉している。[27]義満に重用された庶子という点では氏清と同様である。『明徳記』には、師義の嫡男・義幸（満幸の兄）の代官として活動していたとあるが、実際に義幸の分国はそのまま満幸の分国に移行している。[28]また、後年の史料ではあるが、天文年間の成立と考えられる伯耆守護山名氏の系図「伯州山名代々次第」によれば[29]、伯耆守護山名氏の家督は師義を祖として、次いで義幸、さらに氏之へと受け継がれたとある。この系図からは満幸の存在が抹消されているが、伯耆守護山名氏の家督として義幸が認識されていたことがわかる。田中義成氏は満幸を「師義の嫡孫（ママ）」「血統の本筋よりいえば、満幸こそ一家の惣領たるべき」とする[30]。満幸以外にも師義の男子は複数名存在しており、満幸を嫡統と断言してよいか慎重さも必要だが、少なくとも師義の嫡男・義幸に代わり活動した満幸が惣領職継承を主張し得る立場であった点は確かであろう。

つまり、氏清と満幸では立場が異なるのであり、両者を同一視することはできない。実際の義満による時義討伐は相次いで未遂に終わっており、小坂氏が推測するように、義満が介入可能なレベルでの内紛や対立は少なくとも表面化していなかったと考えられる[31]。満幸が惣領職継承を主張したとしてもそれは時義の没後と見るのが自然であろう。加えて義理や氏家といった他の一族も時義系一族との不和を抱えていたとは『明徳記』にも明確に見えず、後述する時熙・氏之らの討伐戦に参加したかどうかも定かではない。有力庶子の台頭、惣領時義の在国という事実は認められるが、在国する時義系一族と在京する氏清らの間で人的ネットワークが結ばれて都鄙間分業が成立していた。少なくとも時義生存段階では、義満の姿勢が山名氏の内部分裂を誘発したというわけではない。それでは、時義没後の山名氏はどのような状態に陥り、義満の追討を受けたのであろうか。次でその点を見ていこう。

（三）時義没後の山名氏と明徳元年の追討戦

康応元年五月、義満と対立していた時義が死去すると、翌明徳元年、義満は氏清・満幸らに対して時熙・氏之・義熙といった一族の討伐を命じた。先行研究では、山名氏の勢力削減を狙っていた義満が内紛を契機として山名氏に介入する動きを見せたとする[32]。前述したように、義満と時義の関係は悪化しており、義満は時義に対して抑圧的な姿勢

史料２の花押	山名時熙花押	山名満幸花押

岩屋寺文書 島根県立図書館所蔵 影写本	山内首藤家文書 山口県文書館所蔵 （康応２年）	京都府立丹後郷土資料館所蔵 文書 （至徳２年）

図１　花押の比較

で臨んでいた。本来義満は時義を討伐しようとしていたことは事実であるから、時義系一族のみを対象とした討伐戦は明徳元年以前から続く義満の対時義抑圧策の一環として捉えることが可能である。

一方で時義没後から明徳元年の追討戦に至る山名一族の動向は不明な点が多く、先行研究でも十分に取り上げられていない。まずは義満の追討を受けることになった時義系一族の動きを追ってみよう。

【史料二】

出雲国横田庄下中村内下宮分壱町弐段事、

右円通寺殿（時義）任下被二定置一旨上、為二祈禱所一寄進申所也、弥可レ被レ致二精誠一候、

仍状如レ件、

康応元年七月　日　（花押）

来福寺大夫法印(33)

史料二は岩屋寺文書に残されている寄進状である。岩屋寺が所在する出雲国仁多郡横田荘は、明徳の乱直前段階で後円融上皇の所領となっていた(34)。さらに『明徳記』によれば、満幸の同荘押領事件をきっかけに彼の京都追放に繋がっていくというから、政治史的にも重要な地域といえる。康応元年七月は時義の死去まもない時期であるが、史料二には「円通寺殿」（時義の法名）が定め置いた旨に従って寄進したとある。史料二については、『南北朝遺文』では花押の主を満幸と比定しており、満幸発給文書とされてきた。しかし、改めて島根県立図書館所蔵の影写本を確認す

ると（原本は現在行方不明）、満幸の花押とは全く形状が異なるうえ、時熙の花押と酷似している。よって、史料二の発給者は時熙と訂正することができる。(35) 時義の遺志を受けて時熙が寄進状を発給した点を見ると、時義没後、その地位を時熙が引き継ぐような行動に出ていたことがうかがえる。

また、同年七月、山名義熙は高野山に対して「悲歎事、御懇ニ承候、悦入候、於㆓寺家事㆒者、不㆓相替㆒不㆑可㆑存㆓等閑㆒候、祈祷事憑申候也」と伝えている。(36) 時義没後まもない時期であり、「悲歎事」とは時義の死没を指すと考えられる。同年九月、義熙は備後守護の立場で幕府御教書を受給しており、(37) 時義から備後守護の立場を継承したと見てよい。いずれにせよ、少なくとも両者の動向からは時義没後まもなく混乱状態に陥ったようには見えない。むしろ順調に時義の跡職を受け継ぐ様子がうかがえるため、義満は時義没後すぐに彼らを抑圧するような行動に出ていないといえる。(38)

このように、時義没後の山名氏内部では、時義子息や彼に近い一族が相次いで時義の跡職を継承する動きを見せていた。とりわけ時熙に至っては惣領権益を引き継ぐ動きが確認できる。この時点では義満も抑圧的な姿勢を公然と示しておらず、少なくとも半年ほどで状況が一変している。明徳元年三月に始まる追討戦は時義系一族だけではなく、美濃国の土岐氏に対しても同時に実行されている。最近、桐田貴史氏が紹介した義満らの諸社祈祷関連史料に含まれる義満告文には、「今東西四箇国の凶徒同時に出来」とあり、(39) 山名・土岐両氏の討伐はそれぞれ別個ではなく、一括して捉えられていた様子が見て取れる。義満側は東西の反乱が同時に出来したと主張しているが、先に述べたように時義系一族が反乱を引き起こすような状態とは言い難く、不自然さがある。元々義満は時義系一族を討伐する意向を持ち合わせていた点を踏まえると、義満側によって引き起こされた戦乱と見るべきだろう。

一方で時義没後の惣領職の行方は明確ではない。当時惣領職継承を主張し得る立場の人物には満幸も存在していた。(40) 対抗馬となる満幸の存在もあり、惣領権益を引き継いだとはいえ、時熙の立場は確実ではなかった可能性がある。(41) ただし、少なくとも時義系一族の動きを見る限り、時義の没後すぐさま彼らの処遇をめぐって大きな混乱が引き起こされているようには見受けられない。想定される対立軸は時熙と満幸の惣領職争いであるが、一族を分断する内訌と呼ぶことができるほど表立って深刻な状態だったのか、慎重に考える必要がある。

『明徳記』では「一族等ノ讒言」によって時熙たちが追討されたとの一文が入る箇所があるが[42]、「讒言」の詳細まで踏み込まない具体性を欠く表現であり、時義系一族の「驕慢さ」を追討理由に挙げる上巻冒頭部分と矛盾している。実際、義満と時義の不和は時義生前から確認できる動きであり、『明徳記』上巻冒頭の表現はそうした現実の動きを反映している。一方で内訌と結び付くはずの「讒言」の内容は曖昧な表現止まりであり、『明徳記』の作者はさほど重要な要素として認識していないように見受けられる。いずれにせよ、これまで乱の一因とされていた山名氏の内訌は実態が不明瞭といえる。実際の政治過程を復元するならば、時義没後しばらくして姿勢を転換した義満は自らの近習であった満幸側に肩入れすることで半ば強引に介入し、元来望んでいた時義系一族討伐の実現に動いたと考えられる。惣領没後の不意を突く義満の動きは、時義系一族にとって予期せぬ事態であったと見てよい。市川氏は乱の直接的原因として山名氏の一族対立を重視されるが[43]、明徳元年の討伐はあくまで義満主導で引き起こされた戦乱なのであり、山名氏側の事情は副次的であろう。

こうした中、氏清に対しても時義系一族の討伐が命じられており、氏清は時熙分国の但馬を平定しているが[44]、本来氏清は時義系一族と特段不和であったわけではない。しかし、氏清は在京奉公しているうえ、義満によって重用されており、討手に任命するのも義満は自然な流れで考えていたのであろう[45]。一方で『明徳記』には、討伐されようとしている時義系一族を義満が赦免するのであれば、「籌策ヲモ廻シ教訓ヲ加ヘ召上ハヤト存候」という氏清の発言が記されている[46]。この発言は氏清が義満と時義系一族の間を取り持とうとする姿を表しているといえるが、先に述べた氏清と時義系一族の結合を踏まえると、あながち創作とみるべきではないだろう。結局のところ、氏清は義満側に与することになったが、満幸とは微妙に異なる立場であったことは留意しなければならない。ある種、氏清は在京しているがために突然の討伐戦に巻き込まれるように加わることになったともいえる。一族討伐に対する氏清の積極性は看取し難いのである。

以上を踏まえて、第一節で述べた内容をまとめると、康暦の政変以降、山名惣領の時義は細川氏の政界復帰をめぐる問題から義満に反発して在国していた。また、時義に対して義満も警戒・圧迫を加えて追討寸前の事態を招いたこともあった。一方で義満は有力な山名庶子に接近して重用することで惣領への牽制を強めたが、あくまで義満の抑圧対象は時義であり、山名氏全体に向けられていたわけではない。さらに山名一族内部の不和は明確ではなく、在京する一族と在国する一族同士での相互連携も存在しており、時義の惣領としての地位が揺らいだとはいえなかった。こうした中、時義系一族の討伐を目論んだ義満が時義没後の不意を突き、強引に介入して満幸方に与することで、明徳元年の時義系一族討伐に繋がっていったのである。明徳元年の追討戦は土岐氏討伐と同時並行で行われた上意主導の戦乱であり、有力守護の勢力削減策と評価できる意図的な動きと見てよい。

義満は時義系一族を討伐することに成功し、時義系一族の分国は氏清・満幸らに分配された。以前より時義の討伐を検討していた義満にとっては当初の目的を達したといえる。さらには反抗的な時義の系統に属する一族が没落し、義満が重用した有力庶子が残ったこと自体は、本来ならば義満にとっても好ましい状況と思われる。しかし、翌明徳二年に入ると状況は一変して、氏清・満幸らの挙兵を招くことになった。それでは次に明徳二年の政治情勢を再検討していきたい。

二　明徳二年の政治情勢の再検討

（一）内野合戦勃発に至る政治的背景の再検討

佐藤進一・小川信両氏をはじめとする先行研究では、明徳二（一三九一）年に入ると義満の山名氏に対する姿勢が転換したという。(47)こうした動きは義満による山名氏に対する挑発行為、反乱を引き起こさせようとする謀略と捉えられてきた。姿勢転換を示す事例のひとつとして、細川頼元の管領就任と細川頼之の京都復帰が挙げられている。まずはこの点を検討してみよう。

前述したように、惣領の時義が細川氏に対する強硬姿勢を示していたが、明徳二年時点では時義は故人であり、時義系一族も前年の討伐で没落していた。この時点で問題となるのは、氏清・満幸の対応である。『明徳記』では満幸が氏清に挙兵を勧める場面で義満への謀反でなくとも細川頼之に対する恨みを理由にすればよいと提案している。(48)しかし、氏清については、すでに明らかにしたように婚姻関係を通じた細川氏との繋がりが存在し、細川氏に対する融和的姿勢を持つ人物として在京していた。このように氏清の姿勢は時義とは異なっており、果たして氏清は細川氏をめぐる問題について義満の抑圧や姿勢転換と捉えたのか疑問視せざるを得ない。そもそも『明徳記』は「恨み」とは具体的に何なのか明示しておらず、代替として提案された程度の曖昧な表現にとどまる。さらに国文学分野の成果によれば、『明徳記』の内容構造は史実とは異なる義満・頼之体制を「創出」したうえで山名氏討伐を描いているという。(49)『明徳記』が描く満幸の言動は義満・頼之体制の存在を強調しようとする作為的な本文表現ではないか。実際、後述するように、明徳二年の内野合戦に繋がる満幸の動向は細川氏問題と直接結びつかない突発的なものであった。

細川氏が政界復帰した点は、それだけでは政治的な抑圧や姿勢転換と捉え難いのである。

明徳の乱に至る過程において、もう一つ注目しなければならないのは義満による時熙・氏之赦免問題と満幸の京都追放事件である。これらの問題も義満による挑発の一環として理解されているが、最初に赦免問題が明るみになったのは明徳二年一〇月とされる。

【史料三】

カヽル処ニ山名宮内少輔、同右馬頭、条々歎申子細アリ、全ク野心ヲ存セス候処ニ、一族等ノ讒言ニ依テ御勘気ヲ蒙テ、出家遁世ノ身ト罷成事口惜存候由再往歎申ヘキ所存ニテ両人共ニ上洛シ、内々伺申テ、忍清水坂ニ宿ヲ取テ居タリケル、カヽル処ニ奥州ヨリ申サレケルハ、宇治辺ノ紅葉共盛ナル由承候ヘハ、一日御出成テ御覧セラレハ畏存ヘキ由申サレケレハ、最本意ノ由仰下サレテ、御出ハ十月十一日トソ仰ラレケル、其次ニ彼等二人歎申分ヲモ仰ラレハヤト思食テ、未御免ノ御返事ハ無リケリ、[50]

史料三によれば、追討された時熙・氏之は密かに上洛して赦免の訴えを行っていたが、対して義満は正式な御免の返事を行っていなかったとある。また、義満は氏清の宇治別邸御成の際に時熙・氏之の「歎申分」を伝えるつもりであったという。史料三にある義満の言動は氏清に相談してから、正式な判断をする予定として記されており、むしろ氏清方にある程度の配慮を示している様子が描かれている。実のところ、史料三の場面は義満が意図的に挑発行為に出たとは必ずしも言い難い描写になっている。

続いて御成は満幸の説得により急きょ中止となり、氏清退治と時熙・氏之への本国返付が検討されるが、これに対して氏清は謝罪の意を表明したためにしばらく沙汰止みとなったという。[51]『明徳記』ではこれ以降、時熙・氏之の赦免について言及されず、本国返付が実現するのは内野合戦終結後の翌明徳三年正月の闕国評定まで待たなければならなかった。先行研究の中には氏清・満幸の挙兵前に時熙・氏之を赦免したとする見解もあるが、[52]時熙・氏之の赦免問題は一時的に棚上げされていたと見る方がよい。実際、御成中止の翌月の氏清は幕府の指示を受けて丹波国内の荘園押妨停止に関する施行状を発給しており、内野合戦勃発の前月段階においても丹波守護の権能に基づく行為を確認できる(53)。このように、少なくとも氏清周辺で表立った異変を見て取ることはできない。後述する満幸とは異なる様子がうかがえる。

それでは、同年一一月の満幸追放事件はどうであろうか。『明徳記』によれば、発端は満幸による仙洞御領出雲国横田荘の押領行為とされ、現地で満幸方が紛争を引き起こして横田荘の給主であった日野家の代官を追い出したという(54)。これに対して激怒した義満が満幸を京都から追放し、恨みを抱いた満幸は本格的に挙兵に向けて動き出すという流れである。先行研究ではこの事件も義満による挑発や謀略の一環と認識されてきた(55)。しかし、伊藤俊一氏は、義満の行動には応安大法に基づく厳格な寺社本所領保護政策の存在、ならびに遵行を行わない守護を解任する幕府法原則の確立が背後に存在すると指摘しており、これを受けて市川裕士氏はあくまで幕府法原則に沿った対応であり、必ずしも意図的な挑発行為とは断言できないと述べている(56)。

そもそもなぜ満幸は横田荘で紛争を引き起こしたのだろうか。この点は十分検討されていない。仙洞御領であった横田荘内には詳細不明ながら山名惣領の権益が存在していた形跡がある。観応の擾乱期に山名師義が荘内の岩屋寺に禁制を発給して以来、師義・時義二代にわたって山名惣領は「地頭」として活動していた(57)。満幸が出雲守護をつとめた時期においても、時義は横田荘に影響を及ぼす存在であり、前述したように時義没後にはその子・時熙が進出していた。本来満幸の勢力が及びにくい地域であったと考えられる。

関連する事例を探すと、他に惣領が代々権益を有した荘園には備中国新見荘が存在する。明徳年間の新見荘では「山名宮内少輔（時熙）」の奉公人が没落しており(58)、当地に時熙の勢力が及んでいたことがうかがえる。これも惣領由来の権益を引き継いだことを示唆している。さらに先行研究によれば、明徳元年の追討戦以後の新見荘は幕府方の細川氏が軍事占領したという[59]。追討された山名一族に関連する地域で幕府方の軍事行動と占領行為が見られる点を踏まえると、満幸が横田荘に進出したのも明徳元年の追討戦と連動しており、追討された時熙の権益を接収して現地を押さえる意味合いがあったと思われる。そうして見ると、『明徳記』が伝える押領行為は長年満幸が行っていたかのように記されているが、実際にはそうではなく、追討戦の余波で偶発的に生じたものであろう。横田荘は元来仙洞御領や日野家が関係する地であり、義満が態度を硬化させやすかったのではないか。ただし、それは意図的な挑発行為とすぐに結び付く動きとはいえない。

加えて注目したいのは、『明徳記』の氏清・満幸挙兵に至る過程の描写では、義満ら京都の面々が直前まで挙兵を察知できない様子が散見される点である。挙兵の発端となった一〇月の御成中止の際には「人々皆仰天ノ気色」とあり、氏清の真意を測りかねている様子が描かれている[60]。さらにその直後に発生した大地震の記事では、陰陽頭の安倍有世が兵乱の発生を予言すると「御処(所)様ヲ始進テ諸大名近習ノ人々何事歟有ランスラン」という反応が記されている[61]。また、御成中止後に氏清が謝罪の意を表した際には「京都少シ御油断有ケル」とあり[62]、氏清らの水面下の動きを把握していない状態が続いた。その後、一二月中旬の満幸挙兵の際、挙兵の一報に接した義満らは「此事実シカラス、争カ去事アルヘキトテ強ニ御信用モ勿リケリ」との反応を示し、二三日に氏清・満幸方に与した因幡守護の山名氏家が京都を脱出すると、ようやく「是ヨリ京中騒立テ」という京都の様子が描かれている[63]。

義満が山名氏に対する抑圧や謀略のため意図的に姿勢を転換し、それらの行為が内野合戦を誘発したのであれば、『明徳記』の描写自体が不自然といえる。さらにこれまで検証してきたように、従来義満の計画的な行動、挑発・謀略行為と見なされてきた動きはいずれも明確ではなく、先行研究で強調されるほどの事態には見受けられない。明徳二年に起きた一連の動きを踏まえると、義満はそれらが内野合戦に繋がるとは想定していなかったのではないかという疑問が浮かび上がる。実際、市川氏も内野合戦の背景を見直す見解を示している。それでは、次に一二月の情勢変化後の過程を具体的に検討してみよう。

（二）明徳二年一二月の情勢変化と内野合戦

続いて『明徳記』では義満による紀伊守護山名義理への説得と失敗の記事が挿入された後、一二月二五日の軍評定において、山名氏を京都で迎え撃つ幕府方の方針が決定されたとする。[64]一方、桐田貴史氏が紹介した史料には次のような義満告文が存在する。

【史料四】

山名前修理大夫義種（理）・同陸奥守氏清・同播磨守満幸等御退治

かけまくもかしこき　伊勢二所太神宮・神祇官・石清水八幡大菩薩・賀茂下上・平野・春日・住吉・日吉・吉田・祇園・北野・御霊の広前に、征夷大将軍准三后従一位源朝臣―（足利義満）、恐み恐みも申賜はくと申事のよしは、山名前修理大夫義理・同陸奥守氏清・同播磨守満幸以下の一類、にわかに隠謀を企、忽悪徒をいたす間、速治罰を致す、即時の退治ハ神明の冥助にあるへし、はに血をぬらすして、賊虜こと〳〵くにほろふるハ、神武の草創、我国の佳躅なり、彼凶徒等不日に廃亡せしめ、与力同心の輩たちまち頓滅して、天下弥静謐、息災の運命を保へきなり、此条専冥助を加給へ、（中略）此状を平けく安けく聞食て、微臣所存のことく、征伐時をかへす、凶徒早治罰して国土安穏、ことに―身躰つゝかなくして、金石よりもかたく、寿算なかく保て、松竹よりも久しく、子孫繁盛、ときハにかきはに、夜守日守に護幸給へ、乃啓白如レ件、

明徳二年十二月廿五日　征夷大将軍准三后従一位源朝臣―（足利義満）御名字御筆

（後略）[65]

史料四が出された翌二六日には出雲国人に対して山名退治の御教書が発給されているうえ、同日には鞍馬寺にて

「山名奥州播州謀反御祈」が始まっており、二五日の軍評定以降、本格的に幕府が戦時体制に移行していったことがうかがえる(66)。史料四の義満告文の内容は時系列的にも齟齬はない。しかも義満は「にわかに隠謀を企、忽悪徒をいたす」と述べており、突然の挙兵であったことが垣間見える点は特に注目したい。

これらを踏まえると、氏清・満幸ら挙兵以降の動きについて見た時、『明徳記』の伝える内容はおおむね史実を反映していると見てよい。内野合戦が一二月三〇日であるから、直前にならなければ、幕府側は彼らの挙兵を把握できなかった点は見過ごせない。当初より義満が山名側の挙兵を想定した挑発行動を取っていたのであれば、このような動きにはならないと理解すべきであり、従来の見解には従い難い。桐田貴史氏は義満が「相当な危機感」をもって事態に対処していたと述べており(67)、義満の内野合戦に対する認識を考えるうえで示唆的である。なお、市川氏は、内野合戦を義満の「想定を上回る」事態と評価しているが(68)、この点はやや修正が必要である。山名側の挙兵は、幕府側にとって思いがけぬ事件であり、直前まで予想すらしていなかったと見るのが妥当であろう。

一方、義満が意図しない中で内野合戦が勃発した背景を考える際、挙兵した山名側の動きが重要となってくる。内野合戦に至る過程では、氏清と満幸はそれぞれ異なる立場であった。『明徳記』では満幸を起点として彼が挙兵に追い込まれていく描写が垣間見える。最も義満の「抑圧」を感じ取った人物は満幸であったことがうかがえる。このような動きと類似した事例を他に求めると、応永の乱が参考になる。応永の乱の際、首謀者の大内義弘は義満の言動や周囲の風聞を脅威に受け止めて挙兵に至ったという(69)。呉座勇一氏は義満・義弘双方の言動の相違点を踏まえて、義満による挑発や思い描いた通りの展開過程を見直す見解を示している(70)。必ずしも義満の意図通りではなく、関係者の言動のすれ違いによって戦乱が生起されてしまうという指摘は重要と考える。呉座氏は明徳の乱に関して従来通りの謀略説を支持しているが、応永の乱に関する見解は内野合戦でも有効であろう。内野合戦・応永の乱ともに義満の筋書き通りに勃発したのではなく、義満の意図しない大名側の反応が積み重ねられ、義満のコントロールから外れた政治情勢が進展していった結果と読み替えるべきではないか。その背後には義満と大名側の意思疎通・相互理解の不十分さが見えてくる。満幸は惣領職をめぐる時熙との争いの当事者であったから、時熙が赦免された場合は氏清以上に影響を被る立場である(71)。義満が挑発や抑圧という意図を有していなかったとしても、大内義弘のように満幸の受け止め方は異なったものと思われる。満幸は自身の周辺で起きた騒動・事件を契機に追い込まれて脅威を感じた結果、氏清を含めた周囲を巻き込む形で挙兵に至ったのであろう。市川氏は、山名氏にとって内野合戦は自らの軍事力を背景として幕府側に「訴訟」するためのものであったとする(72)。本節で明らかにしたように、内野合戦は突発的な形で生じた戦乱であり、加えて対抗馬となる足利氏を擁立しているわけではなく、南朝との連携も不明な点が多い(73)。内野合戦の性格は「天下」を競う戦いとは言い難く、市川氏の指摘は十分首肯できる見解である。

以上、第二節で述べた内容をまとめると、明徳二年の足利義満は山名氏に対する姿勢を転換し、氏清・満幸方への挑発行為を見せたとされるが、実際の義満はあらかじめ挙兵を想定して挑発したと解釈することはできず、義満側にとって挙兵は想定外の事態であったと指摘できる。このように、明徳元年の追討戦と同二年の内野合戦では戦乱の性質が異なり、段階差が存在している。いずれにせよ、内野合戦に至る政治過程を義満の意図通りに進行していったかのように理解するのは慎重さが必要といえる。

義満率いる幕府方は内野合戦で勝利を収めたことにより、氏清をはじめとする山名方の多くが討死する結果となったが、想定外の挙兵と捉え直すと、一部の先行研究ですでに示唆されるように、内野合戦は必ずしも義満が終始優位な立場で展開したと自明視することはできない(74)。想定外の事態で幕閣が動揺する中で義満は山名氏の京都侵入を許してしまったと見るのが実態に近いといえる(75)。では、予期せぬ形で内野合戦を招いた後、義満や山名氏はどのような戦後を迎えたのであろうか。次節で検討してみよう。

三　足利義満の戦後処理策と山名氏

（一）山名満幸の逃亡と残党蜂起

内野合戦終結後の明徳三（一三九二）年正月、幕府は闕国評定を行い、敗北した山名氏の分国が幕府方諸将に分配された。先行研究では、闕国評定をもって乱が終結したとする見方もあるが、岸田裕之氏は満幸が山陰方面に逃亡して各地で残党が蜂起した点に注目し、戦乱が終結したわけではないと指摘している[76]。これまで述べたように、内野合戦自体が予期せぬものであり、義満のコントロール外で勃発した戦乱がそう簡単に収拾されるとは限らない。まずは、乱後における政情不安の展開について見ていこう。

闕国評定後、すぐさま新しい分国支配が順調に展開したとはいえない。一例を挙げると、山名義理が保持していた紀伊国守護職は大内義弘に付与されたが、『明徳記』は、当初義理が紀伊国内で抵抗しようとした様子を描いている[77]。明徳三年正月時点で依然として前守護の山名義理は紀伊に在国して文書を発給しており、紀伊国内では「山名殿動乱」により文書を失ったとする史料もあるため[78]、義理の抵抗戦が国内で展開していたことは確かであろう。『明徳記』は同年二月に義理が紀伊を脱出したと記すが、翌三月に大内氏は義理の守護所が置かれた名草郡大野郷に所在する寺院に禁制を発給しており[79]、義理の抵抗戦もおおむね三月までには終結したと見てよいだろう。大内氏の入部が平穏無事に済んだとはいえず、実力をもって義理を放逐せねばならなかった様子がうかがえる。

続いて満幸が逃亡した山陰方面を見ると、満幸分国の一つである出雲国の場合、『明徳記』には満幸方が月山富田城に籠って抵抗したとある[80]。同年正月、出雲・隠岐両国を与えられた京極高詮が下向して満幸残党の鎮圧に従事している。[81]『明徳記』の初稿本では明徳三年二月頃に満幸が九州に逃亡した記事をもって乱後の満幸の叙述を終えているが、実際には明徳四年に入ると再び満幸方の蜂起が出雲国内で広がった。この時、伯耆国まで影響が及ぶ広域的な争乱となり、遠方の伊予河野氏も軍事動員されている。[82]

さらに岸田氏によれば、明徳の乱後の赤松氏分国内では、乱後の守護方による軍事行動に伴う諸役の負担が在地に賦課されており、明徳の乱後の政情不安が地域社会にも影響を与えたという。[83]このような役賦課は応永元（一三九四）年頃まで見られるが、同年一一月には美作国で「山名播州蜂起」の一報があり、満幸退治のために守護赤松義則が下向している。[84]山名残党蜂起に関する役賦課は、応永二年に満幸が京都で討たれて以降は確認できなくなるため、満幸の動きと密接に連動している。

また、備中国では、かつて山名師義が地頭職を拝領していた新見荘において山名方と結び付いた多治部氏の押妨が展開していた。明徳三年六月段階に至っても新見荘内では多治部氏の抵抗が継続しており、翌年になって「当国静謐」と伝えられている。[85]新見荘周辺では在地の情勢に対する明徳の乱の影響が色濃く見られるが、とりわけ内野合戦終結後もこれらの混乱がすぐに収まるわけではなかった点に注目したい。

このように、内野合戦終結後も満幸方残党を中心とする蜂起が続き、その影響は各地の地域社会にも及んでいた。内野合戦の背景とその余波は、乱後の義満の動向や山名氏自身にも何らかの影響を与えたことが想定されるが、岸田氏の見解は影響を受けた地域社会に力点が置かれており、義満の戦後処理策や山名氏の動向は検討の余地がある。それでは次項で考察してみよう。

（二）足利義満の戦後処理——『明徳記』と鎮魂供養の視点から——

内野合戦後の義満周辺で見られた特徴的な動きのひとつに『明徳記』の編纂が存在している。国文学分野では、内野合戦終結直後の明徳三年中に初稿本が成立したことが明らかにされているほか[86]、義満に近い作者が想定されており[87]、極めて政治権力と近い性格の書物という評価もある[88]。以上より、『明徳記』の成立と展開を見ることは、義満の動向を検討することに繋がるといえるだろう。まずは『明徳記』と義満の関係を見ていく。

最初に注目したいのは『明徳記』に登場する関係者の叙述方法である。大坪亮介氏によれば、『明徳記』の構成は義満と氏清を対比させて描写しているという[89]。『明徳記』では将軍の座を狙い、義満のライバル的な存在として描き出されている氏清であるが、これまで見てきたように、実際の氏清は首謀者のひとりではあるものの、満幸の挙兵に巻き込まれるように加わっており、当初からの積極性を見出し難い点がある。さらに『明徳記』では、神々の加護の下で勝利を運命付けられた義満の姿が度々描写されているが、この点も内野合戦自体が思いがけない形で生じた戦乱であり、義満の勝利を確実視できない性格の戦いであったことを踏まえると、史実から離れて義満側に都合の良い構図を作り出そうとする意図を含む虚構表現といえる。もちろん『明徳記』が語る内容すべてが虚構というわけではなく、例えば、史料四をもとに検討したように、突然の挙兵から内野合戦に至る過程は史実と合致している点が多い。そうすると、『明徳記』は、乱の顚末をありのままに伝える動きに加えて、史実から離れた虚構的世界を創出して義満の勝利を称揚する動きの二つの方向性が混ざり合った書物といえる。

大坪氏によれば、『明徳記』の特徴的な描写背景には足利将軍の権威を誇示し、源氏の正統である点を喧伝する必要が存在していたといい、将軍の置かれていた不安定な立場と危機意識の表れであるとする[90]。ただ、『明徳記』の編纂が満幸の九州逃亡と一時的な沈静化の中で始まり、改稿本では満幸の死が挿入されるように、編纂事業と山名残党の動向が密接に連動していた点は見過ごせない。『明徳記』の背後にあるのは、内野合戦以降に展開した政治情勢と結び付くことで生み出された危機感であろう。義満は内野合戦に勝利できたものの、満幸方残党らの蜂起が継続したことにより、戦後処理にしばらくの間直面することになった。予期せぬ内野合戦の勃発、不安定な戦後や立場情勢を前にして義満は自身の勝利や立場を補強するような言説空間を作り出す必要に迫られたのではなかろうか。加えて和田琢磨氏によると、『明徳記』は後世に語り継ぐための歴史資料（「末代記録」）という意味合いも持ち合わせていた[91]。『明徳記』の初稿本は応永三年時点ですでに複数の写本が存在し、少なくとも応永二〇年代には物語僧による市中流布が確認できる[92]。義満の勝利と山名の敗北という事実が改めて虚構を織り交ぜた物語形式で市中に喧伝され、様々な人の目に触れることにより、内野合戦後の政治秩序を言説面で支える環境醸成に寄与したと考えられる。

もう一つ留意しておきたいのは、『明徳記』には山名方に対する鎮魂供養・哀情的視点が入り込んでいるという砂川博氏の指摘である[93]。これまでは大森北義氏が指摘するように、義満称揚と山名批判の構造で貫かれているとされてきたが[94]、必ずしも『明徳記』が山名批判一色ではないとする砂川氏の見解は注目できる。あわせて天野文雄氏は、氏清一党鎮魂の意を込めたとされる能「小林」が『明徳記』の初稿本を参照しつつ義満の意向を強く受けて成立しており、能「小林」と『明徳記』には一体性が見られると指摘している[95]。明徳三年四月、義満は相国寺で大施餓鬼会を開催し、敵味方を問わない鎮魂供養を展開していったが[96]、これも『明徳記』の成立・内容と関連した動きであった。天野氏は、義満の戦死者供養は将軍権力の強化による自信と余裕の表れと評価するが[97]、内野合戦後の政情不安の存在には触れていない。前項で示した政情不安の継続を踏まえると、内野合戦の勝利は事実としても、義満に自信と余裕を生み出したとは言い難い。政情不安に直面していたからこそ、義満は敵味方を問わない戦死者供養を挙行し、敵方に対する融和的姿勢を見せることで不安定な情勢を鎮める思惑が存在したと理解すべきであろう。このように、『明徳記』は山名氏を排除する思想で塗り固められていたわけではなく、敗北した山名氏を鎮魂・哀情の視座で包摂しようと試みている。この背景を考えると、戦後の政治秩序の中に山名氏を再び取り入れ、情勢の安定を図ろうとする義満の意向と密接に結びついているのではないか。『明徳記』の成立ならびに鎮魂供養政策の展開は内野合戦の実態と政情不安の継続に影響されたものであり、義満の戦後処理策の一環であったといえる。

以上、内野合戦終結後の義満周辺の動きを見てきたが、『明徳記』自体が戦後処理策の中で生まれた政治的な書物と位置付けることができる。鎮魂供養策を含めた義満による特徴的な動きについては、内野合戦勝利に伴う権力確立、勝者の余裕の表れなどとも評されるが、実際にはその逆であり、予期せぬ形で生起した内野合戦ならびに乱後の政情不安に規定されたものであった。現代のわれわれにも影響を与える歴史認識を義満は意図的に作り上げるとともに、戦後の混乱を早期に鎮めて政治秩序の回復を企図したのである。義満は有力守護の勢力削減を進めたが、それは必ずしも成功が約束された予定調和的な過程ではなかった。公武間に君臨しつつあった義満とはいえ、この段階ではいまだ政治的な不安定さを抱えることもあった点は等閑視できない。付言すると、明徳三年中に実現した南北朝合一も義満主導で推進されており、乱後の不安定な世情を受けた善後策と解する余地があろう[98]。このように、内野合戦の衝撃と乱後の政情不安は義満とその周辺を束縛し、都鄙の政治情勢に大きな影響を与えたのである。

その後、内野合戦後の義満を規定していた政情不安は、応永二年の満幸死亡をもって完全に終息する。満幸死亡直後、旧満幸分国の出雲・隠岐両国守護職と満幸関係者の跡職が正式に京極高詮に与えられている[99]。名実ともに義満は内野合戦に区切りをつけることができたといえるが、義満が見せた動きは満幸以外の山名氏に対してどのような影響をもたらしたのだろうか。また、満幸方による政情不安の展開は惣領・時熙にとっても無縁ではない。この点については次項で検討してみよう。

(二) 明徳の乱後の山名氏と足利義満

内野合戦後に惣領の立場を確定させた時熙は、その後、義満・義持・義教三代にわたって幕府を支えて、義教期には畠山満家と並ぶ「宿老」として政治的に大きな影響力を持つに至った。市川裕士氏は乱後の時熙が幕府と密接な立場をもとに自身の勢力拡大を図ったと指摘している[100]。筆者も市川氏の見解には基本的に賛同するが、本来時熙は父・

時義と義満の関係悪化の余波を受けて一時追討された身であった点は注意しなければならない。なぜ乱後の時熙が義満と密接な関係を構築し、惣領の座を確固たるものにできたのかといった具体的な背景は検討の余地があろう。そこで本項では、乱後の時熙をめぐる情勢について、山名一族の動向と義満の戦後処理策も踏まえつつ検討したい。

明徳の乱の際、時熙は幕府方に属していたため、多くの一族と敵対する側であった。内野合戦では氏清をはじめとする山名一族が戦死したが、氏清方一族には生存者も多い。本来、満幸と同様に氏清遺児や氏清方一族の存在は時熙にとって脅威となるはずだろうが、これらの一族と時熙はどのような関係を築いたのか。

氏清子息は複数名存在しているが、その一人である満氏を例に取ると、応永の乱後に安芸守護に補任されたが、市川氏は、満氏の安芸国支配は惣領・時熙の影響下で展開したと指摘している[101]。このほか、氏清子息の熈氏は、時熙から偏諱を受けており、熈氏もまた時熙の影響下に置かれたと見てよい。また、氏清方に与した一族のうち、氏清が実子のように接したという山名高義の場合[102]、高義自身は内野合戦で戦死したが、高義遺児の熈高は時熙の猶子となり、偏諱も受けていた。のちに因幡守護となる熈高は、応永二九年に起きた備後国での争乱の際、時熙の実子・持豊と共に鎮圧のため下向しており[103]、惣領家の分国支配を補完する動きを見せている。

このように時熙は、氏清方一族を包摂していく動きが確認できるが、敵対した一族を糾合し得たのはなぜだろうか。その背景の一つとして考えられるのが氏清娘であった時熙妻の存在である。この人物の動向を見ると、明徳の乱後に氏清方一族の保護に尽力している。例えば、山名一族出身である禅僧・瑞岩龍惺は明徳の乱後に追手から逃れて時熙妻（氏清娘）に託されたうえ、のちに時熙妻（氏清娘）が禅僧となる道筋を付けたとされる[104]。さらに時熙妻（氏清娘）は応永三〇年の氏清三十三回忌法要の際の主催者でもあり、同母弟の熈氏も同じく法要のために写経を行っている[105]。氏清の法要は時熙が開基となった南禅寺栖真院で挙行されており、氏清供養を時熙夫婦が実施し、氏清子息も加わっている様子が見て取れる。乱後の時熙は氏清娘との婚姻関係を媒介にして、夫妻共同で氏清方一族を保護し、氏清ら一族の仏事を担うことで一族の結集核としての役割を果たしていた。加えて後年の惣領・持豊（時熙三男）は、氏清娘を生母としており、氏清の血統は惣領家一族に引き継がれている。(106)氏清の血統を引き継いだ時熙にとって、氏清方一族との関係は自身の惣領としての基盤強化に繋がったことが考えられる。

一方で氏清方一族は本来幕府と敵対していた側であるから、こうした敵対者の復権は時熙夫妻のみの尽力ですべて可能とは必ずしもいえないだろう。この点を踏まえると、前述した乱後の義満の動きが関係してくる。例えば、氏清の子・満氏については次のような史料が残されている。

【史料五】

一伊豆殿(時氏)御他界之後公家御前奥州(氏清)・与州(時義)之母也、

代官伊賀式部大夫入道道賢、永和元年卯月廿四日に入部、奥州内仁也、宿刀祢宗覚許、康暦二、永徳三卯月九日に於㆓京都㆒死去了、次高木（土屋）加賀守理宗（タ、）伊豆殿御孫民部(満氏)大輔殿御内仁也、永徳三年七月廿四日下向、宿刀祢宗覚浜向侍也、至徳三、嘉慶二、康応元、明徳二年十二月迄、

此代官山内掃部助通永、

但阿納尻四名、石丸、発心寺、吉延、景貞、日吉、以上米銭共に二百石は、伊豆殿子息修理亮(高義)殿後号㆓上総介㆒御代官安房小次郎、同七月に下向、年序同前、

山名陸奥守氏清大将にて、一家人々企㆓謀叛㆒、面々分国に構㆓城郭㆒、明徳二年辛未十二月卅日に京都へ責入、内野にて及㆓合戦㆒了、其日奥州氏清、其外一族若党数千騎打死了、如㆑此上は高木加州当所を捨て上洛了、但彼加州は将軍家御方にて致㆓合戦㆒了、依㆓此忠節㆒民部大輔、次年に京都江被㆓召上㆒了、(107)

史料五は若狭国税所今富名の歴代領主を記したものであるが、永徳三（一三八三）年頃の山名方代官として高木（土屋）理宗なる人物が記されている。理宗は「伊豆殿」（時氏）の孫である「民部大輔」の被官とあるが、時氏の孫

の中で民部大輔を名乗るのは満氏であるから、理宗は満氏被官と見てよい。注目したいのは、明徳の乱の際に理宗は幕府方として戦い、その忠節によって主人の満氏が赦免されて、翌年京都に召し上げられたという記述である。内野合戦終結後、比較的早い段階で満氏は赦免されていることがわかる。このほか、氏清子息や氏清方一族も満氏と同様に義満が赦免しており[108]、敵対した一族の政治的な復帰の背景には義満の動向が絡んでいた。乱後の義満は一転して氏清方一族への融和的姿勢を示したのである。史料五にある満氏の復帰時期が明徳三年中と考えられる点を踏まえると、乱後まもない時期に義満は融和的姿勢を鮮明にしたといえる。

このような義満の姿勢は氏清方一族に限ったものではなく、惣領・時熙に対しても同様であった。例えば、時熙が自分の身代わりとなった被官の柿（垣）屋・滑良両氏が壮絶な討死を遂げた件を義満に報告した際、『明徳記』には義満の賞詞に預かった場面が次のように描かれている。

【史料六】

御処様（義満）是ヲ御覧シテ、只今御分ノ心中察シ思食ル、ト直ニ御感有ケレハ、見聞人コトニ柿屋滑良二人故一命ヲ全フシ給ノミナラス、直ノ御感ニアツカルハ面目ノ至也トテ何シカ山名宮内少輔（時熙）ヲ浦山ヌ人コソ無リケル、子孫ニ伝テモ勇士ニハ情ヲ懸ヘキ理ヲ、今更人々思合ヘリ[109]、

史料六によれば、義満の「御感」に預かった時熙に対して、周囲の人々が「面目ノ至」として羨んだと記している。『明徳記』では、時熙が幕府方として参戦した様子を描きつつ、乱の濫觴はわが身にあると認識していた記述がある一方で[110]、史料六のような時熙への賞賛記事も挿入されている点は注目したい。『明徳記』は時熙を一方的に非難する内容とは言えず、むしろ内野合戦では義満と時熙の密接な関係を内外に示しているのである。『明徳記』は時熙生存時には市中に流布しており、乱後の時熙をめぐる言説に影響したことが考えられるが、『明徳記』の編纂に義満が関与したとされる点を踏まえると、時熙に対する視点も義満の融和的姿勢が反映されたものといえるのではなかろうか。

史料六に見える言説の流布は乱後の時熙の立場を補強するものであったといえよう。

また、明徳五年四月、義満は時熙の父・時義の菩提寺である但馬国円通寺に対して寺領を寄進している点も注目したい。(111)時義が開基となった円通寺は時熙系一族にとっての拠点寺院の一つであった。(112)第一節で述べたように、生前の時義は義満と不和であったが、時義の菩提寺を保護する義満の姿勢は、それまでの対立関係を解消し、時義の継承者としての時熙を下支えする動きであったと評価できる。

一連の義満の動向の背景を考えると、満幸残党による政情不安が挙げられるだろう。各地で抵抗を続ける満幸に対抗するために、義満は不安定要素になり得る敵対一族を積極的に赦免することで情勢の安定化を模索したものと考えられる。前述した義満の戦後処理策と一体化した動きと見てよい。さらに義満の融和的姿勢は時熙に対しても向けられた。義満は惣領・時熙の権威を高めて時熙の下に一族を結集させることにより、満幸を封じ込める策に出たのであろう。一方、乱後の混乱を鎮めて自身の足場固めを進めたい時熙にとっても義満の方針は好都合であった。時熙は義満の方針を背景に自身の妻である氏清娘と夫妻共同で一族の結集を図った。こうして時熙は氏清系一族を含めた結集核としての地位を得て、惣領の基盤をより強固にすることに成功したといえよう。

以上、第三節では明徳の乱後の足利義満の戦後処理策と山名氏の動きを見てきた。これまで明徳の乱は内野合戦で終結したという認識が根強かったが、実際には約四年間にわたって満幸方の抵抗が各地で展開するなど政情不安が継続していた。乱後に義満が展開した諸政策は、こうした政情不安と表裏一体であり、『明徳記』をはじめとする文芸作品の創出などを通じて義満の勝利を内外に喧伝し、対山名氏融和策によって政情不安を鎮める動きであったと評価できる。一方で山名氏においても惣領・時熙は氏清との婚姻関係を媒介に氏清方一族の結集を進めたが、義満の戦後処理策と密接に連動した動きでもあった。義満は満幸方に対抗する意味を含めつつ惣領・時熙の支援を行い、時熙の下に一族が結束するように仕向けた。そして時熙は乱後の政情不安と義満の戦後処理策を背景として、惣領の地位を固めることができたのである。応永の乱を契機に山名氏が勢力を回復していくのは確かだが、それに続く基礎は乱後の政治情勢と上意に規定される形で準備されたと指摘できる。

おわりに

本章では明徳の乱をめぐる政治過程を再検討し、あわせて乱後の政情不安という視点から足利義満・山名氏双方の動向を考察してきた。実際の戦乱に至る過程は、義満と時義の関係悪化に端を発し、明徳元年の追討戦が上意主導で実行された。一方で明徳二（一三九一）年の内野合戦は前年と異なり、義満の予期しない形で勃発しているうえ、乱後もしばらく情勢不安が続いた。このように、明徳の乱は段階差が存在するのであり、必ずしも足利義満が優位な立場で意図通りに物事を進めていたとは断言できない様子が見て取れる。応永の乱前後の九州情勢を再検討した堀川康史氏が義満期政治史の通説的理解の再検討を指摘しているように[113]、義満が謀略を巧みに操り、諸大名を討伐して権力を固めたとする政治史理解は再考を要する。義満は有力守護を討伐する意向を持ち合わせていたものの、政治的な不安定さをいまだ含んでいた。足利義満の権力確立とその動向を所与のものとして自明視せず、室町殿・守護双方の視点や同時代史料を踏まえたうえで、単線的な展開ではない当該期政治史を再構築していく必要があろう。

なお、本章では、惣領・時義の有した一族に対する影響力の実態、南北朝期山名氏の同族間結合と分国支配の様相、在京した氏清・満幸ら一族の政治的位置などについて十分に言及できなかった。また、明徳の乱後に赦免された山名一族の多くは『明徳記』の中でそれぞれ記事が挿入されており、義満の戦後処理策と連動している可能性が考えられる。『明徳記』と現実の政治過程の相互連関という点もさらに深めていく必要がある。このように積み残した課題は多いが、これらの点は今後も引き続き取り組みたいと考えている。

注

（1）宿南保「但馬山名氏と垣屋・太田垣両守護代家」（石井進編『中世の村と流通』吉川弘文館、一九九二年）。

（2）こうした認識については、さしあたって佐藤進一『南北朝の動乱』（中央公論新社、二〇〇五年、初版一九六五年）を代表的なものとして掲げておく。

（3）田中義成『南北朝時代史』（講談社、一九七九年、初版一九二二年、二六三～二六九頁）。

（4）前掲注（2）佐藤著書四五三～四五七頁、小川信『山名宗全と細川勝元』（吉川弘文館、二〇一三年、初版一九六六年、二三～二六頁）、同『細川頼之』（吉川弘文館、一九七二年、二七四～二八三頁）など。

（5）前掲注（3）田中著書二六四～二六五頁、前掲注（2）佐藤著書四五五頁、前掲注（4）小川著書『山名宗全と細川勝元』二三頁など。

（6）例えば、森茂暁『南北朝の動乱』（吉川弘文館、二〇〇七年、一八九～一九三頁）、榎原雅治『室町幕府と地方の社会』（岩波書店、二〇一六年、五五～五六頁）、早島大祐『足利義満と京都』（吉川弘文館、二〇一六年、五〇～六二頁）など。

（7）桜井英治『室町人の精神』（講談社、二〇〇九年、初版二〇〇一年、二七～四五頁）。

（8）「明徳の乱」（渡邊大門編『戦乱と政変の室町時代』柏書房、二〇二一年、市川裕士執筆）。

（9）岸田裕之「室町幕府・守護と荘園」（網野善彦ほか編『講座日本荘園史四　荘園の解体』吉川弘文館、一九九九年）。

（10）明徳の乱がもたらした地域社会への影響については、例えば、備中国新見荘を素材にこれまでも言及されている（似鳥雄一「下地中分後の室町期荘園」『中世の荘園経営と惣村』吉川弘文館、二〇一八年、初出二〇一四年、山田徹「南北朝末期備中国における石塔氏・細川氏」『日本歴史』八四三、二〇一八年など）。ただし、明徳の乱に関する諸研究の多くでは内野合戦に関心が集中している。

（11）『明徳記』をめぐる国文学分野の先行研究整理などについては、和田英道『明徳記　校本と基礎的研究』（笠間書院、一九九〇年）、和田琢磨「『太平記』世界の変貌」（『『太平記』生成と表現世界』新典社、二〇一五年、初出二〇〇三年）など参照。

（12）桐田貴史「『凶徒御退治御告文』に見る足利義満の神祇祈禱」（『古文書研究』九〇、二〇二〇年）、同「天理大学附属天理図書館所蔵『凶徒御退治御告文』」（『神道史研究』六九―一、二〇二一年）。

(13)『明徳記』上巻。なお、本章では前掲注(11)和田英道著書掲載の翻刻を参照した（五～七頁）。前掲注(11)和田英道著書の伝本整理によれば、宮内庁書陵部本が内野合戦直後に成立した古態を伝える初稿本の中でも善本とされるため、本章の引用は宮内庁書陵部本に拠った。
(14) 山田徹「南北朝後期における室町幕府政治史の再検討（中）」（『文化学年報』六七、二〇一八年）。
(15) 前掲注(7)桜井著書三六～三七頁、市川裕士「南北朝動乱と山名氏」（『室町幕府の地方支配と地域権力』戎光祥出版、二〇一七年、初出二〇一三年）。
(16) 前掲注(2)佐藤著書四五三～四五五頁。
(17) 前掲注(14)山田論文。
(18) 国立公文書館蔵『寛永諸家系図伝』第八冊所収「山名系図」（請求番号一五六―〇〇一五）。
(19) 康応元年三月三日「山名時義別当職補任状写」（『南北朝遺文　関東編』四四四八号）。なお、小坂博之氏は時義の惣領職継承を否定するが（同『山名常熙と禅刹』楞厳寺、一九七六年、一一～一三頁）、山名八幡宮への関与を見る限り、時義が惣領を引き継いだ点は明らかである。
(20) 出雲国横田荘の展開は、杉山巖「光厳院政の展開と出雲国横田荘」（『東京大学史料編纂所研究紀要』一六、二〇〇六年）参照。
(21) 前掲注(15)市川論文。
(22) 前掲注(19)小坂著書一八〇頁。
(23) 前掲注(18)「山名系図」。
(24) 前掲注(14)山田論文、同「大名家の追善仏事と禅宗寺院」（早島大祐編『中近世武家菩提寺の研究』小さ子社、二〇一九年）。
(25) 例えば、師義死没直後の山名氏内部（時義の惣領就任事情）については、拙稿「中世後期日野山名氏の基礎的考察」（『大阪大谷大学歴史文化研究』二四、二〇二四年）参照。
(26) 前掲注(7)桜井著書三九頁。
(27)「鹿苑院殿厳島詣記」（『群書類従　第一八輯』紀行部、五七四頁）。
(28)『明徳記』上巻（前掲注(11)和田英道著書一八頁）。なお、満幸が義幸の分国を引き継いだ点は、佐藤進一『室町幕府守護

制度の研究　南北朝期諸国守護沿革考証編下』（東京大学出版会、一九八八年、二四～二五・五六頁）参照。
(29) 相国寺光源院蔵。翻刻は『鳥取県史　第二巻　中世』（鳥取県、一九七三年、八二〇頁）掲載分を参照。
(30) 前掲注(3)田中著書二六四頁。
(31) 前掲注(19)小坂著書一三～一五頁。
(32) 前掲注(4)小川著書『山名宗全と細川勝元』二三～二四頁など。
(33) 康応元年七月日「山名時熙寄進状」（島根県立図書館所蔵影写本「岩屋寺文書」）。『南北朝遺文　中国四国編』にも同文書（五二二一号）が掲載されているが、花押主を山名満幸と誤っているため、本章では文書名を訂正した。なお、本章で『南北朝遺文　中国四国編』より引用する場合は「南中四」と略記する。
(34) 前掲注(20)杉山論文。
(35) 『新修島根県史』では同文書の花押主を山名時氏に比定しているが、明らかな誤りである（『新修島根県史　史料篇一　古代・中世』島根県、一九六六年、三九〇頁）。
(36) （康応元年）七月八日「山名義熙書状」（『大日本古文書　家わけ第一　高野山文書』四六五号）。
(37) 康応元年九月六日「室町幕府御教書案」（東寺百合文書京函八一―五）。
(38) 時義死没前年の嘉慶二（一三八八）年六月、時熙・義熙両人が宮内少輔と伊豆守にそれぞれ任官している（国立歴史民俗博物館蔵廣橋家旧蔵記録文書典籍類H六三―三八一「兼宣公御教書案」）。山田徹氏によれば、室町期の在京大名一族の一員として活動を許された人物は遅くとも二〇代前半までに初任官するのが通常という（同「室町大名のライフサイクル」細川涼一編『生・成長・老い・死』竹林舎、二〇一六年）。このうち、年齢が判明する時熙の場合、嘉慶二年時点で二二歳であった（生年は前掲注(19)小坂著書一頁ならびに一九一頁に拠る）。このように特段遅い初任官ではなく、彼らの任官が義満と時義の対立という政治的理由で妨げられていたとはいえない点も付言しておく。
(39) 明徳元年閏三月八日「足利義満告文写」（天理大学附属天理図書館蔵「凶徒御退治御告文」一号）。出典は前掲注(12)桐田史料紹介（二〇二一）。以下、出典は当該史料紹介に拠る。
(40) 田中義成氏は、康応元年一一月に出雲の杵築大社へ満幸が捧げた願文をもとに「所謂心中の所願は、恐らくは時義に代わって惣領とならん事を祈りしならん」と推測している（前掲注(3)田中著書二六四頁）。ただし、田中氏も推測の域を出ていないことを認めているように、この願文では満幸の「心中」を明確に読み取ることはできない。康応元年一一月という時期を踏まえると、この時点で惣領の座をめぐる何らかの意思表明をしている可能性もあるが、ひとまず本章ではその評価を控えておきたい。なお、満幸願文は康応元年一一月二〇日「山名満幸願文」（『南中四』五二三五号）参照。

(41) あくまで参考史料であるが、後年に作成された史料には「内野の御事候ての、ち、円通寺殿の御一跡は、大明寺殿に候故」とあり（国立公文書館蔵「篠葉集」）、内野合戦を経て惣領職が時熙に確定したかのように読める。なお、山田徹氏も時熙にそのまま惣領職が移行したか疑わしいとする見解を示している（前掲注(24)山田論文）。

(42)『明徳記』上巻（前掲注(11)和田英道著書九頁）。

(43) 前掲注(15)市川論文。

(44) 明徳元年三月、氏清被官で山城守護代・蓮池重継の配下であった本庄資行は東寺領に対して「但馬向軍役」の賦課停止を伝達している（同年同月八日「本庄資行書状」『兵庫県史　史料編　中世六』東寺文書三一号）。その後、同年八月、両者は但馬国内で遵行行為を実施しており（明徳元年八月一一日「本庄資行打渡状」・「前美濃守某《（蓮池重継）》打渡状」『兵庫県史　史料編　中世八』妙心寺文書二二～二三号）、この頃には氏清が但馬を平定したと見てよい。

(45) 後年の改稿本では義満に思うところがあり、討手に同族を起用したと記すが、内野合戦直後に成立した初稿本にはない後補表現である。義満の思惑は明示されていないうえ、史実と合致する内容であるのか判然としない。改稿本の該当箇所は冨倉徳次郎校訂『明徳記』（岩波書店、一九四一年、一四頁）参照。

(46)『明徳記』上巻（前掲注(11)和田英道著書八頁）。

(47) 前掲注(2)佐藤著書四五五頁、前掲注(4)小川著書『細川頼之』二七八～二七九頁、臼井信義『足利義満』（吉川弘文館、一九八九年、初版一九六〇年、六五頁）、井上光貞ほか編『日本歴史大系普及版五　南北朝内乱と室町幕府　上』（山川出版社、一九九六年、六四～六六頁、初版一九八五年、伊藤喜良執筆）、前掲注(7)桜井著書四〇頁など。

(48)『明徳記』上巻（前掲注(11)和田英道著書二三～二四頁）。

(49) 大森北義「『明徳記』の構造」（『古典遺産』三〇号、一九七九年）。

(50)『明徳記』上巻（前掲注(11)和田英道著書九～一一頁）。

(51)『明徳記』上巻（前掲注(11)和田英道著書二五～二七頁）。

(52) 前掲注(4)小川著書『山名宗全と細川勝元』二四頁、同著書『細川頼之』二七九頁、前掲注(6)早島著書五一頁、前掲注(7)桜井著書四〇頁など。

(53) 明徳二年一一月一〇日「山名氏清施行状」（宮内庁書陵部蔵「隼人関係文書」、函架番号F九―八六）。
(54) 『明徳記』上巻（前掲注(11)和田英道著書一七～二一頁）。
(55) 例えば、村井章介『分裂する王権と社会』（中央公論新社、二〇〇三年、一九八～二〇〇頁）など。
(56) 伊藤俊一「室町幕府の荘園政策」（『室町期荘園制の研究』塙書房、二〇一〇年、初出二〇〇七年）、前掲注(8)渡邊編著所収「明徳の乱」。
(57) 師義が荘内の岩屋寺に発給した禁制は、観応三年一〇月七日「山名師義禁制」（『南中四』二三七〇号）。また、師義は荘内の岩屋寺寺務職や寺領などを安堵しており、師義の跡を継承した時義がこれを安堵している（永徳三年八月二四日「山名時義安堵状」『南中四』四八一七号）。この他、時義は荘内の寺社造営に関与し、いずれも檀那として振舞っている（至徳四年六月七日「前伊予守寄進状」『南中四』五〇七五号）。とりわけ至徳二年の横田八幡宮造営時の棟札には「御願主地頭源伊予守時義」と見える（『二〇一二～二〇一四年度科学研究費補助金基盤研究（C）研究成果報告書　中世山陰地域を中心とする棟札の研究』研究代表者・長谷川博史、二〇一五年、三一頁）。
(58) （明徳二年ヵ）「新見荘給主義宝申状」（東寺百合文書ゆ函七号）。差出人の比定については前掲注(10)似鳥論文参照。
(59) 前掲注(10)山田論文。
(60) 『明徳記』上巻（前掲注(11)和田英道著書一三頁）。
(61) 『明徳記』上巻（前掲注(11)和田英道著書一六～一七頁）。
(62) 『明徳記』上巻（前掲注(11)和田英道著書二七頁）。
(63) 『明徳記』上巻（前掲注(11)和田英道著書二七～三三頁）。
(64) 『明徳記』上巻（前掲注(11)和田英道著書三三～四一頁）。
(65) 明徳二年一二月二五日「足利義満告文写」（「凶徒御退治御告文」八号）。
(66) 明徳二年一二月二六日「足利義満御判御教書」（『南中四』五三八四号）、「四天王法記」（『続群書類従　第二六輯上』釈家部、一〇三頁）。
(67) 前掲注(12)桐田史料紹介。
(68) 前掲注(8)渡邊編著所収「明徳の乱」。
(69) この時の義弘の動向については、平瀬直樹『大内義弘』（ミネルヴァ書房、二〇一七年）参照。当初、義満は義弘の籠城する和泉国堺に絶海中津を派遣して丁重な姿勢を見せている。

(70) 呉座勇一『戦争の日本中世史』(新潮社、二〇一四年、二六六〜二六九頁)。

(71) 小坂博之氏も満幸が義満に対して妥協できない強硬な立場に置かれた点を示唆している(前掲注(19)小坂著書一二一〜一五頁)。なお、小坂氏は満幸の競合相手を兄・氏之と見ているが、惣領権益を引き継ぐ動きに出ているのは時熙の方である。

(72) 前掲注(8)渡邊編著所収「明徳の乱」。

(73) 氏清らが足利氏を擁立していない点に関しては、足利将軍家の秩序や権威が未確立であり、他氏でも対抗可能であったという谷口雄太氏の指摘がある(同「武家の王としての足利氏像とその形成」『中世足利氏の血統と権威』吉川弘文館、二〇一九年、初出二〇一七年)。ただ、谷口氏が依拠する『明徳記』の記述は第三節で述べるように、事実と異なる虚構が含まれる表現であった。氏清の主体性の乏しさを見ても氏清自身が将軍の座を狙ったとは考え難い。また、南朝との連携は、山名方を「南方凶徒」とする史料もある一方(明徳二年一二月二七日「室町幕府管領署判下知状」『大山崎町史　史料編』離宮八幡宮文書五六号)、氏清らに与した義理は乱後も北朝年号を使用している(明徳三年正月二三日「山名義理社領安堵状案」『和歌山県史　中世史料二』且来八幡神社文書一八号)。短期間の挙兵でどこまで南朝と結びついたのか慎重に考えたい。

(74) 佐藤進一氏は二五日の軍評定当初、義満に勝利の確信はなかったと指摘している点も注意すべき見解である(前掲注(2)佐藤著書四五六頁)。

(75) 『明徳記』では二五日の軍評定の後、内野で山名方と一戦を交える用意を整えたように描写されているが、山名氏の京都侵入は後手に回った義満の「明らかな失策」とする早島大祐氏の見解がある(前掲注(6)早島著書五二〜五三頁)。実際に二七日には幕府は大山崎にて山名方の侵入を防ぐよう指示を出しており、わざと内野に誘導したと見るのには慎重でありたい(前掲注(73)「室町幕府管領署判下知状」)。筆者も基本的に早島氏の見解に同意する。

(76) 前掲注(9)岸田論文。

(77) 義理の抵抗戦と没落譚については、『明徳記』下巻(前掲注(11)和田英道著書二二一〜二四七頁)参照。

(78) 前掲注(73)「山名義理社領安堵状案」。また、明徳五年三月一〇日「別当道仙等田券紛失状」(『和歌山県史　中世史料一』西光寺文書五五号)には田地寄進の文書が「山名殿動乱之時引失了」とある。

(79) 明徳三年三月一五日「守護大内義弘禁制」(『和歌山県史　中世史料二』禅林寺文書二五号)。

(80) この時の満幸の動向については『明徳記』下巻(前掲注(11)和田英道著書一九〇〜一九二、二一〇〜二一九頁)参照。

(81) 満幸の抵抗戦と京極氏の軍事対応については、松江市史編集委員会編『松江市史　通史編二　中世』（松江市、二〇一六年、二六三～二六五頁、川岡勉執筆）参照。ただし、京極氏が正式に出雲・隠岐両国守護職を獲得するのは、満幸没後のことである。

(82) 前掲注(9)岸田論文、前掲注(81)『松江市史』。伊予河野氏に対する伯耆出兵命令については、明徳四年四月一一日「足利義満御判御教書写」（『新鳥取県史　資料編　古代中世一　古文書編』三七四号）。

(83) 前掲注(9)岸田論文。

(84) 『東寺学衆方評定引付』応永元年一一月二八日条。

(85) 明徳三年六月八日「管領細川頼元書下」（東寺百合文書ア函一〇七号―一）、明徳四年七月八日「室町幕府御教書」（東寺百合文書せ函武家御教書並達六三号）。

(86) 弓削繁「『明徳記』管見」（『聖徳学園岐阜教育大学紀要』三、一九七六年）、前掲注(11)和田琢磨著書「軍記物語の生成と享受」（初出二〇一〇年）。また、和田英道氏は、明徳三年五月以降の「間もないころ」に初稿本が成立したとしている（前掲注(11)和田英道著書「『明徳記』の成立時期」）。

(87) 『明徳記』の作者像に関しては諸説あるようだが、義満に近い人物が想定されている。前掲注(45)冨倉校訂『明徳記』一七七～一七八頁、砂川博「明徳記と時衆」（『軍記物語の研究』桜楓社、一九九〇年、初出一九八七年）、前掲注(11)和田英道著書「『明徳記』の作者」など。

(88) 長谷川端「『明徳記』一、二類本のあいだ」（和漢比較文学会編『中世文学と漢文学Ⅱ』汲古書院、一九八七年）。

(89) 大坪亮介「『明徳記』における山名氏清と新田義貞」（『南北朝軍記物語論』和泉書院、二〇二〇年、初出二〇一六年）。

(90) 前掲注(89)大坪論文。

(91) 前掲注(11)和田琢磨著書「軍記物語の生成と享受」（初出二〇一〇年）。

(92) 初稿本の写本の存在については、陽明文庫本第一巻奥書に見える（前掲注(45)冨倉校訂『明徳記』五四頁）。また、物語僧の記事は『看聞日記』応永二三年七月三日条参照。

(93) 前掲注(87)砂川著書「明徳記の性格」（初出一九八七年）。

(94) 前掲注(49)大森論文。

(95) 天野文雄「《小林》成立の背景」（『世阿弥がいた場所』ぺりかん社、二〇〇七年、初出二〇〇〇年）。

(96) 臼井信義「北野社一切経と経王堂」(『日本仏教』三、一九五九年)、前掲注(95)天野論文など。
(97) 前掲注(95)天野論文。
(98) 義満の対南朝政策に明徳の乱が影響を及ぼした点については、前掲注(47)臼井著書七二～七五頁、前掲注(4)小川著書『細川頼之』二八二～二八三頁、前掲注(7)桜井著書四六～四七頁など参照。
(99) 応永二年三月二〇日「足利義満袖判御教書案」・同年四月二九日「足利義満袖判御教書案」(佐々木文書六六・六七号)。同文書については、『戦国大名尼子氏の伝えた古文書　佐々木文書』(島根県古代文化センター、一九九九年)参照。
(100) 前掲注(15)市川著書「室町期における山名氏の同族連合体制」。
(101) 前掲注(15)市川著書「安芸守護山名氏の分国支配と地域社会」(初出二〇一三年)。
(102) 『東海璚華集』が収める高義の三十三回忌法要の法語には「仲兄奥州《(氏清)》君、撫愛猶児、公亦事レ之如レ父」とある(『五山文学新集　第二巻』五九二～五九四頁)。
(103) 『康富記』応永二九年二月二八日条。なお、この時の熙高について「金吾《(時熙)》禅門猶子」と記されている。
(104) 『前南禅瑞岩禅師行道記』(『続群書類従　第九輯下』伝部、七二八～七三三頁)。時熙による一族の保護については前掲注(19)小坂著書一一三頁にも言及がある。
(105) 前掲注(102)『東海璚華集』五九六～五九八頁。氏清らの法要については前掲(19)小坂著書五八～六六頁参照。法要の主催者を時熙妻(氏清娘)に比定したのは小坂氏の見解に拠る。
(106) 瑞岩龍惺の著作である『蟬庵稿』(東京大学史料編纂所影写本、請求番号三〇一六―七二)には、康正二(一四五六)年に十七年忌法要が行われた持豊の母は「奥州《(氏清)》女」と注記がある。逆算すれば、氏清娘は永享一二(一四四〇)年に没していたことがわかる。なお、『蟬庵稿』に見える氏清娘の法語については、片岡秀樹「山名宗全の但馬在国について」(『但馬史研究』六、一九七八年)など参照。
(107) 「若狭国税所今富名領主代々次第」(『群書類従　第四輯』補任部、三五〇頁)。
(108) 前掲注(102)『東海璚華集』所収の法語には氏清子息や氏清方一族が義満によって赦免されて政治的に復帰した記述が散見される。
(109) 『明徳記』中巻(前掲注(11)和田英道著書一三五～一三六頁)。
(110) 『明徳記』中巻(前掲注(11)和田英道著書一三〇頁)。

（111）明徳五年四月一九日「足利義満寄進状案」（『兵庫県史　史料編　中世三』円通寺文書二号）。
（112）円通寺（臨済宗南禅寺派）と山名氏の関係については、前掲注(19)小坂著書一三九～一五二頁参照。
（113）堀川康史「今川了俊の探題解任と九州情勢」（『史学雑誌』一二五―一二、二〇一六年）、同「今川了俊の京都召還」（『古文書研究』八七、二〇一九年）。

【付記】

本章は大阪歴史学会中世史部会（二〇二一年一一月二六日）にて口頭発表した内容をもとに、学位請求論文に収録した論文を再構成したものである。なお、校正中に濱田浩一郎『明徳の乱　将軍・足利義満と山名一族の最終戦争』（講談社、二〇二四年）が刊行されたが、論旨に反映させることができなかった。あわせてご了解いただきたい。

第二章　足利義教政権と石見守護山名氏

はじめに

正長元（一四二八）年、足利義持の急死に伴い、弟の義教が後継者となった。これまで義教の政治姿勢については将軍専制を目指し、対大名（守護）抑圧政策を展開したうえ、周囲の人々を粛清・弾圧する「恐怖政治」を行ったと考えられてきた(1)。さらに義教本人が嘉吉の乱で最期を迎えたこともあり、義教政権はその後の室町幕府の動揺を招いたという意味でも注目されてきたといえる。

そうした中にあって近年では同政権をめぐる評価が変化している。例えば、その政務運営については、義教の御前沙汰を管領以下諸大名の抑止策と捉えた見方から訴訟制度をめぐる積極的な改革姿勢を表すものと見直されたほか(2)、将軍と大名による相互補完的な関係が展開していたことが明らかにされた(3)。さらに将軍専制志向や抑圧策の実態も時期による段階差や抑圧対象に一定の方向性が見られることも指摘されている(4)。そうした動きを一律に専制や抑圧と捉えるのではなく、時期や政治状況に応じた具体的な検討が必要ではないのだろうか。さらに同政権は各地の守護・国人の家督問題や地方争乱に関与しており、その動向は地方情勢や地域社会とも無縁ではない。先に述べた同政権の再評価を踏まえると、地域社会への影響を改めて捉え直す余地があろう。

本章で取り上げる石見国の場合、応永の乱以後、京極氏を経て山名氏利、次いで山名義理（道弘）が守護に補任された。その後は義理の子・常勝が守護職を継承していたが、当該期の石見国では守護が常勝から山名熙貴に交代している。[5]近年、川岡勉氏は、熙貴が石見守護家とは別流の山名一族出身である点に着目し、国の政道に「正体がない」として伊賀守護仁木氏が解任された事例と同様に捉えて、義教の上意に基づき常勝が更迭されたとの見解を示したほか、将軍近習の熙貴を通じて石見国支配の安定化を図ったと指摘している。[6]

このように、同政権は石見情勢にも大きな影響を与える存在であったが、従来石見守護との関係にはさほど言及が見られず、川岡氏の指摘は守護権力を軸に中央政治史との連動を意識した見解として特に注目される。しかし、次で述べるように疑問や課題がないわけではない。

まず、常勝に代わって守護となった熙貴とはどのような人物であるのだろうか。先行研究では将軍近習という属性は認識されているが[7]、それ以上の考察は見られない。最初に熙貴の基本的な性格を把握しておく必要がある。

次いで守護交代をめぐる政治情勢はいかなる状況であったのだろうか。川岡氏が別稿にて指摘するように[8]、義教による守護家への介入事例を一方的な恣意と捉えるのではなく、守護家内部の動向も含めて捉え直す必要があるが、守護家の内部状況やそれをめぐる政治情勢を検討した研究は見られない。そこで当該期の石見守護山名氏が置かれた状況にも言及したい。

また、義教による石見国支配への関与という点は筆者も首肯するが、なぜこの時期に関与する必要があったのかという事情は十分に考察されていない。この点も同政権の動向と密接に関連する内容であり、論じる意義があろう。

以上の問題関心をもとに本章では義教政権と石見守護山名氏の関係を明らかにする。まず、熙貴の基礎的考察を行ったうえで、次いで熙貴が守護に補任された当時の石見守護家の内部状況を明らかにする。最後に同政権の政策が石見守護・国人にもたらした影響を検討し、その評価を行う。

一　山名熙貴の出自と政治的位置

先行研究で取り上げられている山名熙貴とはどのような人物であろうか。まず、熙貴の出自を確認しておきたい。寛永一八（一六四一）年の奥書を持つ古態本山名系図の一種である池田本「山名系図」には、熙貴は山名氏家の子として見える。(9)父氏家は一五世紀初頭にかけて因幡守護をつとめており、本来、熙貴は因幡守護家の系統に属する人物であった。しかし、氏家の後に因幡守護となったのは、別流の山名熙高（上総介）であり、熙貴が因幡守護職を継承することはなかった。(10)新たに因幡守護に就任した熙高は父・高義が明徳の乱時に氏清方に属して討死していたが、「鹿苑相公《足利義満》」の「寛仁大度」によって許されて守護に補任されたという。(11)熙貴の活動が本格的に確認できるのは応永三〇年代に入ってからであり、熙高の方は応永一五（一四〇八）年にはすでに守護として活動していた。(12)熙貴が若年であったために守護に就任しなかったことも考えられるが、その背景は史料上判然としない。

熙貴の史料上の初見は応永三一年三月のことである。この時、熙貴は足利義持の伊勢神宮参詣に同行する「御供」の近習として見える。(13)当時の熙貴は因幡守護家嫡流によく見られる「小次郎」と名乗っていたことがわかる。このように、熙貴は当初から将軍近習（厳密にいえば、当時の義持は大御所の地位）として活動していた。

正長元（一四二八）年正月に義持が急死すると、弟の義教が後継者となったが、義教期においても熙貴の地位に変化は見られず、そのまま義教近習に移行したようである。永享元（一四二九）年には父・氏家と同様に「中務大輔」と名乗っているほか、(14)翌永享二年正月までに従五位下に叙せられていたことも判明する。(15)熙貴は義教近習として順調に歩んでいったと見てよい。

管見の限り、熙貴は基本的に京都で活動していた。熙貴の活動は義教に近侍し、その出行に供奉したように、御供衆と呼ばれる地位に該当する。(16) 加えて永享五年にかけて義教が主催した月次連歌会の会衆の一員としても確認できる。(17) このほか、『新続古今和歌集』にも一首入選しており、連歌や和歌といった文芸活動を重視した義教と密接な関係を持ったことがうかがえる。(18) さらに後掲史料四（七二頁）にあるように、煕貴の娘の一人（のち大内教弘室）ははじめ義教に出仕しており、娘を介する形でも義教との人的な繋がりを保持していた。

また、煕貴と義教の関係は両者が死亡した嘉吉の乱の際にも垣間見ることができる。赤松氏による義教暗殺の様子を伝える史料は複数存在するが、その中でも煕貴最期の様子を詳しく記している『建内記』には次のように見える。

【史料一】

（前略）其外近習輩細川下野守（持春）・中山〔山名〕中務大輔煕貴散々振舞、中務大輔当座止レ命、下野守被レ打二落腕一、被レ○〔扶〕二彼子一退出了、走衆遠山幷下野守○〔被レ疵〕帰レ家死去、室町殿（足利義教）御頸為レ敵被レ取了、野中務大輔頸同前、各指レ剣鉾○〔彦次郎教康、左馬助叔父也〕二条西行大宮南行、落二行西国一之処、遂懸人無レ之云々、言語道断次第也、(19)（後略）

史料一によれば、赤松氏による義教暗殺の際、煕貴は「散々振舞」により応戦し、現場で死亡したうえ、義教と同様に首も持ち去られたという。別の史料には「管領（細川持之）・細河讃州（持常）・一色五郎（教親）・赤松伊豆（貞村）等ハ逃走、其外人々右往左往逃散、於二御前一無二腹切人一」とあるように、(20) 嘉吉の乱の際、赤松氏の襲撃に対して現場に居合わせた者の多くは逃げ帰ったことが知られているが、煕貴はその場で抵抗した数少ない存在の一人であった。煕貴が義教と非常に近い関係にあったことは確かである。

なお、山名一族との関係を見ると、煕貴は惣領・山名時煕から偏諱を受けていた。煕貴は将軍近習の立場ながら、山本隆志氏が指摘するように惣領との繋がりがうかがえる。(21) 惣領と煕貴は良好な関係を築いていたと見てよい。

以上、煕貴の出自とその政治的位置を述べた。因幡守護山名氏家を父に持つ煕貴は当初、足利義持の近習として史料上に登場したが、のちに義教が将軍となると、今度は義教の近習に移行し、義教と親密な近習の一人として活動した。そしてその関係は両者が嘉吉の乱で死亡するまで続いたのである。

二　山名熙貴の石見守護補任とその背景

（一）永享年間の山名常勝と足利義教

それではなぜ熙貴は石見守護に補任されるに至ったのだろうか。先行研究において、熙貴が守護としての活動を始める永享年間の石見守護家の内部状況はこれまで言及されてこなかった。まずは、義教が「更迭」したとされる前任守護・山名常勝の動向に注目して論じたい。

先学の指摘によれば、常勝の守護在職下限は正長二（一四二九）年というが[22]、実のところ、正長二年以降も常勝の動向は追うことができる。例えば、常勝は永享五（一四三三）年四月に京都の紀河原で開催された義教主催の勧進猿楽に出席している[23]。これだけでは守護在職の直接的な証拠とはなり得ないが、いずれにしても在京大名の一員として活動していることは確かである。また、翌永享六年二月、自身の子・大一房（女子）の菩提を弔うために山城国葛野郡西院常盤村内の土地を寄進している[24]。常勝が京都周辺に引き続き基盤を有していた様子は留意しなければならない。

さらに次の史料ではその後の常勝の動きを確認できる。

【史料二】

同卯月八日御出仕之次第、

辰ノ時管領へ御参、則御所へ御出仕、御対面之時之酒一献、御盃拝領、御酌山名修理大夫殿、其後　上様仙湧寺へ御なりに御供、一色五郎殿、二番細川次郎殿、三番赤松伊勢（豆カ）殿、舎弟又遁者一人御留守ニ為二　上意一御座共

見物御申候、[25]（後略）

史料二は、永享一二年四月に上洛した結城白川氏朝が義教と対面した時の史料であるが、対面時の一献では、御酌を「山名修理大夫殿」がつとめたとある。当時、常勝は修理大夫を名乗っていることから、この人物は常勝であろう。永享一二年当時はすでに熙貴が守護に就任している時期であるが、依然として常勝が京都で活動していた点は注目できる。

続いて義教暗殺直後の嘉吉元（一四四一）年七月一三日、万里小路時房は、京都の鹿苑院にて常勝と面会している。[26]また、赤松氏討伐のため京都を出発した軍勢の中に「同名（山名）匠作入道」の名前がある。[27]常勝の場合、義教の勘気を受けて河内に逼塞していた畠山持国のように、義教の暗殺直後に上洛をめぐって騒動になった形跡もない。面会した時房も特段常勝の身上について記しておらず、以上を踏まえると、永享年間後期も常勝は在京を続けていたと見るべきだろう。

川岡勉氏は、応永年間後期の常勝が幕命に消極的な姿勢を見せたため、伊賀守護仁木氏の更迭事例と同様に、義教が常勝を更迭したとする。[28]川岡氏が指摘するように、応永年間後期の石見国では守護経由の遵行が上手く行かない事例が散見される。しかし、後任の熙貴が守護として活動し始めるのは少なくとも永享九年以後であり、一〇年近く前の事例をもとに更迭されるのはやや時間に開きがあるように思われる。永享年間後期の常勝の動向を確認すると、必ずしも義教との関係が悪化したようには見えず、常勝は政治的に失脚したわけではない。常勝が守護の座を熙貴に譲った根本的な理由は他に求める必要があるのではないか。次で検討してみよう。

（二）石見守護山名氏の継嗣問題と熙貴入嗣

後掲史料四（七二頁）にあるように、熙貴は常勝の養子として石見守護家に入ったことがわかるが、熙貴の養父・

常勝には実子・政清（のち石見守護）が確認できる。仮に本来継嗣となるはずの実子を押しのけて、わざわざ熙貴が養子となったのであれば、義教の行動の評価にも関係してくる。まずは、この点を検討してみよう。

先行研究ではあまり注目されていないが、常勝の実子・政清の年齢がわかる史料が存在している。

【史料三】

十一日（中略）作州旅人至、美・備両国今無事、茆庵（山名大夫殿事也）、今年四十八歳、未年（火姓人）、書写山ニ与二金吾（山名政豊）一同居、中務少輔（山名政理）殿在二院庄一[29]（後略）

史料三は、臨済宗の東福寺僧・季弘大叔の日記であるが、文明一八（一四八六）年四月一一日条に政清の動向が見える。当時、石見守護山名氏は山名惣領家による赤松氏分国侵攻に加わり、出陣中であった[30]。美作国から来た旅人の情報によれば、政清（法名・茆庵）は播磨国書写山に在陣中であったが、この年、政清の年齢は四八歳であったという。逆算すると、政清は永享一一年頃の出生であることが判明する。少なくとも熙貴は永享九年には守護に就任しているが、この時点で政清はまだ生まれていないのである。常勝の実子のうち、継嗣となり得る男子は政清の他に確認できない。つまり、熙貴が養子となった理由も常勝の継嗣となる男子がその時点で不在であったためと考えられる。熙貴守護就任の根本的な背景には、石見守護家側の継嗣問題が存在したと見てよいだろう。

さらに吉田賢司氏は、大名家の家長が必ずしも守護在職者とは限らない点を指摘しており、家長と守護職の分離事例は複数確認できるという[31]。常勝は失脚しておらず、熙貴と併存していた。吉田氏の指摘を踏まえると、常勝は熙貴に守護職を譲って家長の立場になったと考えられる。同じ山名一族であり、因幡守護家の系譜に属する熙貴は守護職を受け継ぐ適任者であったのだろう。なお、確認できる熙貴の実子も女子のみであり、将来的な常勝の男子誕生を想定した中継ぎとして入嗣した可能性もある。

次に熙貴没後の常勝側の動きを見てみよう。

【史料四】

（前略）九州大内（教弘）娶二山名故中務大輔熙貴女十六歳一、熙貴者、当時山名修理大夫入道常捷（勝）養子也、仍彼女者、養孫女之□歟、宦仕二普広院殿（足利義教）一、其後退出云々、惣領《山名》右衛門佐持豊為二猶子之分一、遣二大内許一云々、大内三千貫送二修理大夫入道許一、為二出立料一云々、[32]（後略）

史料四は『建内記』の記事であるが、嘉吉三年六月に行われた山名・大内両氏の婚姻について取り上げている。また、この時、大内教弘のもとに嫁いだ熙貴の女子は常勝の「養孫女」であったという。この女子は一旦惣領の猶子にしたうえで大内氏に嫁いでいるが、婚姻に際して大内氏は常勝にも出立料三千貫を送っており、常勝と熙貴遺児の繋がりがわかる。熙貴没後もその遺児を放逐するのではなく、遺児との繋がりを維持した常勝の姿勢は熙貴を受容していた証左であろう。

また、別流の熙貴が継嗣となったと言っても、石見守護家の内部に著しい混乱が生じた形跡はない。山家浩樹氏によれば、将軍近習をつとめた守護家庶流などを通じて、守護が将軍と私的な関係を保持していたという[33]。すでに述べたように、義教との太いパイプを持つ熙貴の存在は、石見守護家側にとっても不都合ではなく、むしろ好ましい状況といえる。熙貴の入嗣により、石見守護山名氏は政権中枢に直結する回路を得たのである。

このように、熙貴の入嗣は、義教と石見守護家双方の合意の下で実現したと見てよい。なお、義教近習であった熙貴の守護就任は、青山英夫氏が将軍権力による大名牽制と繋げて捉えているが[34]、そのような理解は成り立ち難い点もあわせて指摘しておきたい。

以上、山名熙貴が守護に就任した背景を検討した。永享年間の石見守護家では、当主・山名常勝の継嗣となる男子が不在となっており、義教と守護家双方が同意したうえで養子として受け入れられたと指摘できる。それでは、この時期に熙貴を因幡ではなく、石見守護に補任したうえで同国支配への関与を強めた義教側の政治的理由は何であったのか。次で検討しよう。

三　足利義教政権と石見守護・国人

（一）一五世紀前半における石見国の政治的位置

義教が熙貴を石見守護に補任した背景を考える際、室町幕府にとって石見国が有した政治的位置が重要となってくる。最初にこの点を整理してみよう。

石見国の場合、大内氏の分国に隣接しているという地理的特徴を持っている。一四世紀後半には大内氏が石見守護をつとめており、松岡久人・井上寛司両氏が述べるように、一五世紀以降も大内氏は石見国人に強い影響力を持つ存在であった(35)。大内氏の影響力が強い地域性は、山名氏の守護補任理由にも関係したとされる。岸田裕之氏によれば、山名氏の安芸・備後・石見守護補任は応永の乱後の戦後処理の一環であったといい、幕府は山名氏に大内盛見討伐の役割を担わせてその軍事的拠点を与えたと指摘している(36)。また、近年の研究でも川岡勉氏は、大内氏と石見国人の繋がりを指摘しつつ、周防・長門と安芸・石見は相互に影響しあう関係にあったと述べているほか(37)、中司健一氏も応永の乱後の幕府は石見国人を対大内氏政策遂行上の最前線として重要視したことを指摘している(38)。

さらに永享年間に相次いで発生した大内氏の内紛と北部九州の争乱では、石見守護・国人の軍勢が前線に投入されている。例えば、永享四（一四三二）年、大内氏と大友・少弐両氏の争いの際、幕府は大内氏を支援するため、石見勢の動員が浮上している。この時、惣領・山名時熙は「石見勢ヲハ山名（清宗）掃部守（頭）ヲ周防堺へ差遣、石州勢ヲハ可二催遣一」と述べて(39)、守護代山名清宗の指揮下で石見勢を派遣する案を義教に提示している。その後、永享五年には石見勢がほかの幕府方軍勢と共に大内氏合力のため、北部九州での軍事行動に従事しており[40]、数年にわたって他国での軍事行動に動員されている。

以上のように、一五世紀前半の石見国は、幕府の対大内氏政策、さらには西国情勢に対応する最前線に位置付けられる地域であり、守護・国人は幕府の西国政策に動員される存在であった。さながら東の駿河・遠江・信濃のように、遠国に隣接する石見国は、室町幕府にとって重要な政治的意味を帯びていた地域と理解することができる。

石見国の政治的重要性を踏まえると、石見国支配を担う守護の役割も重要となってくる。川岡氏が述べるように[41]、義教が熙貴を守護に据えたのも幕命をよりスムーズに伝達・遂行させる意図が存在したと考えられるが、ここで注目したいのは、熙貴の守護活動が初めて史料上で確認できるのは永享九年という点である。これ以降、熙貴が石見に関与する史料が確実に増えていくため、熙貴の守護在職も永享九年をさほど遡らないと見てよい。その一方で永享八年頃を境に北部九州の争乱は鎮静化に向かいつつあり、西国の争乱対策は熙貴を据えた直接的な理由とはなり得ない可能性が考えられる。手がかりとなる義教の動きを探すと、熙貴が石見に関与し始めた時期と前後して義教の姿勢に変化が生じた別の争乱が浮上してくる。それが大和永享の乱である。

（二）大和永享の乱と石見守護・国人

正長二（一四二九）年、大和で発生した国人同士の合戦は同国全域に広がり、のちに幕府の軍事介入を招いた。この戦乱を大和永享の乱と呼ぶ[42]。大和永享の乱については、幕府が度々軍事介入したものの、戦乱は長期化したことでも知られている。永享年間後期にかけては、義教にとって関東の戦乱と並ぶ一大事業に位置付けられていった。

永享四年に幕府が本格的に軍事介入した際、畠山氏や赤松氏といった諸大名の軍勢が動員されているが、在京大名の一員である山名氏はどうであったのだろうか。次に掲げる『満済准后日記』の記事を検討しよう。

【史料五】

十五日、晴、(中略)早旦出京、就二大和国民越智・箸尾御治罰事一、畠山左衛門督(満家)・山名右衛門督(時熙)両人勢、可二罷立一旨可レ仰由、去十三日以二御書一被レ仰間、其由各申了、畏入由領掌申入了、此趣申処、山名事大内合力事、去年以来被二仰付一了、彼分国安芸・石見・備後勢定可二召上一歟間、為二九州一不レ可レ然間、被レ略二山名一也、赤松勢其所ニ可二罷立一、赤松当職侍所事ハ可レ被レ仰二付一色一、今日十五日吉日間、侍所事早々可二渡遣一由、同可レ申二付赤松一云々、仍召二上原一此由申遣処、両条畏令二存知一由申了、分国者共召上間、其日数可レ在レ之云云、(43)

(後略)

永享四年一〇月、大和の争乱に諸大名の軍勢を派遣する動きが浮上した際、当初、義教から畠山満家と山名時熙に軍事動員の指示が出されている。この指示は醍醐寺三宝院門跡の満済を経由して畠山・山名両人に伝達されて、両者は了承したが、満済が両人の返事を義教に伝えたところ、義教は石見国を含む山名氏の軍勢を大和に派遣するのは、「九州」のためによろしくないと述べて、山名氏の軍勢派遣は撤回されたとある。

前述したように、当時の石見国の軍勢は九州情勢に対処するため、現地に出陣中であった。九州情勢が山名氏の大和転戦を妨げる理由となっていたことがわかる。幕府による西国政策の最前線を担った山名氏という位置付けは、当時の九州情勢と照らし合わせても容易に転換し得るものではなかったと指摘できる。

岡澤保氏によれば、永享の山門騒乱の落着と今川氏の家督問題の決着などに伴い、永享七年九月以降、義教は大和に対する大規模な軍事介入に踏み切っていくという(44)。永享四年の派兵に比べると、細川氏や一色氏などの様々な大名家を含む軍勢が派遣されているが、その中にも山名氏の姿は見えない。同じ頃の史料には「抑大友近年蜂起之間退治事、大内ニ被二仰付一、山名分《石見》国之勢同合力事被レ仰云々」とあり(45)、永享七年時点では依然として石見国の軍勢は九州情勢に対応していた。

一方で吉田賢司氏によれば、永享八年二月に管領細川持之から安芸国の沼田小早川・安芸武田両氏に九州から大和へ転戦を指示する義教の意向が伝達されており、北九州遠征後に転戦した奉公衆は他にも確認できるという(46)。しかし、同年三月、幕府上使・景臨首座は大友一族の田北氏に対して「今度下候中国勢万一失レ利共、重而赤松勢を被レ下、五年十年之間に可レ有二対《(退)》治一之由被二仰下一候間、今時分御参候者始終可レ然候」と述べており(47)、景臨の発言からは、義教は長期戦を覚悟していた様子がうかがえる。さらに同年閏五月、景臨は田北氏に対して「石州御勢、一昨日十七甲百余着府候、今明日三隅幷周布・福屋両三人甲百可レ有二着府一候、彼是当寺甲四百余候、於二于今一敵方甲千にて責候共、無二怖畏一候」と石見勢の豊後府内到着を伝えており(48)、この時点で石見勢が大和に転じた形跡はない。また、幕府方の鷲頭弘忠は田北氏に対して山名庶流家の分国を含めた山陰地方の援軍が北部九州に到着することを知らせており(49)、山名氏の軍勢が北部九州の争乱に投入される構図は継続していた。安芸の軍勢の場合、安芸武田氏は当主の信繁が大和に出陣する代わりに息子の信栄が北部九州に出陣したようだが(50)、安芸国人の多くは依然として北部九州の争乱に従軍しており(51)、永享八年前半の段階では義教の思惑通りに実現しなかったと見てよい。

ただし、義教自身がこれまで検討したことはあっても実行に移せなかった安芸・石見など西中国勢の大和派兵を指示した点で注目できる。義教の姿勢が確実に変化しているといえよう。そうした中、同年六月に幕府軍が大友氏の拠点を攻め落とすと、京都では「九州太平」を祝う動きが見られた(52)。ひとまず大規模な戦乱は鎮静化に向かい、義教にとって改めて派兵環境が整えられたといえる。

翌永享九年正月、大和に「大名十三頭」が発向したとあり、新たな出陣を確認できる(53)。ほぼ同じ頃「武田勢・安芸・石見等衆、入二和州一」とする史料を確認できるが(54)、前年からの動向を踏まえると、この時初めて石見国人の大和派兵が実現したと考えられる。さらに義教は同年三月~五月にかけて自ら大和に出陣する意向を度々示しており(55)、永享九年に入ると義教の積極性がより強く表れる傾向が看取できる。石見勢の大和派兵は、そうした義教による大和永享の乱への関与強化の中で理解すべきであろう。

いずれにせよ、永享九年に至って石見勢の大和派兵が実現し、数年にわたって石見国人は大和国内の軍事行動に従事することになった。前述したように、石見国は応永年間以来長らく幕府の西国政策を担う最前線に位置付けられていた。このような長年の方針は義教の政策にも影響していたが、義教が大和永享の乱に対する関与を強める中で方針転換に至らせたと指摘できる(56)。一方で石見国人にとっては、近隣の西国地域とは異なり、石見から離れた畿内の戦乱に投入されるのであり、本来直接的な影響はないはずの畿内の戦乱に巻き込まれるという新たな構図が成立したと評価できる。石見国にとって永享九年は一つの転換期に位置付けられるといえよう。

(三) 足利義教と石見守護山名熙貴

そのような状況下で熙貴の守護就任初見史料が登場する。永享九年一一月、熙貴は益田兼堯に実名書出を与えており(57)、石見最大級の国人益田氏との関係強化に乗り出している。また、吉田氏によれば、軍事動員された石見国人から幕府への注進を熙貴が担っていたという(58)。当時の熙貴の居所を確認すると現地に出陣した大名とは異なり、義教に近侍して在京を継続していた(59)。熙貴は京都の義教膝下で新たな軍事動員策に関与していたと指摘できる。

さらに吉田氏によれば、幕府の戦功褒賞を国人に取り次ぐ行為は幕府の支援・後ろ盾を得ていると国人に示すことができるため、守護にとって有益であったという(60)。石見国人が熙貴の背後に義教の存在を看取したであろうことは想像に難くない。義教近習の守護就任は、石見国人に従来以上に将軍との結び付きを意識させたと思われる。

一方、これまでとは異なる軍事動員は石見国の地域社会に影響を与えていた。永享一一年頃、石見国内では国人同士の被官人争奪をめぐる紛争が生じていた。井上寛司氏は国人が被官組織の拡大を志向したことに起因する紛争と指摘したほか、呉座勇一氏は義教政権の軍役賦課に対応するため被官組織の拡充を図ったとしている(61)。後掲史料六では益田・三隅・福屋・周布といった複数の国人の和睦に言及しているが、加えて益田・吉見両氏も被官人の帰郷に同意しており、吉見氏も紛争関係者であった(62)。このように、同政権の軍役賦課が国人間紛争の原因と化していたが、少なくとも石見国中部～西部にかけての広範囲な地域で紛争が生じていたと見てよい。

こうした中、幕府と守護は紛争調停を行っているが、とりわけ大和永享の乱の最中に行われている点は注意が必要である。前述のとおり、永享年間の石見国人は他国への軍事動員に継続して駆り出されていたが、大和永享の乱がこれまで以上に負担を強いて国内の混乱を招いていたことが示唆される(63)。呉座氏は幕府・守護による紛争調停の背景について、戦争遂行のため国人から軍役を確保する必要があったと述べているが、その戦争とは大和永享の乱であったと付言できる。

翌永享一二年二月と四月、熙貴は次のような書状を相次いで益田兼堯に出している。

【史料六】

依レ為二　上意一被二仰出一候面々和睦事、以前雖二申候一、猶々三隅・福屋・周布、相互可レ被レ成二水魚之思一候、千万於下被レ致二確執一方上者、可レ達二上聞一候、恐々謹言、

（押紙）「永享十二」

二月廿八日　熙貴（花押）

益田孫次郎（兼堯）殿(64)

【史料七】

面々御和与事、被二仰出一候之間、其通申候之処、自他無二等閑一之由、承候、可レ然候、弥可レ被レ成二水魚之思一候、恐々謹言、

付紙ニ永享十二

卯月十九日　熙貴判
益田孫次郎殿(65)

史料六・七ともに永享一二年と追記されているが、前年の紛争調停を踏まえると年次は不自然ではない。両史料からは義教の上意により和睦が指示され、それを熙貴が仲介している様子が見て取れる。この紛争は関係者からの起請文が提出されて最終的な解決に向かったが、一連の過程では義教・熙貴間の回路で処理されていたといえる。

このように、義教の石見情勢に対する関与は守護の熙貴を軸に展開しており、熙貴は大和での戦争遂行と石見国支配の両側面を一手に担っていた。当該期の国人間紛争は大和永享の乱が影響を与えており、分国支配の安定化は大和での戦争遂行のため必要な措置であった。先述したとおり、熙貴の守護就任初見は永享九年であったが、義教の戦乱への関与が強まる時期と合致している。つまり、熙貴の守護就任も大和永享の乱と連動していたのではないか。永享一二年九月には石見国内の段銭注文が守護側によって作成されており(66)、国内把握が推し進められたのも大和の戦乱と無縁ではないだろう。熙貴期の石見国で実施された諸政策はいずれも大和での戦争遂行と結び付いていた。以上より、熙貴の守護就任は、大和の戦乱に動員可能な国内基盤を整備する義教の思惑が反映された人事といえよう。

ただし、この人事は義教の抑圧策というよりも大和での戦争遂行にかかる積極的姿勢と見るべきであろう。すでに触れたように、石見守護山名氏は継嗣問題を抱えていたが、その解決だけでなく、義教と深く結び付いた人物を迎えることで分国支配の整備が図られるのは有益といえるため、両者の思惑が合致した人事と評価できる。永享九年時点においても義教の意向を反映させつつ、守護家側の不満がない人物を選ぶ事例が存在したと見てよい(67)。もちろん一色氏や畠山氏、赤松氏などに対する圧力の事例もあるから、この事例のみをもって義教の政治動向すべてを説明できるわけではないが、その対守護政策を考える際には、対象となる守護家の政治状況や政権の段階差などを踏まえながら、安易に抑圧という視角を自明視しない議論が必要であろう。

以上、義教政権と石見守護・国人の関係について、同政権の軍事政策を軸に述べたが、小括すると当該期の石見国では応永年間以来の幕府の方針が転換したことにより、新たに畿内の戦乱に動員されるというこれまでにない構図が成立した。そうした中で守護に就任した熙貴は、義教に近侍しながら戦争遂行と分国支配の両側面を担い、同政権の軍事政策を支えるための国内基盤整備に奔走した。このような熙貴の守護就任をめぐる事情を踏まえると、義教による抑圧的な動きというよりも、むしろその積極的な政治姿勢を反映した人事とみるべきであろう。

おわりに

以上、本章で述べた点をまとめておく。特に本章では先行研究とは異なり、熙貴の入嗣は義教・守護家双方の同意に基づく行為であったことを示した。そのうえで石見国は応永年間以来、幕府の西国政策を支える最前線であったが、義教はこれを転換させて石見勢の大和派兵を実現し、今までにない新たな軍事動員を行ったことを明らかにした。こうした中で守護に就任した熙貴は義教の上意を背景として戦争遂行と分国支配の両面を担い、畿内の戦乱に動員可能な国内基盤を整備したと指摘できる。

繰り返しになるが、こうした義教の行為は必ずしも対守護抑圧策では評価できず、積極的な政治姿勢を反映した動きと見るべきであろう。義教の晩年には政治的な暴走の度合いが高まったが、山名氏の場合は惣領・持豊も義教の口入で右衛門佐の宣下を受け、侍所頭人をつとめるなど、義教との関係に大きな変化はない(68)。そうした立ち位置にあった守護家としては細川氏を想起することができるが、山名氏も同様の可能性がある。また、抑圧という視点で一律に義教の姿勢を捉えられないとすれば、他の守護家の政治的位置も見直す余地があろうが、いずれも今後の課題としたい。

さて、最後になるが、その後の石見国人について述べたうえで章を閉じたい。足利義政政権期の長禄～寛正年間、幕府は畠山義就の討伐戦を畿内南部で展開したが、石見国人が動員されている(69)。さらに応仁・文明の乱後にも再び畠山義就討伐のため、石見国人に動員がかけられている(70)。このように、義教期に実現した畿内への軍事動員はその後も定着しており、石見勢を幕府の軍事的基盤として期待した義教の思惑は一応成し遂げられたと指摘できる。しかし、その一方でこうした軍役負担は寛正年間の益田氏が「遠国」にもかかわらず、畿内の戦場に派遣されていることへの不満を述べているように(71)、義教期以降も引き続き石見国内の地域社会に重い負担を強いたのであった。

注

（1）　義教の専制政治や対守護抑圧策に言及した研究は多いが、ひとまず政治史分野については、佐藤進一「足利義教嗣立期の幕府政治」（『日本中世史論集』岩波書店、一九九〇年、初出一九六八年）、斎木一馬「恐怖の世」（『古記録の研究下』吉川弘文館、一九八九年、初出一九六八年）、今谷明『日本の歴史九　日本国王と土民』（集英社、一九九二年）、田沼睦「室町幕府・守護・国人」（『中世後期社会と公田体制』岩田書院、二〇〇七年、初出一九七六年）など参照。

（2）　桑山浩然「足利義教と御前沙汰」（『室町幕府の政治と経済』吉川弘文館、二〇〇六年、初出一九七七年）、設楽薫「将軍足利義教の「御前沙汰」体制と管領」（『年報中世史研究』一八、一九九三年）など。

（3）　川岡勉「室町幕府―守護体制の権力構造」（『室町幕府と守護権力』吉川弘文館、二〇〇二年、初出二〇〇〇年）、同「室町幕府―守護体制の変質と地域権力」（前出川岡著書、初出二〇〇一年）など。

（4）　義教期政治史の実態に関する成果としては、桜井英治『室町人の精神』（講談社、二〇〇九年、初版二〇〇一年）、榎原雅治「一揆の時代」（同編『一揆の時代』吉川弘文館、二〇〇三年）、村井章介『分裂する王権と社会』（中央公論新社、二〇〇三年）、森茂暁『室町幕府崩壊』（KADOKAWA、二〇一七年、初版二〇一一年）などが参考になる。

（5）　常勝は法名であり、諱は群書類従本「山名系図」をもとに教清とされてきた。しかし、筆者が別稿で述べたように、石見守護家の系譜情報は系図による異同が大きく、教清の名を同時代史料では確認できない（拙稿「石見守護山名氏の権力構造とその変遷」『古代文化研究』二七、二〇一九年、本書第二部第二章として所収）。よって本章でも便宜上、常勝の呼称で統一する。なお、群書類従本は常勝を義理の孫とするが、『建内記』嘉吉元年七月一四日条によれば、実際には息子である。
(6) 川岡勉「石見における守護支配の展開と益田氏」(『戦国期守護権力の研究』思文閣出版、二〇二三年、初出二〇一八年)。
(7) 福田豊彦・佐藤堅一「室町幕府将軍権力に関する一考察(上)(下)」(『日本歴史』二二八・二二九、一九六七年)、青山英夫「足利義量〈御方衆〉考」(『上智史学』三三、一九八八年)。
(8) 前掲注(3)川岡両論文。
(9) 池田本「山名系図」については、宮田靖国編『山名家譜』(六甲出版、一九八七年)掲載の写真版参照。
(10) 因幡守護の系譜については、片岡秀樹「因幡守護山名氏の活動」(『地方史研究』三三―二、一九八三年)、同「室町期における因幡の守護」(『鳥取地域史研究』一八、二〇一六年)参照。
(11) 『東海璚華集』(『五山文学新集　第二巻』五九三頁)。
(12) 『教言卿記』応永一五年三月一〇日条。
(13) 『花営三代記』応永三一年三月一八日条。
(14) 『草根集』永享元年四月一日条。
(15) 『公名公記』永享二年正月六日条。
(16) 例えば、熙貴は近習の一人として永享四年の足利義教の富士遊覧に供奉している(「富士御覧日記」『群書類従　第一八輯』紀行部、六一八～六二二頁)。また、石見守護に就任した後も義教の出行に供奉している(『薩戒記』永享一二年四月一六日条など)。
(17) 三角範子「足利義教邸月次連歌会について」(『九州史学』一二二、一九九九年)、前掲注(4)森著書一六二～一六四頁。
(18) なお、熙貴の文芸活動は義教関連だけではない。山本隆志氏によれば、歌僧・正徹との交流が『草根集』で確認できる(山本隆志『山名宗全』ミネルヴァ書房、二〇一五年、六八～七〇頁)。また、『草根集』などの文芸史料からは、他の在京領主との繋がりが垣間見られ、京都社会における熙貴の人的ネットワークの一端がうかがえる。
(19) 『建内記』嘉吉元年六月二四日条。
(20) 『看聞日記』嘉吉元年六月二五日条。
(21) 『草根集』永享五年閏七月二日条には、「北少路猪熊なる所に家を引うつしすまれしに」とあり、熙貴邸の所在地が判明する。前掲注(18)山本著書では、惣領邸に近い場所である点に注目し、惣領との親密な関係を指摘する。

(22)　井上寛司・岡崎三郎編『史料集・益田兼堯とその時代』(益田市教育委員会、一九九六年、三九頁)。
(23)　「永享五年糺河原勧進猿楽桟敷次第」(『日本庶民文化史料集成　第二巻　田楽・猿楽』三一書房、一九七四年)。
(24)　永享六年二月三〇日「山名常勝寄進状」(『仁和寺史料　古文書編一』一六九号)。
(25)　「結城白川氏朝上洛進物次第」(『白河市史　第五巻　資料編二　古代・中世』五〇六号)。
(26)　『建内記』同年同月同日条。この日、時房は鹿苑院にて行われた義教の中陰仏事に参列しており、常勝も仏事に参列していたと見られる。
(27)　『斎藤基恒日記』嘉吉元年六月条。実際の出陣は七月下旬であろう(『東寺執行日記』同年七月二八日条など)。
(28)　前掲注(6)川岡論文。
(29)　『蔗軒日録』文明一八年四月一一日条。
(30)　石見守護家の美作侵攻については、拙稿「応仁・文明の乱後における石見山名氏の動向」(『地方史研究』六八―五、二〇一八年、表題を改めたうえで本書第三部第四章として所収)参照。
(31)　吉田賢司「室町幕府軍制研究の総括と展望」(『室町幕府軍制の構造と展開』吉川弘文館、二〇一〇年)。
(32)　『建内記』嘉吉三年六月三日条。
(33)　山家浩樹「室町時代の政治秩序」(『日本史講座　第四巻　中世社会の構造』東京大学出版会、二〇〇四年)。
(34)　前掲注(7)青山論文。
(35)　松岡久人「南北朝室町期石見国と大内氏」(松岡久人著・岸田裕之編『大内氏の研究』清文堂出版、二〇一一年、初出一九七三年)、井上寛司「周防大内氏の石見国邇摩郡分郡知行」(『南北朝遺文月報二』東京堂出版、一九八九年)。
(36)　岸田裕之「安芸国人一揆の形成とその崩壊」(『大名領国の構成的展開』吉川弘文館、一九八三年、初出一九七八年)。
(37)　前掲注(6)川岡論文。
(38)　中司健一「中世後期石見国人の動向と室町幕府・大名」(島根県古代文化センター編『石見の中世領主の盛衰と東アジア海域世界』島根県教育委員会、二〇一八年)。
(39)　『満済准后日記』永享四年一〇月一〇日条。
(40)　北部九州の争乱状況は、前掲注(31)吉田著書「室町幕府の守護・国人連合軍」(初出二〇〇九年)など参照。
(41)　前掲注(6)川岡論文。

（42）大和永享の乱の展開過程や幕府の関与に関しては、熱田公「筒井順永とその時代」（『中世寺領荘園と動乱期の社会』思文閣出版、二〇〇四年、初出一九五八年）、長谷真吾「永享大和南北合戦に関する一考察」（『皇學館史学』一三、二〇〇八年）、大藪海「室町幕府と興福寺」（『室町幕府と地域権力』吉川弘文館、二〇一三年）、岡澤保「大和永享の乱と室町幕府」（『奈良歴史研究』八七、二〇一七年）、酒井紀美『経覚』（吉川弘文館、二〇二〇年）など参照。
（43）『満済准后日記』永享四年一〇月一五日条。
（44）前掲注（42）岡澤論文。
（45）『看聞日記』永享七年五月二〇日条。
（46）前掲注（31）吉田著書「室町幕府の軍勢催促」（初出二〇〇三年）。
（47）（永享八年）三月一〇日「上使景臨書状」（『西国武士団関係史料集九　田北文書』五六号）。以下、本史料集を出典とする場合は「田北」と省略し、文書番号を記す。
（48）（永享八年）閏五月一九日「上使景臨首座書状」（『大分県史料　第二五』「田北要太郎文書」一〇号）。
（49）（永享八年）閏五月二一日「（鷲頭）弘忠書状」（田北六〇号）。なお、本史料によれば、二一日までに「波弥（根）・河本」といった石見東部の国人も現地に到着している。
（50）安芸武田氏の動向は、河村昭一『若狭武田氏と家臣団』（戎光祥出版、二〇二一年、二四～二五頁）参照。
（51）永享八年の安芸国人の軍事行動に関しては、吉田賢司氏の幕府発給感状の一覧表が参考になる（前掲注（31）吉田著書一五〇～一五一頁）。
（52）『蔭涼軒日録』永享八年六月二一・二五・二六日条、『看聞日記』同年同月二五日条など。
（53）『看聞日記』永享九年正月一八日条。
（54）『大乗院日記目録』永享九年正月二〇日条。
（55）『看聞日記』永享九年三月四・一一日、五月三・一四日条など。
（56）前掲注（31）吉田著書「室町幕府の軍勢催促」（初出二〇〇三年）によれば、義教は多方面での軍事行動を実施できる体制を構築するため、軍制改革を実施したという。吉田氏の指摘を踏まえると、義教の方針転換は一連の軍制改革と連動しており、義教は石見国人を幕府の軍事的基盤として期待していたと見てよいだろう。
（57）永享九年一一月一四日「山名熙貴仮名并実名書出」（『大日本古文書　家わけ第二二　益田家文書』一〇七号）。以下、本史

料集を出典とする場合は「益田」と省略し、文書番号を記す。
(58)　前掲注(31)吉田著書「室町幕府の軍勢催促」（初出二〇〇三年）。なお、熈貴の守護在職時期を踏まえると、吉田氏が示した石見国人・周布氏の戦功注進事例は大和永享の乱に関連すると見てよい。
(59)　永享九年以降も熈貴は義教に近侍し続けており、京都における義教の文芸活動などに参加していることもその証左である。なお、義教の文芸活動に関しては、髙橋優美穂「足利義教の文学活動について」（『語文』一五八、二〇一七年）の附属年譜が参考になる。
(60)　前掲注(31)吉田著書「室町幕府の戦功褒賞」（初出二〇〇二年）。
(61)　前掲注(22)井上・岡崎編著三〇頁、呉座勇一「領主の一揆と被官・下人・百姓」（『日本中世の領主一揆』思文閣出版、二〇一四年、初出二〇〇八年）。
(62)　（永享一一年）一二月三〇日「吉見頼弘書状」（益田五三九号）。
(63)　義教政権の軍事動員がもたらした地域社会への影響は前掲注(31)吉田著書「室町幕府の守護・国人連合軍」（初出二〇〇九年）が言及している。この指摘に付言すると、出雲国飯石郡赤穴にある所領を「大和やく無沙汰」により「すて申」したとする史料があり（永享一〇年六月一日「清文置文」東京大学史料編纂所蔵「中川文書」三二号）、石見に隣接する地域でも影響が広がっている。なお、本史料は『中川文書（赤穴文書）』（東京大学史料編纂所研究成果報告二〇二一―三、二〇二一年）参照。
(64)　（永享一二年）一二月二八日「山名熈貴書状」（益田一〇九号）。
(65)　毛利家文庫「譜録」所収「益田隼人兼定家文書」七号。なお、本史料は、久留島典子「毛利家文庫「譜録」所収の中世益田家文書」（『大規模武家文書群による中・近世史料学の統合的研究』二〇〇三～二〇〇七年度科学研究費補助金基盤研究（A）研究成果報告書、二〇〇八年）参照。
(66)　永享一二年九月一〇日「石見国諸郡段銭注文案」（益田八六三号）。
(67)　ただし、石見守護をめぐる人事は、在京する領主集団内部で完結する動きであった点は留意しておきたい。国人側の意向がどれほど考慮されたのか定かではない。上部権力主導の改変が推し進められ、その結果として地域社会に深刻な影響が生じた様子が垣間見える。
(68)　当該期の持豊の動向は川岡勉『山名宗全』（吉川弘文館、二〇〇九年、一九～三二頁）参照。持豊の右衛門佐任官は『薩戒記別巻』所収「永享三年辛亥記」永享一〇年一二月一二日条参照。なお、永享九年には持豊の兄・持熙が大覚寺義昭の出奔に呼応して挙兵しており、持豊は義教との関係を強化して不穏な内情に対処したとも考えられる。

(69) この時は山名方の大将・山名是豊（惣領・持豊の子）が石見勢も率いている。是豊らの動きは、前掲注(18)山本著書一六八～一八五頁、小谷利明「河内嶽山合戦の構造」（萩原三雄・中井均編『中世城館の考古学』高志書院、二〇一四年）などに詳しい。

(70) 幕府方の軍勢催促に関しては、文明九年一二月二一日「室町幕府奉行人連署奉書」（益田五八五号）など。また、（文明一六年）六月九日「畠山政長書状」（益田六六六号）などによれば、実際に益田氏の名代が出陣している。

(71) （寛正四年ヵ）三月四日「益田兼堯書状」（益田一六七号）。

第三章　山名教豊・是豊兄弟の政治的位置

はじめに

嘉吉の乱から応仁・文明の乱にかけての幕府政治は、幼い将軍の下で管領が政務を主導する管領政治期から、成長した足利義政とその側近による将軍親政期へ移行していった。管領政治期には細川・畠山両氏による主導権争いが見られたが、将軍親政期には義政による伊勢貞親を中心とする近臣勢力の重用、さらには諸大名への抑圧策が展開したとされる[1]。伊勢貞親を中心とする体制は大名勢力側の反発を招き、文正の政変の際に瓦解し、文正元（一四六六）年九月以降は山名・細川両氏を中心とする大名勢力側が中央政界を主導する体制が成立した。しかし、今度は大名勢力内部での主導権争いが激化し、翌応仁元（一四六七）年五月には応仁・文明の乱へ突入していくのである。

一連の政治過程の中で急速に台頭した勢力として山名氏を挙げることができる。山名氏は、嘉吉の乱後の赤松氏討伐戦で活躍した恩賞により、赤松氏の分国（播磨・備前・美作）を新たに獲得し、一族の強大化を実現する一方で、惣領山名持豊は細川勝元・大内教弘といった有力大名たちと婚姻関係を結び、政治的な影響力を強化した[2]。また、古くからの説では、持豊は当初勝元と結んで畠山氏の追い落としを図ったが、畠山氏が分裂すると今度は政界の主導権をめぐって細川氏と争い、応仁・文明の乱に至るとされてきた[3]。

百瀬今朝雄氏以来、嘉吉の乱後の政治史研究が進展すると、先に紹介したような山名・細川両氏の「二大勢力対立論」は見直しが進み、両者の対立の実態について新たな見解が登場している[4]。例えば、家永遵嗣氏は、畠山氏の分裂後、すぐに山名・細川両氏の対立に移行するわけではないと指摘している[5]。また、末柄豊氏は、山名氏の政治的位置は「反義政派」であると指摘したほか、文正の政変まで勝元は持豊との連携を基調としていたとする[6]。さらに呉座勇一氏も山名・細川両氏の対立を過度に強調すべきではなく、文正の政変以降の政局の流動化を契機として両者の対立構図が鮮明になったと述べている[7]。川岡勉・山本隆志両氏による持豊の評伝が相次いで発表されたこともあわせて踏まえると[8]、山名氏（とりわけ持豊）をめぐる政治史的理解は、着実に変化・進展しているといえよう。

しかし、そうした中にあっても持豊以外の一族被官がいかなる動向を見せたのかという点は十分に解明されているとは言い難い。川岡・市川裕士両氏が指摘するように、当時の山名氏には惣領持豊を中心とする強固な一族結合（いわゆる「同族連合体制」）が存在したが[9]、持豊の強力な指導力が注目されるあまり、一族被官の具体的な動向は後景に退き、等閑視されてきたように思われる。

ここで注目したいのが、持豊の息子たちの動向である。桜井英治氏によれば、応仁・文明の乱勃発の直接的理由となった持豊の畠山義就支援に対して、嫡男教豊をはじめとする持豊の息子たちが難色を示していたという[10]。また、持豊の息子の一人である是豊は、応仁・文明の乱の際に東軍に属して父と対立したことが知られている。『広島県史』は持豊と是豊の父子対立を「山名氏の分裂」と評価し、市川氏も細川方の是豊は持豊と対立する勢力に繋がっていたと指摘している[11]。このように山名氏内部にも持豊と意見を異にして対立する者が存在していたが、いずれも持豊に最も近い一族である息子たちであった点は見過ごすことはできない。ただし、持豊と教豊・是豊兄弟の関係を見ていくと、とりわけ是豊に関しては、第二節で述べるように古典的な山名・細川両氏の対立論に基づいた説明が今なお根強い。先に述べたような政治史理解の進展を踏まえると、これらの見方は果たして実態を反映したものかどうか再検討が必要であろう。

そこで本章は、山名持豊の息子である教豊・是豊兄弟を取り上げて考察する。両者は最も惣領に近い一族であるが、父との対立を抱えるなど、特徴的な存在であった。近年の政治史研究を踏まえつつ、応仁・文明の乱にかけての両者の動向とその政治的立場を都鄙の政治情勢の中に位置付けて検討したい。さらに両者の検討を通じて、応仁・文明の乱にかけての山名氏内部の様相とその変化にも触れたいと考える。

一　山名教豊・是豊兄弟の基礎的考察

（一）教豊・是豊兄弟の出自

教豊・是豊兄弟についてはこれまで分国支配などの研究で断片的に言及されることはあったが、いかなる存在なのかという点に関して不明なことが多い。まず、本節では教豊・是豊兄弟の基礎的考察を行う。

寛永一八（一六四一）年の奥書を持つ池田本「山名系図」には、[12]両者は持豊の子供とある。このうち、教豊は嘉吉三（一四四三）年に「山名小（少）弼」として史料上に登場するが、[13]これ以降、山名氏の惣領やその嫡男が名乗る官途である「弾正少弼」を名乗っている。また、文安四（一四四七）年には法体の父持豊に代わって正月の垸飯を勤仕したほか、後述するように持豊に代わって家督を継承したことからも後継者の立場であったことがわかる。[14]

一方で是豊の出自に関しては次のような異説が存在している。

【史料一】

（前略）勝元ノ方へ馳集ル大名ニハ吉良右兵衛佐義直、同上総介義富、赤松次郎入道政則、同貞祐、同道祖松丸、山名弾正忠是豊、金吾（持豊）ガ弟ナリ、是ハ故民部大夫ガ養子也、養父ハ普光院殿（足利義教）ノ御供ニテ赤松ニテ被レ打シトキ、

勝元ノ計ヒトシテ是豊ニ一跡ヲ令二相続一其ヨシヲ思ヒ一家ヲ離レ細川方ヘ馳来ル、[15]（後略）

三巻本『応仁記』の史料一によれば、是豊は持豊の実弟であったが、細川勝元の計らいで「故民部大夫」（嘉吉の乱の際に死亡）の養子となり相続。これに恩義を感じた是豊は細川方（東軍）に属したという。しかし、史料一についてはすでに川岡氏が指摘しているように事実と認めることはできない。[16]同時代史料には持豊の「末子」や教豊の「舎弟」とあることから、川岡氏の指摘のとおり持豊の実子かつ教豊の弟である。[17]史料一は文正二年正月時点（御霊合戦直前）の情勢を伝える内容であるが、後述するように、この時点の是豊の動向は判然としない。川岡氏の指摘も踏まえると、史料一に見える是豊が東軍に属した背景の前提自体が疑わしいうえ、史料一は持豊・是豊の父子対立には一切言及していない点は留意する必要がある。

（二）教豊・是豊兄弟の被官組織と拠点

前項では、教豊・是豊ともに持豊の子息で兄弟関係にあることを改めて確認した。次に両者はいかなる権力基盤を持つ存在であったのだろうか。

嘉吉の乱後の恩賞により、山名持豊は播磨守護職を獲得するが、教豊・是豊兄弟は持豊の下で分国支配に従事した。高田星司氏によれば、教豊は播磨国三木郡の分郡支配を担ったという。[18]文安三年一〇月五日、三木郡石峯寺に対して教豊は安堵状を発給しているが、同七日には田原道円（信濃入道）が奉書を発給している。[19]田原道円の奉書には「任二去五日　御判之旨一」とあり、教豊の意を受けて発せられたことが見える。さらに田原道円は、文安四年には教豊によって三木郡内の荘園代官に任命されており、教豊被官と確認できる。[20]このほか、長嶋清長・田原義延二名が石峯寺の寺領打渡を行っているが、[21]先の田原道円と教豊の関係を踏まえると、この二名も教豊被官の可能性が高い。また、享徳三（一四五四）年九月には教豊の被官として長野将監なる人物も確認できる。[22]田原氏は但馬国大岡寺に寄進した地元領主の一人として確認できるほか、長嶋氏は但馬国の日下部一族出身であるという。[23]また、長野氏も但馬国養父郡長野を出自とする被官と思われる。このように教豊被官は但馬国出身者が中心であったことが見えてくる。また、瑞巌龍惺の記した『蟬菴稿』には教豊の寿像賛が収められているが、この中に「時在二但陽西藩一」とある。[24]「但陽」とは但馬国と考えられるため、教豊自身も但馬に在国することがあった。但馬国内に何らかの拠点を持っていたのであろう。

兄教豊は但馬国を基盤とする一方で是豊はどうであろうか。山名氏の播磨国支配について赤穂郡を中心に考察した稲垣翔氏によれば、是豊が赤穂郡支配を担っていた当時の郡代は備後国出身などの是豊被官と播磨国の在地から登用された者の二種類に分類されるという。[25]また、高田・稲垣両氏によると、是豊は赤穂郡に加えて揖西郡の支配も担ったという。[26]さらに享徳四年、赤穂郡矢野庄をめぐって東寺が訴訟を起こした際、備後在国中の是豊とも交渉しており、当時の是豊は備後在国中であった。[27]この前後の播磨国内では、赤松則尚の挙兵に伴って山名方が下向して鎮圧する事態となっていた。兄教豊は八月には京都に帰還しているが、[28]是豊は京都ではなく備後国に下っており、是豊が同国を拠点としていたことがわかる。

稲垣氏によれば、下見氏（備後出身）のほか、安部野・吉弘・名倉といった是豊被官を確認できるという。このうち下見・安倍野・吉弘は備後守護代をつとめた犬橋満泰の元被官であり、それを是豊が引き継いだと稲垣氏は指摘する。稲垣氏の指摘を踏まえつつ、さらに検討を加えると、犬橋満泰被官の経歴を持つ是豊被官はこれ以外にも確認できる。例えば、文安二〜四年にかけて犬橋氏の奉行人として活動していた乃木満清は、康正三（長禄元、一四五七）年九月には是豊の奉行人として署判しており、是豊被官に移行していたことが判明する。[29]また、寛正六（一四六五）年二月には是豊の取次として遠藤という被官が登場するが、犬橋満泰の被官にも遠藤姓の人物を確認できる。[30]加えて下見泰綱、同泰正、名倉泰家といった被官たちは犬橋満泰の偏諱を受けていると考えられるうえ、池田本「山名系図」

の是豊注記には「大橋跡相続《（ママ）》」とある。これまで見てきたような犬橋満泰と是豊の関連性を踏まえると、池田本「山名系図」の記載はおおむね事実を反映したものと見てよいだろう[31]。稲垣氏の指摘以外にも犬橋満泰との関係を持った是豊被官を多く確認できることから、是豊の被官組織は備後守護代をつとめた犬橋満泰の被官を基盤とするものであったと指摘できる。

以上より、教豊・是豊兄弟の被官組織と拠点をそれぞれ検討したが、教豊は但馬国出身被官中心で同国に基盤を持つ一方で、是豊は備後国を拠点としていた。さらに是豊被官には備後守護代をつとめた犬橋満泰の被官であった経歴を持つ者が多く、是豊は犬橋満泰の被官を引き継ぐ形で被官組織を形成していたと指摘できる。

（三）兄弟関係と都鄙をまたぐ分業

前項で述べたように、教豊・是豊兄弟の被官組織と拠点は大きな違いが存在していたが、両者の関係はどのようなものであったのだろうか。

【史料二】

一、寺中松山名殿《（持豊）》被レ引レ之、仍小筆殿《（少弼）（教豊）》持太刀一・千疋・折紙、同舎弟《（是豊）》七郎殿云々、持太刀一、垣屋方金幅輪一、伊与殿金幅輪一、明日十四年預可二随身一由衆儀畢[32]、

【史料三】

三日庚辰晴（中略）山名弾正少弼《（教豊）》・弟七郎《（是豊）》幷少弼子息次郎《（政豊）》・宮田等出仕也、去月二日山名金吾入道《（持豊）》可レ有二御退治一之由有二沙汰一之後属二無為一、於二金吾禅門一者令レ違二上意一之間可二隠居一在国也、遺跡事無為之間少弼等被レ申二出仕一云々[33]、（後略）

史料二は宝徳二（一四五〇）年一一月、山名持豊が東寺境内の松を所望した際、東寺側が御礼として教豊らに太刀などを進上した記事である。垣屋氏のような山名惣領家の宿老と共に教豊・是豊兄弟の名前が見える。さらに史料三は享徳三年一二月、持豊と義政の対立に伴って持豊が但馬に隠居することになった際、教豊ら一族が幕府に出仕したことを伝えている。この時にも教豊・政豊父子らに加えて、是豊も同じく出仕しており、教豊・是豊兄弟が惣領の子息として山名氏内部で枢要な地位にあったことがうかがえる。

この騒動の直後、教豊・是豊兄弟は次のような行動を取っている。

【史料四】

二日の夜（享徳三年一二月）、天下しつかならす、山名右衛門督入道宗全身の上とき、侍、四日無為になり、金吾も下国隠居のさたある、世の中しつかならす、すさましくてこもり給しころ也、其夜一路居士といふ者に、山名弾正少弼教豊・弟弾正忠是豊、歌ををくられし、後にみ侍、[34]（後略）

史料四は正徹の歌集『草根集』であるが、この中に享徳三年の持豊をめぐる騒動の直後に教豊・是豊兄弟が一路居士という人物に共に歌を送ったとの詞書が残されている。先の史料三とあわせると、在京時の両者は行動を共にする場面が散見される。

また、出仕後、教豊は家督を継承して在京を続けた一方で是豊は前述のとおり備後に在国していたが、教豊・是豊の間では分国支配をめぐって次のようなやり取りが行われた。

【史料五】

南禅寺領播州矢野庄事、寺家へ可レ渡二付一候之由、蒙レ仰候、別申付候て返付候、同東寺領事、是も同前ニ申付候、此旨可レ有二御披露一候、恐惶謹言、

九月廿三日　　是豊（花押）

少弼殿（教豊）　まいる
　　人々御中[35]

史料五は南禅寺領・東寺領播磨国矢野荘の渡付について是豊が返答している史料であるが、京都の教豊（「少弼殿」）に対して「此旨可レ有二御披露一候」との上申文言を付している。当時の是豊は矢野荘を含む赤穂郡の支配を管轄していたとの高田・稲垣両氏の指摘を踏まえると、史料五も是豊の赤穂郡支配に関連するものと考えられる。是豊は在国中であるが、京都の教豊との間で連携しつつ播磨支配の一端を担っていたことが見えてくる。また、木下和司氏は持豊隠居後の備後支配について守護教豊の下で是豊が守護代の地位にあったことを指摘しており[36]、両者の連携は播磨支配にとどまらない。教豊の「舎弟」である是豊は在国しつつ、京都の教豊を支える存在であったといえよう。このように教豊・是豊兄弟は、在京時には共に行動する一方で、都鄙間にまたがる形で分国支配を分業しており、両者は相互補完的関係にあったと指摘できる[37]。

本節では、教豊・是豊兄弟の基礎的考察を行った。惣領山名持豊の子息である両者は山名氏内部で枢要な地位を占める一方で各自の被官組織と拠点は全く異なっていたが、在京時には共に行動することがあった。さらに持豊隠居後は都鄙をまたぐ形で両者による分国支配の分業が実施されたように、両者は相互補完的関係にあったといえる。それでは、教豊・是豊兄弟は応仁・文明の乱にかけての政治情勢の中でどのような動きを見せていったのだろうか。次節以降で検討しよう。

二　山名教豊・是豊兄弟と中央情勢

（一）持豊の但馬隠居と教豊の家督代行

教豊・是豊兄弟をめぐる政治情勢の中で大きな画期になるのが、享徳三（一四五四）年に起きた父持豊の但馬隠居である。同年一一月、足利義政が持豊の追討を命じたことにより、諸国の軍勢が京都に集まる事態となった。馬田綾子氏によれば、この背景には赤松則尚への播磨守護職返付をめぐる対立が存在したという(38)。最終的に細川勝元の働きかけによって持豊は赦免されたが、但馬隠居の処分が下された。前掲史料三にあるように、教豊・是豊兄弟らが幕府に出仕し、教豊が家督を継承することになったのである。まずは、教豊の動向について検討したい。

父持豊は勝元との連携を軸に行動したが、教豊も同様であった。教豊の家督継承直後、山名氏と対立した赤松則尚らが播磨国に下り、現地は争乱状態となったため、持豊ら山名勢が鎮圧に向かった。教豊も京都から下ろうとしたが、赤松氏と繋がる細川庶流家の反発も広がっていた。そうした中、勝元は軍勢を出して教豊の出立を見送るなど、教豊を支持する動きを示している(39)。また、長禄三（一四五九）年九月には、勝元の「申沙汰」によって教豊が上洛しており、持豊が政界復帰した後も両者の連携維持を確認できる(40)。これらの点を踏まえると、教豊・勝元の関係もおおむね持豊・勝元間の連携を継承したものと見てよいだろう。

一方、但馬に在国した持豊と在京した教豊の関係はいかなるものであったのだろうか。

【史料六】

親《時通》ニて候者他界候て、京都にていミを明候て、少弼殿《教豊》出仕申、其後大殿《持豊》但馬ニ御在国ニて候間、罷下候て、以ニ

大塚左京亮一、垣屋越州殿（熙続）申候御取次ニて、大殿様此安堵之御判ハ、但馬於二九日一被レ下候者也、

康正弐年六月十九日　（泰通）(41)（花押）

史料六は康正二（一四五六）年に備後国人の山内首藤氏が継目安堵を受ける際、持豊の安堵状が発給されたことを示すものである。当初、山内首藤氏は京都の教豊の下に出仕したが、教豊が安堵状を発給したわけではなく、最終的に但馬に下って持豊の安堵状を得ている。川岡・稲垣両氏が指摘するように(42)、山名惣領家の実権は依然として持豊が握っていたといえる。

つまり、教豊は正式に家督を継承しながらも自身の権限に事実上の制限が加えられた状態であると見てよいが、こうした状況に対して教豊は特に反発した形跡がない。さらに稲垣氏が触れているように、康正元年の東寺による播磨国矢野荘の訴訟では教豊が三宝院門跡と持豊の間を取り次いでいる(43)。このように教豊は但馬の持豊と京都を結ぶ取次の役割を担っており、持豊を支える立場を堅持しているといえよう。但馬隠居処分が下された持豊は必ずしも京都との回路が遮断されたわけではなく、教豊を通じた繋がりを維持していた。持豊の隠居後も教豊は父と連携しつつ動く存在といえるだろう。

一方で長禄二年八月に持豊の隠居処分が解除されて上洛すると、教豊をめぐる情勢には変化が生じていった。例えば、長禄二年を境に播磨・備後守護を対象とする幕府発給文書の宛先が教豊から持豊へ変化している(44)。持豊の復帰に伴い、家督の座も持豊に戻されたと考えられる。隠居した前当主の家督復帰は他家を含めても稀な事例であるが、持豊の復帰は連携相手の勝元が義政に働きかけることによって実現したものである(45)。川岡氏は、当時の家督認定や上意に背いた者の赦免に関して、上意の絶対性が失われて大名同士の扶持・合力関係が優越する状況を指摘している(46)。こうした復帰が実現した背景には当時の政治状況を考慮する必要があろう。

また、持豊隠居中の教豊の立場も完全な家督継承者とはいえず、特異である。教豊自身の動向（持豊の補佐、勝元と

の連携）を踏まえると、当初から持豊の復帰を見越した中継ぎ的な位置付けを帯びていたことも考えられる。

変化は家督だけでなく、持豊・教豊の父子関係にも及んだ。長禄四年に入ると、持豊・教豊父子の不和が伝えられるようになった。同年九月下旬に持豊・教豊父子が「中ナヲリ」したという。(47)また、閏九月に入っても再び両者は衝突したようで、勝元主催の犬追物の場で両者が仲直りしている。(48)ちょうど同じ頃、義政から家督譲渡を命じられたことに反発した畠山義就が河内に下国しており、幕府は義就追討に動き出していた。桜井英治氏によれば、持豊・教豊父子の不和はこれと関連しており、持豊が義就支持を表明したことに起因する可能性があるという。(49)

しかし、山本隆志氏が指摘しているように、復帰後の持豊は勝元との連携を維持しており、義就討伐戦への対応も勝元との協調を優先している。(50)九月〜一〇月にかけて、持豊は勝元ら諸大名と会合を重ねたほか、閏九月の教豊・政豊父子の官途昇任の際には勝元の「申沙汰」と持豊の「注進」がなされており、山名・細川両氏は協調の下で動いている。(51)仮にこの時点で持豊が義就支持を表明したのならば、このような協調的関係は見出せないだろう。少なくとも長禄四年時点では持豊の義就支持による父子関係の悪化という見方については慎重でありたい。ただし、桜井氏が指摘するように、畠山義就をめぐる問題が浮上した頃に持豊・教豊父子の不和が表面化していることは留意しなければならない。義就討伐戦には当初、持豊が出陣する予定であったが、勝元の反対のため実現しなかった。持豊名代として息子のうち是豊の方が出陣していることを踏まえると、(52)持豊・教豊父子の対立も義就追討対応をめぐる何らかの意見対立の可能性は濃厚であろう。

勝元による仲裁にもかかわらず、一〇月下旬に持豊・教豊父子は再び仲違いを起こした。同二六日には教豊が「則今日播州被二追下一者也、今日下向」とあり、(53)播磨に下向したことが伝えられているが、「被二追下一」という表現からも教豊が追放状態になったことがうかがえる。このように父子関係は教豊の没落によって大きな変化を迎えることになったのである。その背景として畠山義就をめぐる問題が存在していると見られる点は、山名氏全体の動向を踏まえるうえでも留意する必要がある。

（二）是豊の政治的位置の再検討

前項で述べたように、長禄四年に兄教豊は没落を余儀なくされたが、弟の是豊はどのような動きを見せたのだろうか。先行研究では、教豊没落以降、持豊と是豊が対立したとの指摘があるが、果たしてそのような状況は確認できるのだろうか。

まず、持豊の但馬隠居直後の是豊について見ていこう。前掲史料三によれば、享徳三年一二月時点の是豊は「七郎」と名乗っているが、翌年閏四月時点で「弾正忠」に官途が変化している(54)。持豊隠居に伴う幕府への出仕が契機となり、是豊は新たな官途を得たと考えられる。さらに是豊は播磨国支配に関与するようになった。享徳四年以降、赤穂・揖西両郡の支配に関与している史料が増加しているが、これ以前の同地域は犬橋満泰が管轄していた(55)。康正元年頃、持豊は三宝院義賢に対して書状を送っているが、この中に「東寺領矢野例名事、目安披見仕候、彼辺弾正忠（是豊）相計所候」とあり(56)、同地域の担当が犬橋満泰から是豊に変化している。享徳四年以前の是豊については、前掲史料二には教豊の「舎弟」として見えるが、具体的な動向は不明な点が多い。少なくとも持豊隠居を契機に官途昇進と分国支配への関与が実現し、徐々に是豊の活動が増えていったと考えられる。

是豊の活動が増えていく最中に起きたのが兄教豊の没落であるが、小川信氏は、兄没落後の是豊は家督を継承できなかったことに不満を抱き、父持豊と対立したと推測している(57)。また、『広島県史』は持豊の但馬隠居に伴い是豊は備後守護に補任されたが、寛正二（一四六二）年の備後国藁江荘の守護使入部停止の際には持豊が関与したことなどを挙げて、「是豊は自分の地位が無視されがちであった」ことにより、父との対立を深めたと指摘している(58)。さらに持豊と「決定的に対立を深めていた」勝元は持豊・是豊間の不仲を受けて、石見や山城の守護に補任することで是豊を自陣営に迎えたという。このような山名・細川両氏の対立と持豊・是豊父子の対立が互いに連動する見方はのちの研究にもおおむね引き継がれており、[59]現在でも同様の見解が支持されていると見てよいだろう。

しかし、本章の冒頭で触れたように、近年の研究では、持豊と勝元の対立は応仁・文明の乱開戦の直前になってから本格的に表面化するとされる。確かに是豊は応仁・文明の乱の際には東軍方に属したが、こうした動きを安易に遡及させて乱前の是豊の動向を理解するのには慎重でありたい。そこでまずは守護補任の点から検討してみよう。

『広島県史』では、持豊隠居時に備後守護に任じられたとするが、先に紹介した木下和司氏の指摘を踏まえると守護ではなく、守護代の地位にあった。前掲史料五と同様の上申形式の文書が存在しており、備後国内の大祥院領に関して内裏段銭の催促停止を承知したとして、山名被官の筆頭格である垣屋熙続に対して「御披露」を求めている。[60]このように、少なくとも是豊は持豊の隠居に伴い守護に任じられたわけではない。

持豊が復帰した後の長禄三年一二月、持豊は備後国内にある梅津長福寺の所領などについて段銭・諸公事・臨時課役などを免除する旨の文書を発給している。[61]また、寛正二年の藁江荘の守護使入部停止の際には、持豊は「先年御教書之旨」に従って遵行状を発給しており、幕府からの指示に従って遵行状を発給していることが読み取れる。[62]これらを踏まえると、備後守護職は復帰した持豊に戻されており、持豊は正式な守護の立場から一連の文書を発給したと考えるのが自然であろう。このように、『広島県史』の指摘する内容は誤りであり、是豊が持豊の干渉に不満を抱いたとする見解も同様に成り立たないのである。加えて石見守護補任に関しては、すでに根拠となる史料の年次比定の誤りが指摘されており、寛正三年時点で石見守護に補任された事実も認めることはできない。[63]

最近の研究でも寛正年間の畠山義就討伐戦をめぐって、備後・安芸の守護職に任じられた是豊が両国の国人を率いて参戦したとする見方が根強いが、[64]この点はどうであろうか。先に述べたように是豊は備後守護に補任されたわけではないから、備後国人の引率は守護の権能に拠るものではない。[65]前項でも述べたが、寛正年間の畠山義就討伐戦は本来持豊が出陣する予定であった。その代わりに是豊が出陣した点を踏まえると、是豊は惣領の名代の立場で山名分国の軍勢を引率していたといえる。惣領の名代という立場に拠る軍事動員のため、守護職補任に伴うものではない。そうなれば、当該期の安芸国人との諸関係も山名惣領の名代として分国の軍勢を指揮したことに基づくと考えられるため、守護の立場に拠るものとはいえない。また、この時の是豊は石見国人も動員・指揮しているが、惣領は庶子家分国に対しても軍事動員をかける力を有していたとされ、永享年間にも同じような前例を確認できる(66)。庶子家分国である石見の国人動員も同様に考えてよいだろう。

このように、従来指摘があった備後・安芸・石見守護補任説はいずれも否定できる一方で、寛正五年の山城守護職補任は複数の史料が残されており、実際に守護として活動していた(67)。この背景について、小谷利明氏は寛正年間の畠山義就討伐戦で最も活躍した人物が是豊であったと評価し、その恩賞として補任されたと指摘している(68)。首肯すべき見解であろう。それまで是豊は守護代といった立場で分国支配に関与することはあったが、義就討伐に奮戦した恩賞として初めて守護に登用・抜擢されたのである。山城守護補任は是豊の政治的立場を考える際に一つの転機となり得るだろう。

ただし、この時点での持豊・勝元の関係は依然として協調的であり、畠山義就討伐戦への従軍やそれに伴う守護職補任を勝元による反持豊的な政治策動の一環と判断することはできない。加えて小川氏をはじめとする先行研究では、教豊没落後の父子対立を想定するが、持豊・勝元両人の協調関係の下で是豊は出陣しており、勝元と共に畠山義就討伐に加わる父の意向に背いたわけではない。数年間にわたって父の名代をつとめて河内・紀伊を転戦し、忠実に任務を遂行している以上、この時期の持豊と是豊の関係に対立的要素を見出すことは困難である。これらの点から、応仁・文明の乱以前の是豊の政治的位置を反持豊勢力の一員とする見解に従うことはできない。兄教豊没落後の是豊は、父持豊を補佐する立場を維持していたといえる。前項で述べたように持豊隠居時の教豊・是豊兄弟は相互補完的関係により動く存在であったが、畠山義就討伐戦の対応をめぐって、両者は異なる動きを示した。畠山義就をめぐる問題は教豊・是豊兄弟の動向にも大きな影響を与えるものであったと改めていえよう。

本節では、山名持豊の但馬隠居後における教豊・是豊兄弟の動きを中央情勢の中に位置付けながら検討した。教豊は持豊の隠居に伴い家督を継承したが、持豊の政治路線を継承し、細川勝元と連携しつつ動く一方で、但馬に隠居する父を補佐する立場を堅持した。しかし、長禄四年の畠山義就討伐をめぐる対応で持豊・教豊父子は対立を引き起こし、最終的に教豊は京都から没落してしまった。その一方で是豊は持豊の隠居を境に分国支配への関与を増やしていったが、畠山義就討伐戦に父の名代として従軍・奮戦した。先行研究では、持豊・是豊の対立や山名氏への政治的抑圧を目論む勝元との接近を指摘するが、そもそもこの時点の是豊は兄教豊とは異なり、父の動きに対して明確に反対した場面を読み取ることはできない。持豊・勝元の協調の下で実施された畠山義就討伐戦に従軍し、持豊の名代として奮戦している以上、親子関係に疑念を持つ余地はないといえよう。

しかし、そうであれば、是豊はいつ頃から持豊と意見を異にして対立することになったのだろうか。また、没落した教豊はその後いかなる動きを見せたのだろうか。次節でこれらの点について検討したい。

三　応仁・文明の乱直前における山名教豊・是豊兄弟の動向

（一）文正元年の山名氏をめぐる政治情勢と教豊

教豊の動向を検討する前に、応仁・文明の乱直前の政治情勢について述べておく。当該期の中央政治では、伊勢貞親・季瓊真蘂ら足利義政側近が主導する形での将軍親政が展開していたが、有力大名家の家督争いなどへの介入を通じて諸大名抑圧策を進めたという(69)。その一例として挙げられるのが、斯波氏の家督をめぐる義廉・義敏間の相論への介入である。斯波義敏を支持する伊勢貞親・季瓊真蘂らによる働きかけにより、文正元（一四六六）年七月に義政は義廉の出仕停止と義敏の家督継承を命じたが、これと関連して山名持豊に対しても義廉との婚姻関係を破棄するように迫った。義廉を支持する持豊は一色・土岐氏らと連携して一連の動きに反発、さらに同じ頃に赦免された大内政弘の問題をめぐって貞親らに反発した細川勝元も持豊に同調し、京都では不穏な情勢が広がっていった。

こうした中、教豊はどのような動きを見せたのだろうか。山本隆志氏は、長禄四（一四六〇）年の没落後の動向は不明で応仁元（一四六七）年に死去したとする(70)。しかし、文正元年八月頃の史料には「山名之伊与殿（教豊）、自二播州一上洛、其■勢八十計」とある(71)。この動きはこれまでの研究ではあまり注目されていなかったが、当時、山名氏の中で伊予守を名乗るのは、前節で触れたように長禄四年に任官した教豊のみであるから、この人物は教豊であることがわかる。斯波氏をめぐる情勢不安に応じて、八月上旬頃には山名氏をはじめとする諸大名が分国から軍勢を上洛させており(72)、教豊の上洛も一連の動きと関連したものであろう。それまで管見の限り、教豊が上洛していたと思しき史料は乏しい。寛正年間の山名惣領家の在京活動は、持豊とその孫政豊（教豊の子）によって担われており(73)、教豊の動きを確認することは難しい。文正元年八月の情勢不安に応じて、教豊が京都に復帰したことは特筆すべき点である。

次いで同年九月、貞親は義政の弟義視に謀反の動きがあると誣告したが、義視の無実が認められて貞親・季瓊真蘂・斯波義敏・赤松政則らが没落する結果となった。これを文正の政変と呼び、その後は山名・細川両氏を中心とする大名勢力が中央政界の主導権を握っていく。先行研究によれば、文正の政変以後、山名・細川両氏の関係は急速に対立へと向かうが、その背景には畠山義就を支持するようになった持豊の動向が存在しているという(74)。以前の持豊は勝元と共に畠山政長を支持していたが、赤松氏再興問題で勝元の対応に不信感を覚えた持豊は斯波義廉との繋がりを有するようになり、そこから畠山義就との連携も生じていったとされる(75)。そして持豊は文正の政変を契機として、勝元ではなく義廉・義就との結合を軸に中央政界の主導的地位の掌握を目指す姿勢を鮮明にしたため、勝元との関係悪化は避けられない情勢となっていた。

　これまでの持豊・勝元間で展開した協調関係とは異なる、新たな段階へ突入する中、義就は河内・大和両国で軍事行動を展開した。対する勝元は義就討伐の動きに出たことが次の『大乗院寺社雑事記』の記事からわかる。

【史料七】

一、就㆓衛門佐（畠山義就）出頭事㆒、大和・河内両国物忩、無㆓是非㆒次第也（中略）此等子細一々以㆓細川右京大夫（勝元）㆒伺㆓上意㆒之間、近日可㆑被㆑立㆓御勢㆒云々、可㆓出陣㆒大名畠山（政長）・京極（持清）・山名伊与（教豊）以下被㆓仰付㆒輩、大名・近習済々、於㆓預職㆒者可㆑蒙㆑仰旨、右京大夫申入云々、[76]（後略）

　史料七には、文正元年一〇月、畠山義就を討伐するため、細川勝元が軍事行動を申請したとあるが、この時に出陣を命じられた大名の中に「山名伊与」の名前が見える。この人物も教豊と見てよいだろう。注目したいのは、教豊のほかに出陣を命じられた畠山政長や京極持清は、いずれものちに東軍陣営に属した大名であり、細川氏に近い存在であることだ。史料七は、この時点での教豊が細川氏に近い立場であったことを示している。細川氏との繋がりは前節でも述べた通りであるが、持豊・勝元間の関係が悪化していった文正元年後半に至っても両者の繋がりは維持されていたと考えられる。少なくともこの時点の教豊の政治的立場は父持豊とは異なるものであったといえよう。

　ここで留意したいのは、応仁・文明の乱間近にもかかわらず、山名氏内部では持豊・教豊間の不協和音が垣間見える点である。これは山名氏内部が必ずしも一枚岩ではなかったことを表している。加えて、こうした持豊との微妙な立場の違いは教豊に限らなかった。

【史料八】

一、自㆓柚留木重芸方㆒注進云、昨日右兵衛佐（斯波）義俊（敏）・親父（持種）・竹王（松カ）三人令㆓出仕㆒、三ヶ国越前・尾帳（張）・遠江御判拝領之間、武衛方事令二露顕一、仍於二治部大輔（斯波義廉）一者、可レ被レ向二打手一由被二仰付一云々、於二山名入道（持豊）一者、治部大輔一所令可二切腹一之由治定之間、内者共可レ被レ成二御敵一之条者不レ可レ然由、雖二教訓一不二承引一間、可レ為二同科一歟、至二細川（勝元）一（者脱カ）山名御退治事口惜之間、可二隠居一之由申云々、又一色（義直）・土岐（成頼）者、日比雖二山名・治部大輔同意者一、今度者歎申成二御所方一云々、此由申剋注進了[77]、

史料八の『経覚私要鈔』の記事では、文正元年八月の斯波義敏復権時の騒動について述べているが、持豊は義廉と共に切腹する旨を述べたとある。それに対して被官たちが「御敵」になるのはよくないと諫めたが、持豊は承引しなかったという。『応仁記』にも史料八とほぼ同様の話が収められており[78]、被官たちが斯波氏の家督相論をめぐって義政と対立し、「御敵」となることを避けたい意思を持っていたことがうかがえる。『応仁記』では、持豊が赤松氏を復興させた義政の措置を非難するなど、義廉を支持する動きの根底には赤松氏との対立が存在することを示した演説を行い、最終的には被官たちも持豊の動きに同調したとある。実際に山名氏がこれ以上分裂的な動きを見せたことはないから、『応仁記』の当該箇所の内容はある程度信用してよいだろう。しかし、最終的には持豊の意見が受け入れられたとは言っても、持豊の行動に異を唱える被官が大勢存在した点は注意しなければならない。

このような教豊や被官の動きを踏まえると、文正元年時の山名氏内部には微妙な政治的立場の差異が存在していたようであるが、なぜ応仁・文明の乱の際には一致した行動を取ることが可能であったのかという点が疑問に生じてくる。また、この時点では山城守護の地位にあった是豊の政治的立場が判然とせず、いつ頃東軍陣営に入るのかという点も検討しなければならない。次項では文正二年正月から応仁・文明の乱開戦に至るまでの情勢を踏まえつつ、これらの課題を考察したい。

（二）応仁・文明の乱開戦と山名教豊・是豊兄弟

文正元年一二月、山名持豊の支援で畠山義就が上洛を果たすと、翌年正月には足利義政と義就の対面が実現した。直後に畠山政長は管領職を解任されて、代わりに斯波義廉が管領に就任した。正月中旬に政長と義就が京都の上御霊社で合戦すると、義政の合力禁止指示を破って持豊らは義就側に合力し、敗れた政長は没落していった（御霊合戦）。

先行研究では、御霊合戦に際して義政の合力禁止指示を守った細川勝元は政長を援助せず、結果的に政長が没落したことで世間の非難を受けたとされる。そのことが勝元に持豊への遺恨を抱かせる原因となり、勝元とその与党は持豊らへの反撃を準備し、中央情勢は大乱に向けて進展していくという(79)。御霊合戦後、一時的に中央政界における抗争は小康状態となっていたが、同年五月、赤松氏による播磨国への侵入などを契機として再び情勢は不安定化し、五月下旬に京都で東西両陣営による本格的な戦闘が開始したことにより、応仁・文明の乱の開戦に至ったのである。

御霊合戦後の政治過程を見ると、五月の赤松氏による軍事行動が情勢変化のきっかけの一つになっていることに気づく。まずは、この直後の山名氏の動きを見てみよう。

【史料九】

一、播摩（磨）国赤松次郎（政則）法師手者乱入、打二取国一畢、赤松方細川右京大夫（勝元）合力云々、次郎法師細川屋形之近所ニ召二置之一、当守護山名入道宗全如何可二沙汰一哉、可レ成二天大乱一歟云々、山名（是豊）壇（弾）正宗全末子・宮上野守没落之由在二其聞一、赤松与同意故歟(80)、（後略）

史料九の『大乗院寺社雑事記』の記事は赤松氏の播磨国侵入を伝えているが、勝元が赤松方に合力しているとあり、対する持豊側の反応が話題になっている。家永遵嗣氏は、嘉吉の乱後の山名氏は一貫して赤松氏との対立を抱えていた点、さらに末柄豊氏は、勝元は持豊との協調を優先して赤松氏を含めた諸問題の対応を先送りしていた点をそれぞれ指摘している(81)。同じく末柄氏によれば、御霊合戦の前は畠山氏の家督問題をめぐる幕府内部の抗争であったのが、これ以降多数の争点が浮上し、乱の構図が急拡大していくという。これらの指摘を踏まえると、山名氏が抱える最も敏感な問題が開戦直前になってから争点のひとつに急浮上したといえる。赤松氏問題への対応が山名氏内部の動向を左右したと見てよい。それでは、教豊・是豊兄弟はどのような動きを見せたのか。

　史料九には是豊が京都から没落したことが記されており、赤松氏と同意のためとの風聞が流布している。開戦直後の是豊は「背レ父（持豊）不断祇二候御所一」とあり(82)、実際に京都から没落したのか不審な点があるが、史料九の翌日の記事にも是豊の没落に関する情報が見えるため(83)、是豊周辺の情勢に変化が生じて持豊に背くことになったのは確かであろう。大乱勃発の直前段階において是豊は父からの離反姿勢を鮮明にしたのである。一方で兄の教豊は、開戦直後の戦闘では西軍陣営に属して行動している(84)。前節で教豊が父持豊と政治的立場を異にした点を述べたが、応仁・文明の乱が開戦すると一転して教豊は父と同じ西軍陣営に属しており、兄弟間で対応が明確に分かれたことがうかがえる。兄弟間での対応に差が生じたのはなぜだろうか。

　史料九には是豊が没落した理由は「赤松与同意故歟」とある。大乱以前の是豊がどこまで赤松氏との繋がりを有していたのか、判然としない。むしろここで注目したいのは、赤松氏による播磨国侵攻を受けて山名側の対応が問題となっている点である。庶流家を含む山名氏とその一族被官の大半は、嘉吉の乱で守護職を獲得した旧赤松氏分国（播磨・備前・美作）に権益を有しており、旧赤松氏分国の領有問題が争点化することは関係する人々にとって権益を害される死活問題ともいえる。しかし、是豊はもともと播磨国の分郡支配に関与していたものの、是豊が管轄していた地域は長禄年間以降、別人の担当となっていたほか(85)、寛正五年末の山城守護補任以後の是豊被官には播磨出身者を確認できない(86)。山名一族の中では珍しく、播磨国との関係が希薄になっていたと見てよい。

　山本隆志氏は、是豊が義就討伐戦で奮戦した経緯から東軍に属したとする(87)。筆者も山本氏の見解には基本的に賛同するが、山本氏の見解に付言すると、義就討伐戦の恩賞で山城守護に補任された後、是豊は播磨国との関係に変化が生まれていた。義就との連携に傾く父に対して、是豊も不満を抱いていた可能性は高い。旧赤松氏分国の領有問題が急に争点化し、開戦に向けて事態が動く中で、是豊は他の一族被官と異なる立場に身を置くようになっていたため、そのまま父の下から離反することが可能であったのだろう(88)。

一方で教豊は、長禄四年の没落時には播磨国に下向したうえ、文正元年の上洛の際も播磨国から上洛している。これらの点からは、教豊が播磨国内に何らかの権益や拠点を有していたことがうかがえる。教豊と播磨国の繋がりを踏まえると、旧赤松氏分国の領有問題の争点化は教豊にとっても自身の権益が害される恐れがあったと推測できる。教豊が他の一族被官と同様に持豊の下で西軍陣営に属した背景にも、旧赤松氏分国の領有問題の争点化が存在したといえよう。

このように、教豊・是豊兄弟間の対応が分かれた背景には大乱直前段階での情勢変化と争点拡大が存在していた。末柄氏は、勝元が畠山氏の家督問題に焦点を絞って対応していれば、これほど争点が複雑化することはなかったのではないかと指摘しており、大変示唆的である(89)。この点は山名氏の内部問題にも影響したといえる。畠山氏の家督問題をめぐっては、教豊は父持豊と意見を異にしており、赤松氏問題を含めて争点が拡大しなければ、文正元年後半のような父子間対立のまま推移していったのであろう。しかし、御霊合戦を境に大乱の構図が複雑化し、複数の争点が俎上にのせられてしまったことにより、赤松氏をめぐる問題も争点として急浮上していった。五月に赤松氏が播磨国に侵攻したことを契機として、山名氏内部は細かな意見対立が後景に退き、旧赤松氏分国の領有をめぐる問題への対処で一致、開戦に向けて舵を切ったといえよう。一方で是豊は父から離反する姿勢を明確に示していなかったが、直前段階での情勢変化を受けて判断を迫られたのであろう。播磨国から距離を置いていたことが是豊の立場を左右し、義就討伐戦の経緯から東軍陣営に属するに至ったと考えられる。

以上、本節では文正元年以降の山名氏をめぐる政治情勢と教豊・是豊兄弟の動向を検討した。文正元年時点の山名氏は、斯波氏や畠山氏の家督問題への対応をめぐって内部に意見の相違が存在しており、必ずしも一枚岩とは言えない状況であった。しかし、文正二年正月の御霊合戦以降に見られた情勢変化と争点拡大を受けて、教豊を含めた山名一族と被官の大半は持豊の下に結集して西軍陣営に属した。その一方で是豊は義就討伐戦で奮戦した経緯から、父持豊の下を離れて東軍陣営の一員となった。こうして教豊・是豊兄弟は東西両陣営に分裂する結果となり、山名氏は大乱に突入していったのである。

おわりに

本章では、応仁・文明の乱にかけての政治情勢を踏まえつつ、山名持豊の子息（教豊・是豊兄弟）の動向とその位置付けについて考察した。これまで述べた内容をまとめると、教豊は但馬国、是豊は備後国とそれぞれ権力基盤が異なるも、両者は都鄙間で兄弟分業を行い、相互補完的関係にあった。さらに両者は、おおむね父持豊と細川勝元の協調関係に基づいて動く存在であった。とりわけ是豊の動向は、しばしば細川氏による山名氏に対する政治的圧迫策との繋がりから論じられるが、かかる見方は成り立ち得ないことを指摘した。しかし、応仁・文明の乱直前段階で旧赤松氏分国の領有問題が争点として浮上すると、兄弟間で対応が分かれる結果となった。このように、文正の政変以降、特に文正二（一四六七）年の御霊合戦以後の政治抗争の変質と急拡大は山名一族の動向にも大きな影響を与え、応仁・文明の乱に突入していくのである。

従来の研究では、山名氏惣領を中心とする一族被官の統制や強固な結合（「同族連合体制」）が強調されてきた。確かに山名氏はおおむね良好な一族関係を維持しており、惣領家を中心とする結合に対して異論はない。しかし、その一方で教豊・是豊兄弟をはじめとして一族被官の政治的立場が必ずしも一枚岩とは言えず、微妙な違いが存在していたことは注意すべき点である。同じく「同族連合体制」を敷いていた細川氏は政治状況によって内部対立が存在したという[90]。山名氏の場合も「同族連合体制」の内実を段階的に変化する政治情勢と絡めて考察しなければならない点は指摘しておきたい。

応仁・文明の乱に至る政治過程においても西軍の中核に据えられる山名氏の内部に大乱直前まで方向性の不一致が存在していたことは留意しなければならない。特に文正の政変前後に見られたように、持豊以外の一族被官には義政や細川氏との軋轢を生んでしまう義就・義廉との政治的連携に懸念や反対の意を示す者が存在した。持豊本人はともかく、それを支える一族被官の多くは西軍陣営形成のためにどれほど積極的に動いていたのか疑問視せざるを得ない[91]。近年、西軍諸将の政治的位置が整理されつつあるが[92]、本章で述べた山名氏に限らず、西軍形成過程の問題は各大名家内部まで踏み込んで改めて検討する余地があろう。

また、文明四（一四七二）年に入ると持豊は東軍との和睦交渉を開始するが、その背景の一つには前年から深刻化した山名氏の内部分裂が存在していた[93]。本章で述べたように、山名氏は分裂の契機となり得る方向性の不一致を水面下で抱えていたのであり、文明年間に入るとそれが顕著に表れて持豊周辺の動向に影響したといえる。かかる要素は単なる山名氏内部の問題にとどまらず、最終的に大乱終結に向けての和睦交渉が始まる一因に繋がっていくと評価できるだろう。

最後になるが、その後の教豊・是豊兄弟について述べて終わりとしたい。教豊は応仁・文明の乱開戦から半年も経たない応仁元（一四六七）年九月に死去し[94]、のちに山名氏の家督は持豊から孫の政豊（教豊の息子）へ譲渡されることになった。一方で是豊は東軍方として各地を転戦したが[95]、文明八年に死去したという[96]。これまで十分に意識されていないが、是豊の死亡記事には「西方衆」と記されており、死亡時点で西軍方に属していたことが判明する。おそらく文明六年に山名氏が東軍と和睦した後、是豊は東軍内で立場を失い（あるいは和睦に反発したか）、今度は西軍に転向したのであろう。しかし、是豊の死亡後、山名氏にとって不安定要素の一つであった是豊系勢力は一掃されて、乱後の備後国内は新たな惣領政豊によって平定されていくのであった。[97]

なお、本章では応仁・文明の乱中の是豊の動向について十分に言及できなかった。また、本章の検討対象とは異なるが、寛正年間以降の山名政豊は祖父持豊と行動を共にしており、祖父を補佐する活動が見られる。[98] 惣領就任以前の政豊の動向は別の機会で改めて論じる必要があろう。加えて、是豊の被官組織に大きな影響を与えた犬橋満泰の存在についても考察すべき課題である。これらの点は今後継続して検討したいと考えている。

注

（1）百瀬今朝雄「応仁・文明の乱」（『岩波講座日本歴史七　中世三』岩波書店、一九七六年）。
（2）川岡勉『山名宗全』（吉川弘文館、二〇〇九年、四〇～六五頁）。
（3）田中義成『足利時代史』（講談社、一九七九年、初版一九二三年、一九八～二〇五頁）。
（4）応仁・文明の乱に関する諸研究については、酒井紀美「応仁の乱をめぐって」（『応仁の乱と在地社会』同成社、二〇一一年）、末柄豊「応仁・文明の乱」（『岩波講座日本歴史八　中世三』岩波書店、二〇一四年）による先行研究整理を参照。
（5）家永遵嗣『室町幕府将軍権力の研究』（東京大学日本史学研究室、一九九五年、二一二～二一三頁）。
（6）前掲注（4）末柄論文。
（7）呉座勇一『応仁の乱』（中央公論新社、二〇一六年、二五四～二五七頁）。
（8）前掲注（2）川岡著書、山本隆志『山名宗全』（ミネルヴァ書房、二〇一五年）。
（9）前掲注（2）川岡著書一五九～一七〇頁、市川裕士「室町期における山名氏の同族連合体制」（『室町幕府の地方支配と地域権力』戎光祥出版、二〇一七年）。
（10）桜井英治『室町人の精神』（講談社、二〇〇九年、初版二〇〇一年、二九七・三一三頁）。
（11）広島県編『広島県史　通史二　中世』（広島県、一九八四年、四四三～四四五頁、河村昭一執筆）、前掲注（9）市川著書一八〇・二一〇～二一二頁。
（12）池田本とは、江戸幕府の交代寄合となった山名氏（元鳥取城主・山名豊国の家系）の下で家老をつとめた池田氏に伝わった系図。宮田靖国編『山名家譜』（六甲出版、一九八七年）掲載の写真版を参照した。
(13)『看聞日記』嘉吉三年九月二三日条。
(14)『建内記』文安四年正月一五日条。若い頃の持豊も同様に法体の父時熙の代わりに垸飯を勤仕していた（『満済准后日記』永享四年正月一五日条）。
(15)『応仁記』（『群書類従　第二〇輯』合戦部、三六八～三六九頁）。
(16)前掲注(2)川岡著書一八〇～一八一頁。
(17)『東寺廿一口供僧方評定引付』宝徳二年一一月一三日条・『大乗院寺社雑事記』応仁元年五月二一日条など。なお、史料一の記述は『応仁記』の原初形態である一巻本にはないため、のちに挿入された内容であろう。
(18)高田星司「播磨守護山名氏の分郡支配について」（『年報日本史叢一九九八』一九九九年）。本章で引用する高田氏の見解は本論文に拠る。
(19)文安三年一〇月五日「山名教豊安堵状写」、文安三年一〇月七日「田原信濃入道道円奉書写」（『兵庫県史　史料編　中世二』所収「石峯寺文書」二〇・二一号）。
(20)『建内記』文安四年一一月一八日条。また、同じ頃、田原道円は三木郡守護代にも任命されている〈文安四年ヵ〉七月二六日「林常慶書状」『建内記』文安四年九月記紙背文書）。
(21)文安元年九月二二日「田原義延・長嶋清長連署寺領渡状」（『兵庫県史　史料編　中世二』所収「石峯寺文書」一八号）。
(22)『東寺鎮守八幡宮供僧評定引付』享徳三年九月三〇日条。
(23)長嶋氏は太田亮『姓氏家系大辞典　第三巻』（姓氏家系大辞典刊行会、一九三六年、四一八二頁）、田原氏は永正五年一一月一三日「大岡寺寺領散在田畠注進状」（『兵庫県史　史料編　中世三』所収「大岡寺文書」二八号）など。
(24)『蟬菴稿』（東京大学史料編纂所影写本、請求番号三〇一六―七二）。この寿像賛には「山名予州太守」とあるが、教豊が伊予守に任官したのは長禄四年閏九月二〇日である。賛文を記した瑞巌龍惺は同年閏九月五日に没しており、表題が付されたのは瑞巌の没後であろう。少なくとも教豊が但馬に在国していたのは長禄四年以前と思われる。
(25)稲垣翔「播磨国における山名氏権力の地域支配構造」（市川裕士編『山陰山名氏』戎光祥出版、二〇一八年、初出二〇一〇年）。本章で引用する稲垣氏の見解は本論文に拠る。
(26)渡邊大門氏は久我家文書所収山名氏関係史料の花押比定を通じて、是豊は播磨国宍粟郡の支配も担っていたと指摘している（同「山名是豊関係文書について」『中世後期山名氏の研究』日本史史料研究会企画部、二〇〇九年）。しかし、渡邊氏が是豊の花押と判断したものは、田総家文書に収められている教豊感状の花押と同じ形状をしており（享徳三年一二月二六日「山名教豊感状」『山口県史　史料編　中世三』所収「田総家文書」一六号）、教豊の花押であることが明らかである。是豊の分郡支配上の管轄地域は赤穂・揖西両郡に限られると見てよい。

(27)『東寺廿一口供僧方評定引付』享徳四年六月九・一九・二六日条。

(28)『斎藤基恒日記』享徳四年四月二八日条。

(29) 文安二年一二月五日「藍原頼通・乃木満清連署奉書案」（東寺百合文書京函九八号）、『東寺廿一口供僧方評定引付』文安四年五月晦日条など。是豊奉行人としては康正三年九月一六日「山名氏奉行人連署折紙」（『兵庫県史　史料編　中世八』所収「離宮八幡宮文書」五四号）。

(30) 文安五年五月一六日「渡辺泰・遠藤国兼連署奉書」（東寺百合文書ヰ函九〇号）、『東寺廿一口供僧方評定引付』寛正六年二月二日条。

(31) 犬橋満泰は応永年間以降、備後守護代をつとめたほか、播磨支配にも関与した重臣であるが、満泰から是豊への被官組織の継承がいかなる背景で実現したのかという点は現時点で不明とせざるを得ない。なお、旧稿では『碧山日録』寛正三年二月一九日条をもとに、満泰の出自を近江佐々木氏出身で寛正三年に死亡したとしていたが、本書では撤回する。詳細は本章付記を参照されたい。

(32)『東寺廿一口供僧方評定引付』宝徳二年一一月一三日条。

(33)『康富記』享徳三年一二月三日条。

(34)『草根集』（和歌史研究会編『私家集大成　第五巻　中世三』明治書院、一九七四年、七九二頁）。

(35)（康正元年ヵ）九月二三日「山名是豊書状」（『兵庫県史　史料編　中世八』所収「南禅寺文書」八五号）。

(36) 木下和司「山名是豊の備後守護補任時期を廻って」（『備陽史探訪』一七四、二〇一三年）。本章で引用する木下氏の見解は本論文に拠る。

(37) 教豊・是豊兄弟の分業体制が確認できるのは、持豊の但馬隠居期間中である。持豊隠居を受けて在京奉公と分国支配を両立するため、兄弟間で分業する必要が生じたのであろう。室町期武家領主の一族分業については、呉座勇一氏の議論が参考になる。教豊・是豊兄弟の事例もかかる分業論の一端に位置付けられよう。（同「室町期武家の一族分業」阿部猛編『中世

政治史の研究』日本史史料研究会、二〇一〇年）。
(38) 馬田綾子「赤松則尚の挙兵」（大山喬平教授退官記念会編『日本国家の史的特質　古代・中世』思文閣出版、一九九七年）。
(39) 一連の経緯は前掲注(38)馬田論文参照。
(40) 『大乗院寺社雑事記』長禄三年九月二日条。
(41) 康正二年六月一九日「山内泰通覚書」（『大日本古文書　家わけ第一五　山内首藤家文書』一〇五号）。
(42) 前掲注(2)川岡著書八六～八七頁、前掲注(25)稲垣論文。
(43) 『東寺廿一口供僧方評定引付』康正元年七月二九日、八月一〇日条。
(44) 例えば、播磨国内の南禅寺領にかかる幕府の指示を伝達した管領施行状を見ると、三月時点では「山名弾正少弼」（教豊宛であったのが、一二月には「山名右衛門督」（持豊）宛へ変化している（長禄二年三月九日「管領細川勝元施行状」・長禄二年一二月二三日「管領細川勝元施行状」『兵庫県史　史料編　中世八』所収「南禅寺文書」八一～八二号）。
(45) 桜井英治氏によれば、持豊復帰の背景にはこれと引き換えに赤松本家を復興する思惑が義政と勝元双方に存在したという（前掲注(10)桜井著書二八三～二八四頁）。
(46) 川岡勉「室町幕府―守護体制の変質と地域権力」（『室町幕府と守護権力』吉川弘文館、二〇〇二年、初出二〇〇一年）。
(47) 『長禄四年記』同年九月二〇日条。
(48) 『長禄四年記』同年閏九月五日条。
(49) 前掲注(10)桜井著書二九七頁。
(50) 前掲注(8)山本著書一七一～一七四頁。
(51) 『長禄四年記』同年閏九月二〇日条。
(52) 畠山義就討伐戦へ従軍した是豊の動向については、前掲注(8)山本著書一六八～一八五頁、小谷利明「河内嶽山合戦の構造」（萩原三雄・中井均編『中世城館の考古学』高志書院、二〇一四年）に詳しい。
(53) 『長禄四年記』同年一〇月二六日条。
(54) 『東寺廿一口供僧方評定引付』享徳四年閏四月一〇日条。
(55) 前掲注(25)稲垣論文。
(56) （年月日未詳）「山名宗全書状案」（東寺百合文書コ函七八号）。東寺百合文書ウェブでは、「某書状案」とあるが、本章では『相生市史　第八巻下』一〇九九号の人名比定に従って文書名を改めた。

(57) 小川信『山名宗全と細川勝元』（吉川弘文館、二〇一三年、初出一九六六年、一一四～一一五頁）。

(58) 前掲注(11)『広島県史』四四三～四四五頁。

(59) 前掲注(9)市川著書一八〇～一八三・二一〇～二一二頁、川岡勉「石見における守護支配の展開と益田氏」（『戦国期守護権力の研究』思文閣出版、二〇二三年、初出二〇一八年）。

(60) （康正二年ヵ）八月一一日「山名是豊書状」（『長福寺文書の研究』九〇五号）。

(61) （長禄三年）一二月一七日「備後国守護山名宗全書下」（『長福寺文書の研究』九一一号）。

(62) 寛正二年五月二日「山名持豊遵行状」（『史料纂集　尊経閣文庫所蔵石清水文書』二九号）。なお、『史料纂集』では当該史料を「山名教豊遵行状」としているが、末尾に掲載されている花押を確認すると、持豊の花押であることがわかる。よって、本章では引用時の史料名を訂正した。

(63) 井上寛司・岡崎三郎編『史料集益田兼堯とその時代』（益田市教育委員会、一九九六年、九三頁）。

(64) 前掲注(9)市川著書一八〇～一八三・二一〇～二一二頁、前掲注(59)川岡論文。

(65) なお、長禄三年以降の備後国関係の持豊遵行状の宛先はいずれも犬橋下野入道になっている（前掲注(61)「備後国守護山名宗全書下」・前掲注(62)「山名持豊遵行状」）。このように、犬橋氏が守護代の地位にあったと考えられるため、是豊は守護代の立場で引率したわけではない。なお、宛所の犬橋下野入道の素性については本書第二部補論一を参照。

(66) 前掲注(2)川岡著書一六三頁。当時の惣領山名時熙による石見国の軍勢動員については、『満済准后日記』永享四年正月一八日条などに見える。

(67) 山城守護補任に関しては『蜷川親元日記』寛正六年正月一七日条、『東寺廿一口供僧方評定引付』寛正六年二月二日条などに見える。『東寺廿一口供僧方評定引付』の記事によれば、寛正五年一二月二三日に補任されたという。

(68) 前掲注(52)小谷論文。

(69) 前掲注(1)百瀬論文。

(70) 前掲注(8)山本著書一七六頁。

(71) 『東寺執行日記』寛正七（文正元）年八月一八日条。

(72) 『大乗院日記目録』文正元年八月四日条、『後法興院政家記』文正元年八月九日条。

(73)　例えば、寛正六年八月の細川勝元邸での犬追物では、持豊・政豊両人が参加している一方で、足利義尚誕生時の又七夜の御礼は政豊が行っているなど、持豊・政豊両人による相互補完的な在京活動の分担を確認できる（『蜷川親元日記』同年八月一七・二二日条）。

(74)　前掲注(10)桜井著書三一五頁、前掲注(4)末柄論文。

(75)　家永遵嗣「再論・軍記『応仁記』と応仁の乱」（学習院大学文学部史学科編『増補　歴史遊学』山川出版社、二〇一一年）、前掲注(4)末柄論文。

(76)　『大乗院寺社雑事記』文正元年一〇月五日条。

(77)　『経覚私要鈔』文正元年八月二六日条。

(78)　一巻本『応仁記』（和田英道編『応仁記・応仁別記』古典文庫、一九七八年、四一〜四七頁）。なお、史料八傍線部の解釈については、家永遵嗣氏の見解に従った（前掲注(5)家永著書二八八頁）。

(79)　前掲注(10)桜井著書三一五〜三一七頁、前掲注(4)末柄論文。

(80)　『大乗院寺社雑事記』応仁元年五月二一日条。

(81)　前掲注(4)末柄論文、前掲注(75)家永論文。

(82)　『経覚私要鈔』応仁元年六月九日条。

(83)　『大乗院寺社雑事記』応仁元年五月二二日条。

(84)　一巻本の『応仁記』では、開戦直後に京都の大宮付近を「山名入道ノ嫡子伊予守」が西軍側の大将として守備したとある（前掲注(78)『応仁記・応仁別記』七五頁）。

(85)　前掲注(25)稲垣論文。長禄三年頃を境に赤穂郡代には是豊被官ではない、日野言清（山名庶流の宮田氏被官）が就任している。

(86)　山城守護時代の被官は、名倉泰家とその配下や取次役の遠藤某、山本次郎左衛門といった人々で播磨出身者は見えない（『東寺廿一口供僧方評定引付』寛正六年二月二日、一一月一二・一三日条など）。

(87)　前掲注(8)山本著書一八五頁。

(88)　是豊の場合、山城守護補任を通じた義政との関係も考慮する必要があるように思われるが、是豊は開戦の数日前時点で父に背く行動が鮮明になっている。一方、当初中立的姿勢であった義政が東軍支持の立場に転じるのは開戦から数日経過した後の六月初めであるため（石田晴男『応仁・文明の乱』吉川弘文館、二〇〇八年、二一二〜二一六頁）、義政の動向が是豊に影響したとは考え難い。
(89) 前掲注(4)末柄論文。
(90) 前掲注(38)馬田論文。
(91) ただし、庶流の金沢源意の娘は畠山義就に嫁いでおり、持豊・義就間の関係強化に寄与するところがあった。一族被官の立場は様々であったのだろう。金沢源意については本書第二部補論一参照。
(92) 前掲注(4)末柄論文。
(93) 拙稿「応仁・文明の乱と山名氏」（『日本史研究』六六〇、二〇一七年）。本書第三部第一章として所収。
(94) 『後法興院政家記』応仁元年九月一〇日条。
(95) 応仁・文明の乱中における是豊の動向については、前掲注(11)『広島県史』四四九〜四五九頁、大田壮一郎「一条政房の福原荘下向と大内氏の摂津侵攻」（前田雅之編『画期としての室町』勉誠出版、二〇一八年）参照。
(96) 『大乗院寺社雑事記』文明八年四月晦日条。
(97) 前掲注(46)川岡著書「中世後期の守護と国人」（初出一九八六年）。
(98) 前掲注(73)参照。例えば、文正二年正月に細川勝元とその与党大名たちが室町殿の御所の占拠を試みた際、いち早く御所の警固に参上したのは政豊であり、政豊が祖父持豊と同じ政治的立場であったことがうかがえる（『経覚私要鈔』同年正月一六日条）。

【付記】

本章の原論文は、二〇二〇年五月刊行の『年報中世史研究』四五号に掲載された。原論文では、犬橋満泰について、『碧山日録』寛正三年二月一九日条をもとに近江佐々木氏出身で寛正三年に死亡したとしていた。

この見解については、のちに片岡秀樹氏から史料の誤読ではないかとのご指摘を受けた。片岡氏によれば、該当記事には「山名之家臣江州守犬橋某死、余之同派、有二祥麟蔵主者一為レ之点湯」とあり、「余之同派」とあるのは、満泰の点湯法語を作成した禅僧「祥麟蔵主」を指しているとご教示いただいた。また、この記事からは寛正三年に満泰が死亡したとは必ずしも限らない旨もあわせてご指摘があった。

実際、本書第二部補論一でも述べたように、犬橋氏は山名庶流の金沢氏との繋がりが見られる。金沢源意が犬橋姓も名乗っていた点を踏まえると、犬橋氏は山名一族であった可能性が高い。さらに第二部第二章注(15)で触れたように、宝徳年間にかけて後継者と思われる犬橋持泰が登場している。また、犬橋氏は将軍の偏諱を受けることが可能な立場であったが、山名被官の場合は将軍からの偏諱授与事例は確認できない。山名庶流では日野山名氏（例・持幸）や山名宮田氏（例・満氏）などのように将軍の偏諱を受けていた事例が確認できるため、むしろ犬橋氏が山名一族であったことを裏付ける要素であろう。このように、片岡氏の指摘とあわせて踏まえると、旧稿の見解は正確ではないといえる。よって満泰の出自ならびに寛正三年死亡説を修正・撤回している。犬橋氏の実態については、引き続き検討していきたい。

末尾ながらご教示を賜った片岡秀樹氏に改めて御礼申し上げたい。

第二部　京都社会と山名一族・被官

第一章　南北朝・室町期の山名氏と被官山口氏

はじめに

近年、室町期武家勢力の権力構造をめぐる議論においては室町殿の下に武家をはじめとする諸領主が在京する構造に注目し、京都の求心性や都鄙関係の展開といった視点から検討する動きが進展している。そうした中、在京直臣集団の形成過程と構成を考察した山田徹氏は在京する支配者集団の社会を「室町領主社会」と呼称し、当該期の社会構成や権力構造にひとつの視座を示した。(1)最近では在京武士の居住形態を考察した松井直人氏、大名被官の都鄙間活動や在京奉公の実態を検討した川口成人氏の研究のように、(2)山田氏の提示した議論の内実を具体化する段階に入ったといえる。

こうした動きは守護権力論の分野にも波及している。室町期守護（大名）の権力組織については、川岡勉氏の指摘に代表されるように、南北朝期に被官化された中小領主と守護家一門を主体とする構成であったと理解されている。(3)一方で近年、河村昭一氏は山田氏らの議論を受けて一色氏の被官構成や被官の都鄙間活動を検討したが、(4)とりわけ河村氏が重視した在京勢力（将軍近習一族を含む）の被官化という視点は守護の権力編成を考える上で新たな視座を提供しているといえよう。これまでも幕府・守護双方に仕えた在京文筆家集団の存在に言及した榎原雅治氏をはじめとして守護権力と在京勢力の関係に触れた研究は存在していたが、(5)川口氏が指摘するように河村氏の研究は在京大名、すなわち守護被官研究の達成点の一つと評価できる。[6] 今後は河村氏が対象とした守護家以外にも広げて個々の事例検討を具体的に積み重ねていく必要があろう。

そこで本章では在京守護家の一員であった山名氏の被官をもとに考察したい。室町期山名氏の権力編成に関しては、宿南保・川岡両氏によって、明徳の乱後に被官組織の再編が行われて垣屋・太田垣両氏が新たに台頭した点、山名氏は本国但馬の有力領主たちを内衆の中核として編成した点などが指摘されている。[7] 一方で片岡秀樹氏による山名氏被官の文化的活動に関する諸研究、[8] 幕府奉行人・松田氏の一流が山名氏被官となった事例を指摘した榎原氏の研究などを除くと、[9] 京都との繋がりや都鄙関係といった視点から山名氏被官を捉えた研究はそう多くない。そうした中にあって吉田賢司氏は在京大名による申次活動に被官の都鄙間活動や人脈が活用された点を明らかにしており注目される。[10] 吉田氏が素材としたのが一五世紀前半の惣領・山名時熙に仕えた山口国衡（遠江守）という人物であった。吉田氏の研究は都鄙をまたぐ社会構造の中に山名氏被官を位置付けて捉える際に示唆的である。一方で垣屋氏や太田垣氏などの重臣層と比べると、これまでの山名氏研究の分野では山口氏の存在は等閑視されており、その実態は依然として不明な点が多い。しかし、後述するように山口国衡とその出身一族は京都における守護の被官編成、被官の在京奉公などを見る際に具体的な事例検討を行い得るに相応しい素材と考えられる。

以上の問題関心をもとに本章ではまず、南北朝期山口氏の活動と山名氏による被官編成を考察したい。次いで室町期山口氏による在京奉公とその実態を明らかにする。そのうえで山名時熙から持豊へ代替わりしていく時期の山名氏内部の様相に関しても言及したいと考える。これらの考察を通じて、京都で編成された守護被官について具体的な一事例を示したい。

一　南北朝期山口氏の動向

（一）山口氏の出自をめぐって

まず、山口氏の出自を確認しておく。次の史料には山口氏の本領に関する情報が見える。

【史料一】

九日（中略）山口（国衙）内々訴訟申、三河国本領替地以二泉州由緒地一可二申入一旨申入趣申間、不レ可レ有二相違一由被二仰出一了、[11]

史料一は醍醐寺座主・三宝院満済の日記である。永享三（一四三一）年六月、満済のもとを訪れた山口国衙は三河国の本領の替地として「泉州由緒地」を希望したという。国衙の希望は満済を通じて足利義教へ伝えられて承諾されたが、注目したいのは山口氏の本領地は山名氏分国から離れた三河国という点である。その一方、山名氏の本国である但馬国には山口荘が存在し、中世前期には山口姓の武士を確認できる[12]。小坂博之氏は山口氏を山名分国出身で在京していた山名氏被官の一人として理解しているが[13]、おそらく小坂氏がこのような見解を示した理由には山口荘の存在が影響しているのであろう。しかし、実際のところ、史料一にあるように山口氏は但馬国出身ではなく、小坂氏の見解は修正が必要である。それでは、山名氏に被官編成される以前の山口氏はいかなる存在であったのだろうか[14]。

南北朝期の史料には将軍近習として活動した山口姓の人物が登場する。例えば、康永元（一三四二）年一二月、天龍寺の綱引・禄引に際して役人をつとめた小侍所指揮下の近習の散状に「山口六郎左衛門尉衡可廿五、同彦七左衛門尉貞衡廿二」の名前が見える[15]（割注は年齢）。また、大工への布施物を披露する際に「山口兄弟」が馬一疋を引いており、両者は兄弟関係にあったことがわかる。さらに文和四（一三五五）年二月、足利尊氏の近習馬廻衆による一揆契状にも「山口のたんしやう（弾正）氏衡」「山口のかけゆさへもん（勘解由左衛門）高衡」と山口氏二名が署判している(16)。これらの史料に登場する人々の多くは、のちに室町幕府の番衆（奉公衆）といった将軍直臣集団に編成されていく存在であり、南北朝期の山口氏は将軍近習身分に属する一族であったことがわかる。

また、祇園社執行・顕詮の日記には、康永二年と観応元（一三五〇）年の記事に在京武家領主の一人として山口氏が登場する。顕詮の日記には山口氏が「檀那」の一人として記されており(17)、両者が交流を展開していたことがわかるが、この日記に登場する山口弾正左衛門は、実名が「平明」と記されている(18)。その一方で地方に目を向けると、和泉国草部郷住人の殿木氏は「山口弾正右衛門家人」であったが、主人の山口氏は「平明」という実名であり(19)、顕詮の日記に登場する「山口弾正左衛門平明」（傍点は筆者が付した）と同じ実名であった点に注目したい。史料一に見えるように、和泉国は山名氏被官・山口氏の「由緒地」である。さらに「左」と「右」が書き誤りの可能性もある点を踏まえると、両者は同一人物であり、平明の「平」は「衡」の当て字ではなかろうか。同時期の幕府奉行人・粟飯原清胤も和泉国の在地領主・上村基宗を家人としていたことが知られているが(20)、他の在京武家領主と同様に山口氏が和泉国内との繋がりを有していたと考えてよいだろう。山口平明（衡）と他の山口一族の系譜関係は不明であるが、史料に見える山口氏はいずれも「衡」の字を実名に用いており、同族関係にあった可能性が高い。

史料一には山口氏の本領が三河国とあるが、例えば、番衆（奉公衆）のような将軍直臣には三河国に所領を持つ者が多いとされる(21)。また、在京武家領主の山口氏は和泉国人を「家人」に編成しており、史料一で山口国衡が主張していた「泉州由緒地」との関連が想定される。以上を踏まえると、南北朝期に将軍近習として活動した山口氏は、のちに山名氏被官となる山口氏と同族関係にあると見てよいだろう。

それでは、こうした活動を見せていた山口氏はどのような契機で大名被官に転じていくのだろうか。次項で考察していきたい。

（二）将軍近習から守護被官へ

河村昭一氏は、将軍近習であった小笠原長房が観応の擾乱を契機に近習の地位を離れて、一色氏被官に転じていったと指摘している(22)。観応の擾乱は一つの画期として注目されるが、山口氏の場合はどうであったのだろうか。観応の擾乱期、山口氏は尊氏方に属していた。例えば、観応二年の摂津国打出浜合戦では尊氏方が直義方に敗北しているが、山口氏の家人・殿木氏の動向を述べた訴状案の中には「今度摂津国打出浜合戦以後、平明没落」とあり(23)、尊氏に与した山口平明（衡）の没落が伝えられている。観応の擾乱が山口氏にもたらした影響をうかがい知ることができるが、前述のとおり、文和四年の足利尊氏近習馬廻衆連署一揆契状には山口一族が複数名署判しており、平明（衡）没落後も尊氏近習の地位は確保し続けている。観応の擾乱による動揺を加味しても、山口氏の場合は近習の座から離れたとはいえない。

こうした動きを見る限り、足利尊氏近習馬廻衆連署一揆契状に見える署判者の多くと同様に山口氏は番衆（奉公衆）に繋がる将軍直臣集団に編成されていくのが筋であろうが、一五世紀以降の番帳などには山口氏の名前は見えない。観応の擾乱終結後、山口氏の地位に変化が生じたとするのが自然であろう。

あくまで参考史料ではあるが、『細川頼之記』には義満期の応安年間に近習の山口・須賀両氏が管領・細川頼之の近習統制策により近習の座から退けられた逸話が収められている(24)。『細川頼之記』の史料的価値については、小川信氏が「信ずるに足らない」としており、利用には注意が必要である(25)。しかし、福田豊彦氏は『細川頼之記』掲載の「内法三ヶ条」は「そのままの形では信用できるものではない」とする一方で、頼之が「近習・奉公人に対する規制を強めた可能性は否定し切れない」とも指摘している(26)。実際に山口氏は将軍直臣の一員として展開しなかった点を考えると、山口氏の身辺に変化が生じたとする逸話は何らかの史実を反映している可能性があろう。以上を踏まえると、観応の擾乱後に生じた中央政界における近習統制のような政治的変化が山口氏の地位に影響を与えて、近習の地位を離れる契機になったのではないかと考えられる。

その後、山口氏に関する史料は途絶えてしまうが、次に登場するのは『明徳記』である。明徳の乱の顛末を描いた『明徳記』には、乱の首謀者の一人である山名氏清の配下として「山口弾正」の名前が見える。明徳の乱時の山口弾正については「山口弾正モ奥州ノ馬ヨリ落給ヒケルト同ク下立テ命ヲ限ニ戦テ枕ヲ並テ討レニケリ」とあり[27]、氏清と「枕ヲ並テ」死ぬような強い結び付きのある被官であったと伝えられている。主人の氏清は和泉守護をつとめており、とりわけ和泉国内には山口氏の「由緒地」が存在していた。前掲史料一には和泉国の「由緒地」が不知行になってい た様子がうかがえるため、氏清敗北後の闕所処分の影響が考えられる。氏清方として見える山口氏は元将軍近習の一族と見てよいだろう。

推測の域を出ないが、和泉国の「由緒地」の存在を踏まえると、近習の地位を離れた山口氏は地方の所領保証を求める思惑で氏清の被官になったのではなかろうか[28]。氏清の和泉守護就任は永和四（一三七八）年であり[29]、先述した『細川頼之記』の逸話は応安年間とされるため、応安年間以降に被官化されたのだろう。さらに山田徹氏によれば、永徳元（一三八一）年以降、上洛した氏清が惣領の時義に代わって山名一族の中で在京を担う存在になっていたという[30]。この指摘を踏まえると、氏清は惣領の名代としての新たな在京活動を支える人材を欲していたのではないか。先に述べたように観応の擾乱の影響はあるものの、将軍近習をつとめていた山口氏は在京経験も豊富な人材であったといえる。

このように、地方の所領保証を求める山口氏と在京活動を支える人材を欲した氏清双方の思惑が一致して、山口氏の被官化が実現したといえる。将軍直臣層の形成過程において、一五世紀以降の番衆（奉公衆）に連続しない人々は観応の擾乱以降、没落ないしは所属先を移動していった。移動先の一つとして選択されたのが、河村氏が指摘するような守護被官であり、山口氏もまたその一例であったといえる(31)。

以上、本節ではのちに山名氏被官となる山口氏が南北朝期に将軍近習の地位にあったことを指摘した。当該期の山口氏は観応の擾乱以降に将軍近習の地位を離れた後、在京活動を支える人材を求めていた山名氏清の下で被官編成されていったのである。

二　山名時熙被官山口国衡の活動

（一）山口国衡の登場とその性格

明徳の乱後、山口氏の動向は再び史料上に見えなくなり、次に見えるのは永享年間に入ってからである。その際に登場する山口国衡は惣領家被官の地位にあったが、そもそも氏清と時熙は別系統の一族であり、どのような過程で惣領家被官に編成されていったのだろうか。手がかりとなるのは、明徳の乱後、戦死した一族の遺児を惣領・時熙が庇護したという小坂博之・川岡勉両氏の指摘である(32)。例えば、応永の乱後に安芸守護となった山名満氏や石見守護・山名氏利はいずれも敵対した氏清の遺児であるが、市川裕士氏が指摘するように、惣領・時熙の指揮下で動いている(33)。このように氏清遺児が惣領の下に包摂されていった点は注目したい。山口氏の存在を踏まえると、氏清遺児と同様に氏清被官も惣領家の権力構造の中に取り込まれていったのではないか。宿南保・川岡両氏によれば、明徳の乱後の山名氏ではそれまで重臣として活動した小林氏や土屋党の本流などが見えなくなり、新たな重臣層（垣屋・太田垣氏など）が台頭したとされる(34)。こうした権力構造の再編成の中で山口氏は再出発したのであろう。

吉田賢司氏が取り上げた山口国衡は、史料上では主に醍醐寺座主・三宝院満済の日記『満済准后日記』に登場する。確認可能な活動期間も限られており、永享二～六（一四三〇～一四三四）年のわずか五年程度である。吉田氏は、国衡について惣領・時熙の側近で都鄙間の窓口をつとめた人物とするが(35)、その地位をもう少し掘り下げて検討すると、例えば、満済・時熙間の取次や使者をつとめた回数は山名氏被官の中で群を抜いており、取次・使者の人名が判明する事例全三〇件のうち、国衡が七割以上を占める（表1）。また、永享五年に時熙が伊賀守護に補任された際には、国衡が伊賀守護代として活動している(36)。当該期の山名惣領家内部で守護代に任じられる被官は垣屋氏や太田垣氏のような重臣に限られており、山口氏の地位を知ることができる。

一方で永享年間以前の国衡ないし山口氏の動向は史料上で確認できず、山名氏内部では目立たない存在であったことがうかがえる。国衡の活動を見ると、永享二年八月、足利義教の東山十住心院毘沙門講御成に時熙が参加した際には、その出行に供奉していたように時熙に近侍していた(37)。また、時熙から満済宛ての私的な音信の使者を担うなど、時熙の私的な活動も支えている(38)。国衡は最初から重臣層に属したとは考えられず、本来は当主近習の地位にあったと考えられる。

表1　『満済准后日記』にみえる山名氏使者

人　名	回数
山口遠江守	23
垣屋肥前守（越前守ヵ）・垣屋某	4
田公某	1
太田垣某	1
タウラ某	1
合計	30

※使者名の不明な場合を除く

他方、垣屋氏や太田垣氏などの重臣は応永年間から京都側の取次窓口や在京守護代として活動していた。一例を挙げると、応永一七（一四一〇）年、在京守護代の太田垣氏は祇園社領備後国小童荘（保）に対する外宮役夫工米催促停止の指示を在国守護代の犬橋氏に対して伝達していた(39)。また、この時の幕府奉行人奉書は太田垣氏宛てに発給されているほか、関係する祇園社執行顕縁の書状はいずれも太田垣氏宛てに集中しているように京都側窓口が太田垣氏であった様子がわかる(40)。さらに、第三節で取り上げる後年の事例ではあるが、太田垣・犬橋両氏は安芸国支配にも関与しており、祇園社の例に限らず、備後・安芸両国支配は都鄙をまたいだ両者の連携により実行されていた。

しかし、永享三年、時熙の意を受けた国衙が安芸国厳島社領の違乱停止を指示する奉書を安芸毛利氏に対して伝達しており[41]、従来の支配経路とは異なっている。また、この時の国衙は厳島神主に対して「京都事ハ心得可レ申候」と述べており[42]、京都側の取次役として動いているように、応永年間の太田垣氏と同様の動きを示している。新たな支配回路に山口氏が関与している点、それまでは山口氏の動きが明確に見えない点を踏まえると、永享年間に入ると山口氏が新たに重臣相当の役割を果たす存在として活動するようになったといえよう。

このように、吉田氏の取り上げた国衙は従来当主近習の地位にあり、山名惣領家の権力内部では目立たない存在であったが、永享年間に入ると惣領家内部で急速に台頭していった。それではなぜ国衙は台頭したのであろうか。次項で考察しよう。

（二）山口国衙の台頭とその背景

まず、山口国衙台頭の背景を当時の中央政界の動きから見ていくと、足利義教政権下における大名衆議と諮問形態の変化との関連が考えられる。吉田氏によれば、永享二年八月を境に義教による諸大名への諮問方式が変化しており、管領を経由した間接的な諮問から、各大名の意見を個別に聴取する直接的な方式が増えていく中で畠山満家・山名時熙両人（いずれも「宿老」）の意見が重視されたという[43]。また、同じく吉田氏によれば、諸大名の意見は奉行人が取りまとめたうえで厳格な手続きを経て義教に披露したが、宿老の意見は満済が「内々」に義教へ伝達したとされる。

この永享二年八月は初めて国衙が満済の日記に登場した時期と合致する。義教からの意見聴取や大名側からの意見上申などの際、山名氏の場合では垣屋氏や太田垣氏、田公氏のような重臣が使者として派遣された事例が散見されるが、時熙個人に直接宛てた「内々」的性格を帯びた意見聴取や連絡に関しては、時熙近習の国衙が満済・時熙間の使者・取次の役割を担うことに繋がったのであろう(44)。こうした変化は国衡を表舞台に登場させる契機になったと考えられる。

一方で国衡は主人・時熙の在京活動を下支えする存在でもあった。永享二年、名医として知られた僧・医徳庵を京都に召還するため、義教の上意を受けた時熙の指示で国衡ら山名氏被官が奔走している(45)。とりわけ国衡は医徳庵と交友関係を有しており、国衡の持つ人脈が活用されている。吉田氏が指摘するように、大名内衆の都鄙間活動の一端を示すものであり、大名内衆の人的ネットワークが上意実現に利用された様子を示す事例として注目される。

さらに国衡の持つ人脈は上意実現だけでなく、別の場面でも活用されている。

【史料二】

十一日（中略）山口遠江守参申入、渡唐船事ニ付テ条々申、大略落居云々、珍重、次物語申、此一両日事歟、於二建仁寺一白昼僧ヲ一人召取号二幸首座一　並岡辺ニテ切レ首云云、近比不思議云々、仍此本人僧同建仁寺昌首座ト云々、為二公方一被二召取一究問之間、相語者共悉白状云々、京極内者、上杉四郎内者、細河刑部少輔内者等云々、昨日又於二相国寺一喝食ヲ僧カ殺害、此喝食ハ山名親類云々(46)、

【史料三】

廿六日（中略）渡唐使者僧永頊都寺来山口遠江守弟、対面、渡唐可レ為二来八月中旬比一之由、其沙汰之由申了、

条々以二西南院一問答了(47)、

史料二・三は永享六年度の遣明船派遣に関する『満済准后日記』の記事である。この時、醍醐寺と山名氏は共同出資して遣明船を一艘派遣しており、史料二には満済のもとを訪れた国衡が「渡唐船事」について「大略落居」と述べたとある。国衡が山名氏・醍醐寺の共同出資船に関与していたことがうかがえる一方、史料三からは国衡の弟が遣明使節の一員であった点も判明する。こうして見ると、国衡が遣明船の件で活動できた背景には遣明使節であった実弟

との繋がりが存在していたのではないか。本郷和人氏は満済と時熙の間で親密な協調関係が存在したとするが[48]、両者の協調関係を代表するような共同出資船派遣を例に見ると、国衡は両者を結び付ける媒介項ともいえる存在であったと評価できるだろう。

さらに永享五年二月の北野社一万句連歌興行の際には、時熙の座に国衡が加わっている[49]。北野社一万句連歌は義教主催の公式儀礼行事であったとされるが[50]、国衡はそのような公式の場に連衆の一員として参加できる程度に相応の力量を備えた被官であったといえる[51]。

このように、満済・時熙間を中心に奔走した国衡は自己の人脈や技量を駆使しつつ、在京奉公を展開していた。のちに国衡は伊賀守護代の座を得るだけでなく、永享三年に入ると公式的な諸大名への諮問の使者にも選ばれている。永享三年後半以降は垣屋氏や太田垣氏などに代わって国衡一人が参上する場面が急増しており[52]、前述のとおり山名氏内部で重臣相当の地位に上昇していった様子がうかがえる。また、永享五年四月には大内氏在京雑掌の安富氏からの情報提供を受けて京都潜伏中の大内満世を討ち果たしている[53]。当時、幕府側は大内持世と連携しつつ、北部九州情勢や大内氏内部問題に対処しており、山名氏も同様の立場で動いていた。大内氏の家督争いで持世と対立した満世の討伐に国衡が従事した点も主人時熙に対する在京奉公の一環であり、さらには幕府に対する間接的な在京奉公に繋がっていくと理解することができる。川口成人氏は在京奉公が大名被官の家格定着や地位上昇に繋がる点や在京奉公の連鎖的側面を指摘しているが[54]、国衡もかかる指摘に該当する存在といえよう。在京奉公により時熙を支えた結果、時熙に重用された国衡は短期間のうちにその地位を上昇させていったのである。

加えて国衡は時熙の重用を受ける一方で、史料二後半にあるように満済に対して自己の保持する情報を提供する場面も見られるほか、先に述べた医徳庵を満済に紹介・斡旋した事例も確認できる[55]。満済・国衡間の関係もまた親密であった。前掲史料一にある替地申請は満済との繋がりをもとに「内々」の訴訟を行った結果実現しており、在京奉公のもたらした副産物といえよう。

以上、ここまで山口国衙の性格とその台頭について述べたが、本来、国衙は当主近習の地位にあった。永享年間に入り、義教の大名諮問形式が変化すると国衙は、満済・時熙間の取次・使者を中心に活躍するようになり、自己の人脈や技量をもとに在京奉公を展開した。その結果、時熙の重用を受けて伊賀守護代に任じられるなど重臣の地位にまで急速に上昇していったのである。

三　山名持豊の家督継承と山口氏

前節まで山口国衙の活動と山名氏権力内部での台頭について述べたが、その後の山口国衙はどのような動きを見せていくのだろうか。ひとつ注目したいのは、永享五（一四三三）年八月に山名時熙からその子・持豊へ家督が譲渡されている点である(56)。まず、家督譲渡直後の山名氏権力内部を見ていこう。

石清水八幡宮社家・善法寺家の引付記録によれば、永享五年一一月に持豊から石清水八幡宮へ音信があった際、垣屋熙続が奉書を発給している(57)。また、同年一二月、永享の山門騒動に際して出陣した山名時熙が三井寺へ下向した時には持豊・垣屋熙続・山口国衙へ巻数が送られている(58)。この時、時熙・持豊父子は共に出陣しており(59)、垣屋・山口両氏も同道していたと考えられる。これまで述べてきた時熙・国衙の関係を踏まえると、当時の山名氏内部では時熙・国衙と持豊・熙続の二系統の結合が存在していたといえる。

その後、時熙は永享七年七月に死去するが、死去直後に発給された安芸厳島社領の安堵に関する史料では、再び犬橋氏と太田垣氏が関与した形跡が見られる。

【史料四】

（端裏書）
「御柱立日幷（次）之事」
就二当社御遷宮日次事一御状之旨則致二披露一候、仍其通被二伺申一候之間、被レ執二下吉日一候、目出候、さ様□（之）次第以レ状被レ申候、次　御神領惣安堵之事ニ付て、犬橋方よりの状委細令二披露一候、同奉行方へ被レ申候処、御支証以二正文一御申可レ然之由申候、其趣委細回暉庵令レ申候、定可レ被レ申候哉、就中三百疋拝領、不二存寄一御芳志之至祝着千万候、仍雖二軽微憚存候一鞦一具赤大形令二進覧一候、併御礼斗候、長々御在陣御辛労乍レ恐奉レ察候、於二向後一細々蒙レ仰又可二申入一候、恐々謹言、

（永享七年）七月十七日　　時朝（花押）

厳嶋殿

御返報

「（礼紙切封）」[60]

史料四の傍線部には「惣安堵」について犬橋氏からの書状を披露したとある。吉田賢司氏によれば、時朝は持豊に近い在京内衆という[61]。この場合の披露対象は持豊であろう。差出人の時朝は『広島県史　古代中世資料編Ⅱ』では姓不詳とされているが、応永年間の安芸・備後両国支配には在京守護代の太田垣氏が関与していた。本来は在京する太田垣氏と在国する犬橋氏の相互連携で支配が展開していた点、太田垣氏は朝を通字とする一族である点を踏まえると、時朝は太田垣一族と考えられる。前述したように永享三年時点の安芸厳島社領の京都側窓口は山口国衡がつとめていたが、史料四からは応永年間と同一の支配形態が再び復活しているといえよう。時熙の死去直後にはすでに山口氏の関与が見られないことは注目すべき点であるうえ、時熙の死後、国衡は史料上で確認できなくなるのである。

ではこのような状況はなぜ生まれたのであろうか。それは持豊の家督継承をめぐる内部事情との関連が考えられる。

時煕の死没直後、「遺跡兄弟相論可ニ籍乱一歟」と伝えられており、[62]兄弟間の争いが懸念されていた。この時点で生存していた時煕の実子は持豊（三男）と永享三年に追放された持煕（二男）である。実際、永享九年に持煕は備後国で挙兵しており、[63]川岡勉氏が指摘するように当初の持豊は盤石な形で家督継承を実現させたとはいえない。[64]永享九年の反乱は速やかに鎮圧されたものの、持豊は兄・持煕の存在という不安定要素を抱えた状態で出発したのである。

こうした中、永享一二年に持豊が侍所頭人に就任すると垣屋煕続も侍所所司代に就任している。[65]永享五年以来、持豊と煕続の密接な関係は継続していることが見えるが、先に述べた安芸・備後支配が応永年間の状況に復帰した点、山口国衡が登場しなくなる点を踏まえると、新たに台頭した山口氏ではなく、垣屋氏や太田垣氏といった従来の重臣層を基盤とする路線を持豊は選択したと指摘できるのではないか。山口氏は永享年間前期にかけて台頭した被官であり、本来重臣ではなかった。また、近習出身で時煕との個人的紐帯に基づいて台頭した経緯から、後ろ盾である時煕が亡くなれば、山名氏内部での国衡の立場とその基盤は依然として弱かったことが考えられる。ただでさえ、不安定要素を抱えていた持豊にとって国衡を引き続き重用するよりは、垣屋氏といった既存の重臣層を重視する方が足場固めには最適であったといえよう。

このように、持豊の家督継承と時煕の死去を経て、国衡は山名氏権力の中枢から退けられていった。時煕から持豊へ家督が移り変わる過渡期の山名氏権力内部でこのような変化が存在した点は従来指摘されていなかった事実である。山名氏の重臣層は明徳の乱後、戦国期に至るまで固定されていたわけではなく、時期と政治状況によって差異があった点は強調しておきたい。吉田氏が取り上げた山口国衡はそうした意味においても興味深い動きを示す被官と評価できる。

その後の山名氏は譜代被官の垣屋氏を筆頭に太田垣氏ら但馬国人出身者が重臣層を構成しており、結果的に山名氏では在京被官出身者が重臣層に定着することはなかった。しかし、重臣層の構成に変化が少ないように見える山名氏においても、山口氏のような在京勢力出身の被官が在京奉公の結果、一時的に台頭しており、その後の展開次第によっては新たな重臣として定着することも十分にあり得たといえる。付言すると、こうした事例は山口氏に限った特殊なケースとはいえない。例えば、嘉吉の乱以降に登場する八木宗頼は、山口氏と異なり但馬国人出身であるが、息子・遠秀が垣屋氏の偏諱を受けていたことに加えて、本来重臣層に属する被官ではなかったとされる(66)。八木氏の場合、在京する主人持豊の下で使者をつとめた一方で持豊の文化的活動も補佐し、京都社会の中で広い交友関係を保持していた(67)。これらの点からは山口氏と同様に在京奉公に伴う家格上昇が考えられるが、とりわけ和歌・連歌などに秀でたことが知られる八木宗頼は文化的活動での活躍が評価されたのを背景に台頭していったと考えてもよいだろう(68)。一五世紀以降の山名氏重臣層にもこのような経緯で新たに構成員として追加される者が存在したのである。

以上の事例からも、被官の在京奉公による家格上昇という視点は当該期における在京守護家の内部構造を見る際に無視することはできない。これまで述べてきた在京勢力の被官編成を含めて、在京守護家の構成員とその実態について都鄙をまたぐ社会構造の中で理解する取り組みが求められていると改めていえよう。

おわりに

以上、本章では南北朝・室町期にかけて京都で権力編成された守護被官の実態について山口氏を素材に明らかにした。山口氏の場合、大名被官による都鄙間活動の一端を示すだけでなく、山口氏が元将軍近習で守護被官に転じた点、永享年間の国衙が在京奉公の成果として自身の地位を上昇させた点を指摘した。これらの点は従来の山名氏研究では十分認識されておらず、このような在京勢力を取り込みつつ山名氏権力が段階的に展開した点、さらには在京奉公による家格上昇が山名氏権力内部における地位の変化に繋がる点はその被官組織の内実と変遷を見る際に留意しなければならない要素である。

その一方、河村昭一氏は室町期守護の重臣には在京勢力出身者が少なからず含まれているとするが、(69)本章で取り上げた山名氏被官の場合、山口氏は一時的に台頭するも前述のとおり重臣層の多くは但馬出身者で占められており、異なる特徴を見せている。守護家ごとに内部構造は異なることが知られているが、在京勢力の権力編成状況についても当然のことながら家ごとに差異が存在すると考えられる。この点は在京守護家の権力論全般に関係する課題となるだろう。

山名氏の場合、その分国内で被官組織に組み込まれた諸領主の存在が注目される一方で、京都における権力編成を考察する動きが乏しかった。しかし、山名氏権力のうち近習・奉行人層には、榎原雅治氏が紹介された在京奉行人松田氏のほかにも、布施氏や下津屋氏といった在京勢力出身と推測される被官が複数存在する。(70)本章で取り上げた山口氏もかかる存在の一員といえる。但馬出身の領主を主体とする重臣層に比べて、近習・奉行人層には京都で被官編成された存在が含まれている点は特徴的である。本章では十分に取り上げることができなかったが、山名氏当主近習・奉行人集団の形成とその構成はもう一つの課題として掲げておきたい。

最後になるが、その後の山口氏の動向を述べて結びとしたい。山口氏の姿は再び史料上に見えなくなるが、一六世紀以降の山名氏被官には衡の通字を用いる山口一族を確認できる。例えば、天正四（一五七六）年、出雲国鰐淵寺造営に協力した因幡国鳥取城主・山名豊国（惣領家出身）の被官に山口好衡なる人物が見える。(71)永享年間の山口国衡とは一〇〇年以上離れているが、衡を通字とする点で共通しており、国衡の子孫と見てよいだろう。物領家被官にも山口姓の人物が再び複数名確認できるが、当主側近で取次役をつとめている場合が多い。(72)国衡以降の山口氏は当主近習の地位に戻り、戦国末期までその地位を維持したのである。なぜ山口氏が再度表舞台に登場するようになるのかという点は戦国期山名氏権力の特質とも深く関係する内容であるため、この点も今後の課題に加えたいと考える。このように積み残した課題は多いが、ひとまず章を閉じたい。

注

（1）山田徹「室町領主社会の形成と武家勢力」（『ヒストリア』二二三、二〇一〇年）、同「室町時代の支配体制と列島諸地域」（『日本史研究』六三一、二〇一五年）など。
（2）松井直人「中世後期における武士の京都在住の構造」（『日本史研究』六六九、二〇一八年）、川口成人「大名被官と室町社会」（『ヒストリア』二七一、二〇一八年）など。
（3）川岡勉「守護権力の変質と戦国期社会」（『室町幕府と守護権力』吉川弘文館、二〇〇二年、初出一九九九年）、同「守護権力の文書と家臣団編成」（研究代表者・矢田俊文『室町・戦国期畠山家・赤松家発給文書の帰納的研究』平成一三〜一四年度科学研究費補助金研究成果報告書、二〇〇三年）。
（4）河村昭一『南北朝・室町期一色氏の権力構造』（戎光祥出版、二〇一六年）。
（5）榎原雅治「一揆の時代」（『日本の時代史一一　一揆の時代』吉川弘文館、二〇〇三年）。幕府奉行人一族が守護被官となる事例自体は様々な先行研究で指摘が存在しているが、近年の研究では森幸夫「南北朝動乱期の奉行人斎藤氏」（『中世の武家官僚と奉行人』同成社、二〇一六年、初出二〇一一年）、田中誠「室町幕府奉行人在職考証稿（二）」（『立命館文学』六五三、二〇一七年）など参照。
（6）前掲注（2）川口論文。
（7）宿南保「但馬山名氏と垣屋・太田垣両守護代家」（石井進編『中世の村と流通』吉川弘文館、一九九二年）、川岡勉『山名宗全』（吉川弘文館、二〇〇九年、九〇〜九五頁）。なお、本章でいうところの山名氏とは特に断りのない限り惣領家を指している。
（8）片岡秀樹「『一条殿御会源氏国名百韻』の詠者八木宗頼について」（『季刊ぐんしょ』三九、一九九八年）、同「但馬山名氏周辺の連歌」（『歴史と神戸』五六―二、二〇一七年）など。
（9）榎原雅治「新出「丹後松田系図」および松田氏の検討」（『東京大学史料編纂所研究紀要』四、一九九四年）。また、山城国伏見荘の住人が山名氏被官となった事例も指摘がある（志賀節子「室町期伏見庄の侍衆をめぐって」『中世荘園制社会の地域構造』校倉書房、二〇一七年、初出二〇〇五年）。

(10) 吉田賢司「在京大名の都鄙間交渉」（『室町幕府軍制の構造と展開』吉川弘文館、二〇一〇年、初出二〇〇五年）。
(11) 『満済准后日記』永享三年六月九日条。
(12) 但馬国朝来郡山口荘については「山口村」（平凡社地方資料センター編『日本歴史地名大系　第二九巻　兵庫県の地名一』平凡社、一九九九年）、当地を本拠地とした武士・山口氏は『吾妻鑑』文治三年一一月二五日条をそれぞれ参照。
(13) 小坂博之『山名常熙と禅刹』（楞厳寺、一九七六年、一八三頁）。
(14) 山口姓の武士については、『太平記』に高氏の「執事」として見える「山口入道」をはじめとして、紀伊国や丹後国などの諸国にも散在している。このうち、高氏に近い山口氏は遠江国出身の高一族とされる（兵藤裕己校注『太平記（四）』岩波書店、二〇一五年、四三九頁）。観応二年の摂津打出浜合戦後、高一族が殺害された際にも山口姓の人物が死亡しており、後述するような山口平《(衡)》明の没落と関係する可能性もあろう。ただし、系譜的な繋がりを示す他の史料に乏しいため、ひとまず両者の関係は今後の課題としておきたい。
(15) 『天龍寺造営記』康永元年一二月五日条（『鹿王院文書の研究』三七号）。
(16) 文和四年二月二五日「足利尊氏近習馬廻衆連署一揆契状」（『南北朝遺文関東編』二六三四号）。本史料に見える人々が尊氏近習である点は、福田豊彦「『越前島津家文書』文和四年の一揆契状」（『室町幕府と国人一揆』吉川弘文館、一九九五年、初出一九八九年）参照。
(17) 『祇園執行日記』観応元年六月一一日条。
(18) 『祇園執行日記』康永二年八月一二日条。なお、山口弾正左衛門は顕詮の屋敷のひとつである四条坊門第を短期間ながら借家している。顕詮と武家の交流については、辻浩和「南北朝期祇園社における居住と住宅」（『立命館文学』六三七、二〇一四年）に詳しく、山口氏の事例も言及がある。
(19) （年月日未詳）「田代顕綱言上状案」（『高石市史　第二巻　史料編二』一三六号、田代文書）、観応二年四月日「某訴状案」（『高石市史』一八八号、田代文書）。なお、東京大学史料編纂所影写本をもとに一部の文字翻刻に修正補足を加えた。
(20) 廣田浩治「南北朝内乱期の畿内在地領主と地域」（『日本史研究』六五八、二〇一七年）。
(21) 前掲注(16)福田著書「室町幕府の奉公衆（二）」（初出一九七一年）。
(22) 前掲注(4)河村著書「小笠原長房の出自」（初出一九八九年）。
(23) 前掲注(19)「某訴状案」。

(24)『細川頼之記』(『新訂増補史籍集覧』第二四冊、一三〜一四頁)。
(25)小川信『細川頼之』(吉川弘文館、一九八九年、初版一九七二年、一〇四〜一〇六頁)。
(26)前掲注(16)福田著書「室町幕府の御家人と御家人制」(初出一九八一年)。
(27)『明徳記』中巻。なお、本章では和田英道『明徳記　校本と基礎的研究』(笠間書院、一九九〇年、一五九頁)掲載の翻刻を参照した。和田著書の伝本整理によれば、宮内庁書陵部本が古態を伝える初稿本の中でも善本とされるため、本章の引用は宮内庁書陵部本に拠った。
(28)田中誠氏によれば、幕府奉行人・安富氏は周防国に所領を有していた関係から大内氏被官に転じていったという(前掲注(5)田中論文)。地方の所領を介した被官化事例として示唆的であり、山口氏もその可能性が想定される。
(29)『後深心院関白記』永和四年一二月二一日条、『後愚昧記』同年同月二三日条。
(30)山田徹「南北朝後期における室町幕府政治史の再検討(中)」(『文化学年報』六七、二〇一八年)。
(31)『明徳記』には因幡守護山名氏家の被官「山口彦五郎」も登場する(前掲注(27)和田著書一四六〜一四七頁)。また、後年の事例であるが、嘉吉の乱前後の石見守護山名氏被官には山口守衡なる人物が確認できる(拙稿「石見守護山名氏の権力構造とその変遷」『古代文化研究』二七、二〇一九年、本書第二部第二章として収録)。拙稿で述べたように石見守護山名氏の被官組織は南北朝期に編成された者たちを中核としていた。これら庶流家の山口氏も氏清方の山口氏と同族関係にあり、同様に京都で編成された存在と考えてよいだろう。
(32)前掲注(13)小坂著書一七八〜一七九頁、前掲注(7)川岡著書一四頁。
(33)市川裕士「室町期における山名氏の同族連合体制」(『室町幕府の地方支配と地域権力』戎光祥出版、二〇一七年)。
(34)前掲注(7)宿南論文、川岡著書九〇〜九五頁。ただし、乱後の氏清被官の具体的な動向や時熙との関係形成は不明な点が多く、今後の課題としたい。
(35)前掲注(10)吉田論文。
(36)『善法寺家引付』永享五年五月三日条。
(37)『満済准后日記』永享二年八月七日条。
(38)例えば、『満済准后日記』永享三年五月晦日条。この日、国衙は時熙から満済に宛てた仏事料二千疋を持参している。
(39)応永一七年一〇月一三日「太田垣通光書状案」(『増補八坂神社文書』一九九七号)など。

(40) 応永一七年一〇月九日「室町幕府奉行人連署奉書案」(『増補八坂神社文書』一九九六号)、(応永一七年)一〇月九日「社務執行宝寿院顕縁書状案」(『増補八坂神社文書』一九九九号)。また翌年、内宮役夫工米の京済を指示する幕府奉行人の書状も太田垣氏に対して発給されている〈応永一八年〉七月一七日「治部河内守書状案」『増補八坂神社文書』二〇〇三号など)。

(41) 永享三年一〇月一七日「守護山名氏奉行人書状案」(『広島県史　古代中世資料編Ⅱ』所収「厳島野坂文書」一七六二号)。以下、本史料集所収同家文書より引用する際には文書番号のみ記す。

(42) (永享三年)一〇月一七日「守護山名氏奉行人書状案」(厳島野坂文書一七六三号)。

(43) 前掲注(10)吉田著書「管領・諸大名の衆議」(初出二〇〇一年)。

(44) 『満済准后日記』永享三年五月一二日・七月一六日条など。例えば、七月一六日の事例を見ると、厳格な意見聴取の場では垣屋・太田垣両氏が使者を担う一方、満済が時熙本人と直接連絡を取る際の使者には山口氏が派遣されている。

(45) この時の国衙の動きについては前掲注(10)吉田論文参照。

(46) 『満済准后日記』永享六年七月一一日条。

(47) 『満済准后日記』永享六年七月二六日条。

(48) 本郷和人「『満済准后日記』から」(『遥かなる中世』八、一九八七年)。

(49) 「北野社一万句御発句脇第三次第幷序」(宮内庁書陵部蔵、桂宮本)。

(50) 廣木一人「「永享五年北野社一日一万句連歌」考」(『連歌史試論』新典社、二〇〇四年、初出一九九七年)。

(51) 時熙の座に参加した者たちの素性は不明な場合が多いが、このうち「熙利」は山名氏清の孫・熙利のことであろう。永享九年一一月、熙利は「五十番連歌合」を記して連歌師・宗砌の判を受けているなど、文化面での活動が確認できる人物である(金子金治郎『新撰菟玖波集の研究』風間書房、一九六九年、二八一~二八六頁)。また、同じく見える「熙兼」は時氏の弟・兼義の子孫に当たる庶流と思われる(池田本「山名系図」)。なお、垣屋氏のような重臣の名前が確認できないのも連歌の力量の有無が影響した可能性がある。

(52) 『満済准后日記』永享三年一一月二一日条など。例えば、永享三年一一月の九州北部情勢に関する諮問事例では管領(斯波氏)、畠山氏、山名氏の三者が呼び出されているが、他の大名が二人ずつ使者を派遣したのに対して、山名氏は「山口一人」が参上している。

(53)『満済准后日記』永享五年四月二〇日条。
(54)前掲注(2)川口論文。
(55)『満済准后日記』永享三年六月一八日条。
(56)『満済准后日記』永享五年八月九日条。
(57)『善法寺家引付』永享五年一一月二二日条。
(58)『善法寺家引付』永享五年一二月二日条。
(59)『師郷記』永享五年一一月二七日条。
(60)（永享七年）七月一七日「時朝書状」（厳島野坂文書一八五二号）。
(61)前掲注(10)吉田著書「室町幕府の守護・国人連合軍」（初出二〇〇九年）。
(62)『看聞日記』永享七年七月四日条。
(63)『薩戒記』永享九年七月一六日、八月一日条など。
(64)前掲注(7)川岡著書一九～二八頁。
(65)例えば、永享一二年一〇月七日「室町幕府侍所頭人山名持豊遵行状案」（『史料纂集古文書編　京都御所東山御文庫所蔵地下文書』一六―三号）は所司代の垣屋熙続宛てに発給されている。
(66)片岡秀樹「史料・記録にみる八木一族」（『よみがえる八木城跡』八鹿町教育委員会、一九九九年）。
(67)前掲注(8)・(66)片岡論文のほか、下田英郎「八木但馬守宗頼と和歌」（『史跡八木城跡』八鹿町教育委員会、一九九四年）。
(68)文化的活動に伴い自身の立場を上昇させていく事例は細川家被官・高安氏の場合でも確認できるという（前掲注(2)川口論文）。
(69)前掲注(4)河村著書「序論」。
(70)応仁・文明の乱後、布施氏は在京雑掌の一人として登場する（『蜷川親元日記』文明一三年三月三〇日条など）。また、下津屋氏は当主近習（馬廻衆）として見える（『蔭凉軒日録』長享二年九月二日条）。
(71)（天正四年）五月三日「山口好衡書状」（『出雲鰐淵寺文書』二九五号）など。
(72)（天正四年頃ヵ・月日未詳）「山名韶熙（祐豊）・同氏政連署書状」（『新鳥取県史　資料編　古代中世一　古文書編下』一

一一二号、中村文書）、（年未詳）七月二二日「山名氏政書状」（『兵庫県史　史料編　中世三』所収「神床文書」一八号）などには、山口遠江守や山口木工助が取次役として見える。

第二章　石見守護山名氏の権力構造とその変遷

はじめに

室町期の諸国守護権力については、これまで様々な研究の蓄積が見られる。とりわけ川岡勉氏は守護を室町期の社会構造を見るうえできわめて重要な存在と位置付けると共に、守護の権力組織は南北朝期に被官化された中小規模の領主を基礎とする形で守護一門・譜代被官によって構成されており、一五世紀半ば以降、分国内の国人を権力編成していく傾向が見られると指摘している(1)。川岡氏の指摘は当該期の守護権力の内部構造を見る際に参考となる一つの指標と思われるが、他方、守護家や地域によってその支配体制・権力構造の在り方が多様である点も指摘されている(2)。この点は個別具体的な検討を深める必要があろう。

ところで近年、室町期の支配体制に関して在京領主による集団支配に注目する議論が登場している(3)。山田徹氏の「室町領主社会」論をはじめとして室町殿との親疎、在京と非在京といった視点から室町期特有の支配構造を説くようになっているが、注目したいのは河村昭一氏による在京守護の一色氏に関する研究である(4)。河村氏は山田氏の提起された議論をもとにして一色氏の権力構造を考察したが、とりわけ京都における守護の権力編成、将軍権力と守護被官の距離といった視点を重視している。かかる視点についても留意しつつ個別の事例を検討していく必要がある。

本章で取り上げる石見国については、南北朝末期に隣国の大内氏が守護をつとめていたが、応永の乱を契機に大内氏は石見守護を解任され、京極氏を経て山名氏が新たな守護に補任された。その後、永正年間に解任されるまで代々守護職を継承していったが、先行研究によれば、邇摩郡を分郡知行する大内氏の影響力が国内に残存し、独立的な国人が割拠する状況の下で石見守護山名氏の分国支配は脆弱であったと評価されてきた。(5)その一方で近年、山下和秀氏や渡邊大門氏が石見守護山名氏による国人への軍勢催促や在地の紛争介入、守護奉行人組織の整備などの側面を明らかにしているほか、(6)川岡氏は石見守護山名氏が国人間の自立的な地域秩序を尊重しつつ、徐々に守護支配を浸透させていったと指摘している。(7)山名氏の支配が貫徹しない場合も多々あるが、守護の支配機構がまったくの未整備であったわけではなく、応仁・文明の乱初期まで守護の発給文書を継続して確認できる。しかし、分国支配を支えた守護家の権力構造、とりわけ被官組織の具体的な様相は依然として不明な点が多い。また、筆者は別稿で応仁・文明の乱時に石見守護山名氏権力に深刻な内部分裂が生じた点を指摘したが、(8)その前提となるはずの応仁・文明の乱以前の権力構造についての言及が不十分であった。

そこで本章では石見守護山名氏の権力構造とその変遷を具体的に考察していきたいと考えるが、留意したいのは石見守護山名氏が常時在京する存在（在京守護）であった点である。この点は、隣接する大内氏とは異なるだけでなく、在国する領主が大半を占める石見国とその周辺地域では特徴的な存在ともいえるが、従来在京守護という側面に注目して論じた研究は乏しかったように思う。前述した「室町領主社会」の構成員でもあった石見守護山名氏はいかなる権力構造を成したのだろうか。特に本章では石見国支配を担った守護代、石見・京都双方の被官を中心に石見守護家の権力構造に迫りたい。

一　守護代の人員構成と性格

（一）守護代の人員と変遷

石見守護の場合、守護は常時在京していたが、守護代は京都と石見を往来して分国支配に従事、あるいは軍事活動の中心として動く存在であった。まずはその人員とその変遷を確認していきたい。

①氏利期

応永六（一三九九）年、石見守護をつとめてきた大内氏が応永の乱を起こすと、新たな石見守護として京極高詮が補任されたが、間もなく山名氏利が次の守護に任じられた。氏利の守護就任については、岸田裕之氏が大内盛見を討伐する目的で山名氏を周辺諸国の守護として配置したと論じられており、氏利の分国支配は惣領山名時熙の影響下にあったとしている[9]。

川岡勉氏によれば、氏利の守護代には富坂氏が任用されたが、応永七年頃、富坂氏は強引な支配を行おうとして石見国人の反発を招き、義満の怒りをかったという[10]。一報に接した足利義満は「以外ニ御腹立」とあり、守護代富坂氏の行為に立腹すると共に「石州さたの事」は大内氏の問題を片付けた後に沙汰をすると述べている[11]。また、まずは大内氏問題への対処を優先せよとの下知を時熙らに対して発しており[12]、守護代の行動に敏感に反応している様子がうかがえる。その後、富坂氏の動きは確認できなくなり、応永九年には惣領家被官の犬橋満泰が守護代として活動している[13]。原慶三氏によれば、大内氏の家督争いをめぐる対応を優先する中でいたずらに周辺情勢を悪化させかねない動きをした富坂氏は解任されたという[14]。義満の反応などを踏まえると、障害となる富坂氏は排除されるべき存在であろう。筆者も基本的に原氏の見解を支持したい。

さらに注目したいのは次の守護代として見える犬橋氏が義満の偏諱と思われる「満」の字を冠している点である。この点は将軍権力とも近しい関係にある人物であったことを示している[15]。岸田氏が指摘するように、当時の石見国支配は惣領家の「総合的支配」の下で実施されており[16]、犬橋満泰の任用もその延長線といえるが、犬橋氏の性格が単なる惣領家被官に止まらず、義満との関係も想定される点は留意しなければならない。

その後、氏利は安芸に出陣するが、応永一二年後半〜一三年正月までの間に「不慮之儀」により死亡したという。応永一二年一一月には「石見国守護代山名入沢四郎」の名前が見えるため、氏利の死の直前の守護代には山名庶流の入沢氏が任用されていたことが確認できる[17]。

【史料一】

左京亮(氏利)為二芸州合力一被二差下一候之処、不慮之儀無二是非一候、雖レ然右京亮(時久カ)発向候、守護代入沢八郎左衛門入道
同下向候、彼是付て早々出陣可レ然之由　上意にて候、為二御心得一申候也、恐々謹言、
(応永一三年)正月廿八日　常熙（花押）
周布次郎(兼宗)殿[18]

史料一は氏利の死亡を伝える山名時熙（常熙）の書状であるが、代わりに安芸に発向した山名右京亮について、その守護代である入沢八郎左衛門入道も同道しており、氏利・右京亮ともに入沢氏が守護代の地位にあったことが判明する。川岡氏によると、入沢氏は次に石見守護となる山名義理（道弘）の被官であったとされるが[19]、実際には義理の守護補任よりも先行して守護代として活動していたことがわかる。

氏利期の守護代については、氏利の守護在職期間である約六年のうちに富坂氏以外にも犬橋氏や入沢氏といった人

物が検出できる。史料的制約が大きい中での推測になってしまうが、短期間のうちに頻繁な守護代の交代がみられたと思われる。そもそも氏利自身はこれ以前に守護を経験した形跡がない。そのうえ、父の氏清は明徳の乱で死亡している。頻繁な交代という不安定さは、氏利自身の権力基盤の脆弱性を示しているのではなかろうか。このうち、富坂氏に関しては、原氏が山城国富坂荘出身の可能性を説き、あわせて所領経営の専門家ではないかと指摘している。氏利の父・氏清は山城守護をつとめたこともあったから、その時に被官化された可能性もあるだろう。一方で注目したいのは、のちに富坂氏が東寺に対して安芸国衙代官職の補任を所望した点である[20]。原氏が指摘するように、この富坂氏も石見守護代をつとめた人物と同一であろう。しかし、当時の安芸守護山名満氏は富坂氏の補任案を許容せず、東寺側は富坂氏の申し出を謝絶した[21]。このように、富坂氏は山名氏側と必ずしも一致した行動を取っていたわけではなく、少なくとも山名氏と強固に結ばれた被官関係にあったとは認めがたい。この事例からも氏利がしかるべき権力基盤を有していたのか疑わしいといえる。

一方、富坂氏の行動に義満が激怒して以降、富坂氏の姿が見えなくなったように、守護代交代の背景には上意や惣領の意向が働いていたと見られるが、石見国内に基盤を構築しようとする氏利を支援する意図も含まれていたと考えられる。とりわけこの時期の石見国周辺では大内氏の家督争いや安芸国人一揆といった軍事的混乱が広がっており、石見守護代は度々国人を率いて軍事行動を展開していた。現地における軍事行動の中核であった守護代は重要な役割を帯びた存在であり、その器量に耐えうる人物が上意や惣領の意向を受けて氏利の下に派遣されたと思われる。頻繁な交代の背景には、氏利の権力基盤が脆弱であったことに加えて、当時の石見周辺における軍事的緊張状態も影響していたのであろう。

また、後任の守護である義理の補任よりも早く入沢氏が任用されている点も特徴的である。入沢氏は南北朝期に義理の下で美作守護代をつとめた一族であるが[22]、氏利との関係は不明である。さらに惣領家被官の犬橋氏の任用事例も物領の意向を受けた緩やかな繋がりであったと見てよいだろう。

踏まえると、富坂氏以後の守護代には必ずしも氏利の被官が起用されたわけでない。氏利と守護代の関係は、上意や

②義理・常勝期（応永年間）

応永一三年正月までに氏利は死亡し、次に守護に任じられたのは山名義理であった[23]。その後、応永一五年以降は義理の子・常勝が守護として活動し[24]、義理とその子孫が守護職を代々継承していった。ここでは応永年間の守護代について見ていく。

義理期の守護代については、すでに触れたように川岡氏が入沢氏の在職を指摘している。入沢氏は山名庶流であり、南北朝期に義理の下で守護代をつとめた経験のある一族であった。先に述べたとおり、入沢氏の守護代としての活動は氏利期まで遡り、義理の守護補任よりも先行して活動していた。義理期の守護代として確認できるのは、入沢土佐入道慶明という人物であり、応永一四年一二月には益田氏の所領安堵などの遵行・同氏の段銭納入について、入沢慶明宛ての伝達がなされている[25]。応永一四年末時点での慶明の居所は不明であるが、応永一六～一七年頃と思われる在京守護被官大町氏の書状によると、「入沢殿下向候」とあるので、この頃には一時的に上洛することがあったと考えられる[26]。氏利期の入沢氏は在国して石見とその周辺部における軍事行動を率いていたが、次第に周辺情勢が沈静化するにつれて、京都と石見を往来するようになったと見られる。

その後、義理の子・常勝が守護の座を継承するが、守護代入沢氏の地位に変化は見られない。前に触れたとおり、氏利期の守護代は短期間での交代が見られたが、義理から常勝への守護交代にあたっては入沢慶明が引き続き守護代に任用されており、同一人物の在職という点は注目される。慶明の守護代在職の史料的下限は応永二〇年三月であるが[27]、少なくとも六年間は在職が確実であり、氏利期に比べて固定化が進んでいるといえよう。

③常勝期以後の守護代（永享年間～応仁・文明の乱）

永享年間以降の石見守護家を概観すると、まず、常勝から熙貴へ守護の交代が見られた。常勝は永享九年までにいったん守護の座を退いた(28)。少なくとも同年以降は、因幡守護山名氏家の子・熙貴（足利義教近習）が常勝の養子として継嗣したが、熙貴は嘉吉の乱で横死したため、再び常勝が守護に復帰した。享徳四（一四五五）年六月までは常勝の活動が見出せるが、間もなく死亡したと思われる(29)。康正二（一四五六）年以降は常勝の子・政清に代替わりして、応仁・文明の乱に至った(30)。ここでは応仁・文明の乱までの守護代を見ていきたい。

応永二〇年代の後、しばらく石見守護代に関する史料は途絶えて、次に確認できるのは永享四年である。この時、大内氏と大友氏の抗争が激化しており、それを受けて周辺諸国の軍勢が派遣されることになり、石見国の軍勢を率いた「山名掃部守（頭）」なる人物を「周防堺」に派遣する案が山名時熙によって提示されている(31)。また、この人物は永享一〇年三月、大和永享の乱に出陣した石見国人・出羽氏からの音信に対して返答しており、清宗と名乗っている(32)。

この掃部頭系統については、山名系図で義理流山名氏の庶流とあり、山名掃部頭はのちに守護となる政清の「伯父」であるという(33)。石見守護家当主と血縁的に近い一族であることがわかる。加えて「清」の字は石見守護家当主からの偏諱と考えられることから、守護家に対する従属性も高いといえよう。永享年間に入ると、守護家当主と血縁的に近い庶流が守護代をつとめるように変化したといえる。加えて永享年間後期には、養子入りした熙貴が新たな守護として活動しているが、清宗の地位に変化はない。

嘉吉の乱後の赤松氏討伐戦の結果、石見守護山名氏は美作守護職を獲得したが、森俊弘氏によると嘉吉・文安年間の美作守護代には高山氏や大町氏が任じられたという(34)。一方で清宗は、文安元（一四四四）年に石見国人周布氏に対する所領安堵の打渡状を発給しており、嘉吉の乱後も石見守護代として活動している。熙貴が嘉吉の乱で横死して、再び常勝が守護に復帰した後も清宗が引き続いて石見守護代に任用されていることも特筆すべき点であろう。さらに長禄二（一四五八）年、清宗は美作国内の北野天満宮領に関する遵行の打渡を実施しており、[35]高山・大町両氏の後任として美作守護代を兼帯した時期も確認できる。このように石見・美作両国の分国支配に関与した清宗は枢要な地位にあったといえよう。

その一方、清宗以外にも石見に在国して守護代相当の地位にあった人物が検出できる。益田崇観寺の寺領安堵を依頼した式部少輔義宗なる人物である。久留島典子氏は、式部少輔義宗の発給文書について応永二〇年代と比定しているが、[36]この点について検討してみよう。

【史料二】

「（封紙ウハ書カ）高山石見殿　　義宗」
　大町美作殿

安富庶子坂本分、益田崇観寺当住知行候、仍彼在所、可レ請二御判申一之由候、可レ然様、可レ有二御披露一候、巨細使者僧可レ被レ申候、恐々謹言、

八月廿八日　　義宗（花押）

高山石見殿（清重）
大町美作殿（清量）[37]

【史料三】

重而申候、仍彼在所事（長野荘安富郷）、庶子（坂本修理亮入道）不儀之由申二懸惣領一致二其沙汰一候、事不レ問、如レ此子細緩怠之通申懸、押置候之処、崇観寺由緒被レ申候間、五六ヶ年自二以前一被二返付一候、同者御文言ニ末代勝剛（長柔）可レ為レ計之由、被二成申一候者、悦喜可レ申候、弟にて候喝食、彼長老ニ進置候之間、取分疎略を不レ存候、一向両人御取合憑存候、恐々

謹言、

八月廿八日　　義宗（花押）

高山石見殿

大町美作殿(38)

史料二・三の宛所は「高山石見」（清重、法名・統空）と「大町美作」（清量）であるが、いずれも在京守護被官である。このうち、高山清重については少なくとも文安元年頃まで右京亮を名乗っているため(39)、石見守を名乗るのはこれ以降である。また、史料三にみえる崇観寺住持・勝剛長柔は康正二年一二月に死去しており(40)、文書発給年次の下限は康正二年となる。よって応永二〇年代の発給ではないといえる。

さらに次に掲げる史料によると、発給年次を絞ることができる。

【史料四】

石見国長野庄之内、安富郷一分地頭職坂本修理亮入道跡事、依レ有二由緒一渡二進勝剛和尚一、仍知行不レ可レ有二相違一之状如件、

宝徳弐年六月二日

掃部頭（山名清宗）（花押）

衣鉢侍者禅師(41)

史料四は宝徳二（一四五〇）年に発給された山名清宗の安堵状であるが、史料二・三で義宗が述べた「安富庶子坂本分」の安堵との関連を見て取ることができる。また、義宗は「同者御文言ニ末代勝剛（長柔）可レ為レ計之由、被二成申一候者、悦喜可レ申候」と述べているが、清宗の安堵状にはその旨が反映されている。史料四は義宗の依頼を受けて、発給された安堵状といえよう。そのように考えると、史料二・三の発給年次は宝徳元年と考えてよいだろう。

加えて久留島氏は義宗を姓不詳としているが、山名系図の異本には山名掃部頭の息子として「式部少輔義宗」の名前が見えるため(42)、清宗の息子と考えられる。義宗は在国している一方、宝徳元～二年当時の清宗は少なくとも石見には滞在しておらず、在京していた可能性が高い(43)。分国支配の一端が掃部頭父子の都鄙間連携によって遂行されていることがうかがえる。

以上を考えると、宝徳二年当時の義宗の地位は再考が必要であろう。義宗は崇観寺・守護間の取次役を担っているが、自ら安堵状を発給できるわけではなく、その権限には制約が設けられていた。依然として正規の守護代の地位は父の清宗にあったといえよう。ただし、義宗が石見国人の「京都」への取次（吹挙）を行う事例は他にも確認できるため(44)、守護権力の窓口として機能を有する存在であったのは確かである。厳密にいえば、義宗の地位は石見に在国する小守護代というべきもので、父の清宗を補佐する役割を担っていたといえるだろう。

その後の山名掃部頭父子の動向を見ると、応仁・文明の乱初期に山名掃部頭（清宗カ）が美作に在国していたという(45)。一方、義宗についても同じ頃、東軍方との合戦のため、美作に下向している(46)。また、文明四（一四七二）年頃には石見国内で山名掃部頭父子が長野荘に発向した風聞が流れており、この頃には両者が石見に在国していたことがわかる(47)。このように両者が連携しつつ、石見・美作両国で活動する様子からは、いずれも石見守護山名氏の権力中枢に位置した存在であり、それは応仁・文明の乱まで続いたと指摘できる。

（二）守護代在職者の性格

先に石見守護代の人員を主に確認したが、ここでは守護代在職者の性格を考察していきたい。氏利期の守護代とその性格についてはすでに述べたので、ここでは義理期以降の入沢氏と山名掃部頭一族について見ていく。

入沢氏については氏利期の考察でも述べたように、義理の守護補任時期より早く任用されており、義理と共に入部したわけではない。この点は入沢氏の性格を見る際に参考になる。それでは、石見守護代から離れた後の入沢氏はいかなる動きを見せたのだろうか。文安元年頃、山名惣領家の分国である播磨国の分郡守護代として入沢氏の名前が見える。『建内記』には「又守護代美嚢郡入沢山名一族云々」とあるから、(48) 同族と見てよい。文安年間に入ると入沢氏は、惣領家の分国支配の担い手として再登場するのである。さらに惣領家と入沢氏の関係について次のような史料が存在する。

【史料五】

六日（中略）山名同名山名殿御使タキミ（田公）、同名在国之衆若君御誕生御礼事、自レ国申二上之一、可レ預二御披露一云々、
各太刀金伏千疋折紙在レ之、
山名九郎　山名下野守　山名伊豆守　山名矢房丸
山名入沢御房丸　山名三河民部少輔　山名有道掃部頭
以上七人(49)

史料五は、寛正六（一四六五）年九月、足利将軍家の若君（のち義尚）誕生御礼を山名庶流家の在国衆が行った際の様子を伝える『蜷川親元日記』の記事である。この時、惣領家重臣の田公氏が在国衆からの進物をとりまとめて取り次いでいるが、その中に入沢氏の名前が見える。在国する者が京都（幕府）とやり取りをする際に在京する惣領家がその取次窓口として機能していた点は山名氏の一族関係を考えるうえで興味深く、入沢氏が惣領家と密接な関係を取り結ぶ庶流の一人であったことを示すものといえよう。

これらを踏まえると、入沢氏の持つ性格が見えてくる。義理の石見守護補任に先立つ氏利期にはすでに守護代として任用されていたように、一五世紀の入沢氏の動向は必ずしも義理の動きとは一致しないこともあった。前述した点の繰り返しになるが、入沢氏の守護代補任も惣領家のような上部権力の意向が働いたものであり、入沢氏もまた惣領

家との密接な関係を背景に動く守護代であったのだろう。応永年間以降の入沢氏が石見を離れたように、実際のところ石見守護家との関係は流動的な要素を多分に含んでいたといえる。

入沢氏に対して、山名掃部頭（清宗）については守護家への従属性が高いことはすでに述べた点である。守護代家の家格が確立し、守護権力の中枢に位置して、応仁・文明の乱まで継続して守護代をつとめた点は特徴的である。繰り返しになるが、清宗は政清の「伯父」に当たるため、守護家一族と血縁的に近い庶流といえる。石見国内が安定していく中で惣領家と重層的に繋がる別流よりも石見守護家一門が重視されて、分国支配の中核的存在として登用される形態に変化したのであろう。

本節では石見守護代の展開について検討した。自身の権力基盤が脆弱であった氏利期には、守護代が在国して軍事行動を担う重要な存在でもあったため、幕府や惣領家による支援を受けつつ、守護代の頻繁な交代が見られた。その後、義理流山名氏による守護職世襲が固定化すると、入沢氏を経て、守護家庶流の山名掃部頭が守護代に固定化され、守護代家としての家格を確立した。

二　守護家被官組織の様相

（一）在京被官組織の展開

石見守護は常時在京していたため、京都に守護膝下の被官組織を構築していた。まずは、守護による分国支配を語る際に重要となる膝下組織の人員とその展開について検討する。

氏利期は一点のみ奉行人連署奉書が確認できるが、その他の関連史料が乏しく、その実態は不明である。続いて義

内　容	出　典
吉田上野入道の所領吉田郷安堵	益田家 958
段銭の益田氏負担額伝達	益田家 81
訴訟披露遅延，伊甘郷安堵，所役料割符・田尻郷年貢京着請取の返事等	益田家 520
益田氏に対して長野荘得屋郷地頭職の安堵・渡付	益田家 83
益田庶子へ所役負担指示	益田家 522
訴訟落居祝着，当知行分の遵行状発給，京都の情勢伝達	益田家 519
益田崇観寺分段銭催促の停止	益田家 92
益田崇観寺分段銭催促の停止への理解を求める	益田家 93
益田氏からの訴訟につき守護へ披露	益田家 919
京都での療養指示	閥 43 出羽源八 54
俣賀万歳丸へ豊田郷俣賀村安堵	花園大俣賀 20
万里小路家からの質物返戻につき請取の返報	建・嘉吉 3.2.5 条
万里小路家からの借物依頼につき返答	建・嘉吉 3.2 紙背
美作国久世保領家職の件につき伝達	壬生 1743
某所（久世保ヵ）年貢契約につき「彼方」（壬生家ヵ）へ伝達依頼（山名常勝の意向伝達ヵ）	壬生 1850
周布氏の知行分沙汰付	小川 3
徳屋郷安堵につき守護へ披露，在国奉行人へ内状を下す	益田家 564
黒谷左京亮子息につき披露	益田家 563
美作国倭文庄領家祥雲寺の諸公事課役等を免除	仁和寺 175
益田氏に対して長野荘黒谷の渡付等	益田家 557
南禅寺徳雲院末寺の所領を寺家代官へ渡付等につき披露依頼	岡本
段銭免状発給，ただし伊勢外宮段銭は納付指示等	益田家 565
備後国安那郡高富地頭分内提（堤）分の預置	福山志料・三吉鼓 3
吉田地頭職の安堵につき御判・加判の奉書を下す	益田家 556
吉田地頭職安堵の御判発給，御曹司様（政清）の御書発給	益田家 550
美作国香々美荘公用未進分の納入につき請文	勧修寺
豊田地頭方所領返付につき請文の文言を内々調整	内田家 88
美作国香々美荘預所分を花園坊代官へ渡付	益田家 558
美作国東大野給分を返付	益田家 104

【注】

(1) 厳密な区別が難しいため分国支配以外の史料も含めた.

(2) 年号は端裏書より採録.

(3) 宮内庁書陵部所蔵資料目録・画像公開システムの原本画像・花押にて人名比定を改めた.

(4) 宛所は端裏書より採録.

(5) 年号は端裏書より採録.

(6) 差出人は花押写真にて判断した.

(7) 年号は端裏書より採録.

(8) 東京大学史料編纂所（日本古文書ユニオンカタログ）データベースでは差出人を「信宣」とするが，誤記．同所影写本にて人名を改めた.

表2　石見守護家在京被官発給文書一覧[(1)]

守護	年 月 日	文書種別	署 判 者	宛 所
氏利	応永 9.8.10	連署奉書	左衛門尉某・左近将監某・左衛門尉某	犬橋満泰
義理	応永 14.12.11	奉書	大町色貞	入沢慶明
	(応永 16～17 ヵ) 5.18	書状	大町色貞	—
常勝	応永 17.8.4	奉書	大町色貞	入沢慶明
	応永 18.12.11	奉書	大町色貞	入沢慶明
	(応永 19 ヵ) 3.12	書状	大町色貞	益田周兼（兼家ヵ）
	応永 24.9.14	奉書	大町色貞	石州奉行人
	(応永 24) 10.7	書状	大町色貞	石州奉行人
熙貴	(永享 9～12 ヵ) 4.1	連署書状	松原清秀・後藤季盛・大町基佐	益田
	(永享 10) 2.21	連署書状	高山清重・山口守衡	出羽左馬助
	嘉吉元 .4.28	連署奉書	高山清重・山口守衡	—
常勝	(嘉吉 3) 2.5	書状	高山清重	林常慶
	(嘉吉 3 ヵ) 2.24	書状	高山清重	林常慶
	(嘉吉 3) 5.12 [(2)]	書状	高山清重 [(3)]	月輪性照 [(4)]
	(嘉吉 3) 7.7 [(5)]	書状	高山某（清重ヵ）	—
	文安元 .6.24	連署奉書	式部丞兼家・大町清量・高山清重	美甘左京亮
	(文安元) 11.16	書状	高山清重	益田兼堯
	(文安元ヵ) 11.16	書状	高山清重	益田・三隅・福屋
	文安 5.2.11	奉書	高山統空（清重）[(6)]	倭文次郎
	(文安 6 ヵ) 7.4	連署書状	松原秀之・高山統空（清重）	早瀬伊賀守・早水四郎左衛門尉
	(宝徳元) 閏 10.28	奉書	高山統空（清重）	松原秀之
	(宝徳元) 12.18	書状	珍阿弥	益田兼堯
	享徳 4.4.15	奉書ヵ	高山勝重	提（鼓）将監
	(享徳 4) 6.20	書状	大町清量	益田兼堯
	(享徳 4) 6.29	書状	高山統空（清重）	益田兼堯
政清	(長禄 2) 5.2 [(7)]	書状	高山統空（清重）[(8)]	卿阿闍梨
	(寛正 6 ヵ) 6.11	書状	高山統空（清重）	益田助三郎
	寛正 6.8.4	連署奉書	大町清量・高山統空（清重）	松原秀之・早瀬伊賀守
	寛正 6.8.22	連署奉書	大町清量・高山統空（清重）	益田兼堯

【凡例】
益田家：『大日本古文書　家わけ第 22　益田家文書』
閥：『萩藩閥閲録』
小川：『山口県史　史料編　中世 3』小川五郎収集文書
内田家：『日本大学総合図書館蔵　俣賀文書』
花園大俣賀：花園大学所蔵俣賀文書
岡木：東京大学史料編纂所影写本「岡本文書」
壬生：『図書寮叢刊　壬生家文書』
福山志料・三吉鼓：『広島県史　古代中世資料編 4』
勧修寺：東京大学史料編纂所影写本「勧修寺文書」
建：『建内記』
仁和寺：『仁和寺史料　古文書編 1』

理期以降を見ると在京被官大町色貞の活動を確認できる。大町氏の職掌を確認すると、守護の意を受けた奉書発給に加えて、荘園領主に対する守護請の年貢納入、石見国人との間での各種やり取り（京都の情報伝達や所役料・年貢納入などの連絡・指示、訴訟取次など）といった多岐にわたる業務を担当している。とりわけ守護の直状とセットで発給される奉書は大町色貞単独の署判で発給されており、この時期の石見守護家では連署奉書の発給を確認できない。大町色貞が在京被官組織の筆頭格であったのは確かであろう。

なお、大町氏以外の在京被官の活動史料は極端に乏しく、わずかに年貢収納業務を担当する綾部入道なる人物（納所という職名で登場）を確認できる程度である。(50) 後述するように、南北朝期の段階で被官化されたと思しき在京被官の家は複数存在するが、当該期には全く活動を確認できない。単なる史料的制約の問題であるのか、また大町氏の単独署判体制とも何らかの関係があるのか、その背景は不明である。

次いで永享年間以降の展開を見ていこう。永享年間前期の在京被官に関する史料は氏利期と同様にほとんど確認できないが、永享元（一四二九）年七月、万里小路家領備後国衙領のうち、石見守護家が分郡知行する安那郡の年貢を大町氏が納めている。(51) 管見の限り、在京被官の活動が判明する唯一の史料であるが、万里小路家領の国衙年貢は守護請となっており、その納入を実質的に担当したのは大町・高山両氏に限定される。後述するように両者は在京被官組織の筆頭格であり、最上位の被官が守護請の実務を担当していたようであるから、この当時の大町氏の地位は応永年間のそれと変化はなかったと見られる。

それでは、文書発給の在り方から在京被官組織の実態を検討しよう。永享一〇年二月、大和永享の乱に出陣した石見国人出羽氏に対して、石見守護家側から京都で負傷者を養生させるように指示する書状が送られた。(52) この書状は奉書形式ではないが、事実上、守護側の意を伝える内容であり、山口守衡・高山清重の連署がなされている。先に述べたように、応永年間の在京守護被官が発給する奉書は大町色貞一人が独占的に署判しており、連署を伴う奉書は確認できなかった。いつ頃から在京守護被官が連署する形式の文書が発給されるようになったのかという点は判然としないが、少なくとも熙貴期以降、複数名の連署による奉書や書状の数が増加している。

　年未詳であるが、高山清重が益田氏らに対して書状を送った際、「山口方在国候之間、披露之御返事一人申候」と伝えている。(53)「山口」とは先に登場した山口守衡を指すと思われるが、高山清重単独で返事をしたことについて、わざわざ断りの文言が入っている点に注目したい。本来は複数名による返事（連署状の発給）が予定されていたといえる。

　さらに文書発給については、次のような史料が存在する。

【史料六】

尚々請状文言不足候者定御よくなりあるへく候、さ様ニ候ては京田舎と可レ有二御逗留一候間、文言厳密ニ豊田入道方以二判形一可レ被認二進之一候、只今者内儀候様ニ申候間、態一人申候、事定候而以二加判一可レ申候、為二心得一申候、

為二益田殿御名代一江州参洛之時御状之御返事申候し、定参着候哉、仍豊田地頭方事重々執御申候、自二益田殿一も同御申候通取合披露候処、被レ仰之様者先今一所務事、慥なる上使ニ被二仰付一有二御覧一度候へ共、面々被二執申一候与云、第一女中様より御申候之間、所詮如二先規一可レ致二公役一候、取分於二向後一別而自然之儀可レ為二忠節一候由、請状被レ認二進之一申候者、彼在所可レ被二返付一之由目出候、急々如二御意一被二調進一候様ニ被二申達一候、如レ此御意御祝着之通、益田殿よりも同其よりも御状被二相副一候て可レ然候、京都趣御僧可レ被レ申候、恐々謹言、

　六月十一日　統空（花押影）

益田助三郎殿　進レ之候(54)

史料六は年未詳であるが、石見国人豊田氏の所領返付に関連して、取次役の益田氏との間で交わされた高山統空（清重）の書状である。「請状文言不足候者定御よくなりあるへく候」などとあり、豊田氏が守護側に提出する請文の文言が事前に調整されていたことがわかる。加えて「只今者内儀候様ニ申候間、態一人申候」とある点も注目したい。まず守護被官と国人との間で「内儀」のやり取りを行い、内容を確定させたうえで守護家の正式な文書発給に至る段階的な過程が見て取れる。さらに「内儀」であるから「態一人申候」という点は、守護の意を受けて発せられる奉書のような公式文書の場合は原則複数人の署判を必要としたことを示唆している。このように複数人が公式文書に署判する状態は、例外はあるものの、おおむね制度的に確立された在り方と思われる。この点は応永年間と大きく異なるものであり、石見守護家の在京被官組織がより一層機能的に整備されていったと見てよいのではないか。

次に奉書署判者を検討すると、応永年間に単独署判していた大町色貞の子孫と思われる大町基佐のほかに、大町清量、高山清重、山口守衡、松原清秀、松原秀之、後藤季盛らを検出できる。大町氏については、『建内記』などの諸史料に基佐・清量以外の一族を複数名確認できるが、これらの人物は署判者として確認できない。また、在京被官として小松原、飯尾、村田、西井、西谷、夏見といった諸氏を確認できるが(55)、署判者には見えない。公式文書の発給に関与可能な被官が限定されていたことがうかがえる。在京被官組織内部に階層差が存在したと考えられる。署判者を見ると、大町基佐の地位が同族の清量に引き継がれたほか、松原清秀の立場も同族の秀之（息子ヵ）に受け継がれたように、在京被官組織内部で署判者を輩出する家というものが固定化されていたと指摘できる。このような固定的な家格の存在からは、署判者が当時の在京被官組織内部の中核的被官であったといえよう。また、大町・高山両氏はどちらか片方（あるいは両方）が必ず署判していることも踏まえると、大町・高山両氏が在京被官組織の筆頭格であったと思われる。

続いて署判者以外の被官について考察すると、嘉吉二（一四四二）年九月、守護山名常勝が鞍馬を参詣した際に市原野で「坂迎」の準備を行った被官たちが見える。[56] このうち名字が判明する「村田」については「若党」とあり、常勝に仕える馬廻衆のような近習の存在が想定される。『建内記』には万里小路家領の守護請に関連して、石見守護家側とやり取りを行う様子が頻出するが、守護側の申次として飯田氏や大町新右衛門尉・同彦右衛門尉といった人物が見える。[57] また、守護使珍阿弥のように守護のそばに仕えた同朋衆のような出家者も確認できる。[58] このほか、寛正四（一四六三）年に鴨社領因幡国土師荘代官職をめぐって相論を起こした飯尾弥次郎は「山名兵部少輔被官」とあることから山名政清の被官であった。[59] 飯尾氏といえば、室町幕府奉行人をはじめとした文筆官僚を輩出した一族として知られているが、飯尾弥次郎も守護家を実務面で支えた吏僚的存在であったのだろう。

これらの点を踏まえると、在京被官組織は守護代になり得る家柄である大町・高山両氏を筆頭に松原氏や山口氏などといった署判可能な被官が運営の中心に位置したと考えられる。一方で正式な文書発給に関与しないものの、在京被官組織内部には守護に近侍する馬廻衆（若党）や実務官僚的な奉行人、守護使や申次といった多様な職務を帯びた被官層が存在した。もちろん応永年間にも在京被官の大町色貞が活動しており、在京被官組織が全く未整備であったわけではないが、大町氏に様々な業務が集中する在り方とは異なっている。[60] ここで明らかにした被官同士の階層差の存在や文書発給システムの整備などの面からは永享年間以降、順次在京被官組織が拡大・整備されていったといえよう。

（二）在国被官組織の構成員

一方、石見には現地で分国支配を担う被官が存在した。すでに先行研究では「石州奉行人」と呼ばれる存在の指摘があるが、[61] 在国被官の様相についてはもう少し具体的に検討してみる余地がある。

氏利期の状況については在京被官と同様に詳細不明である。義理期以降の在国被官を見ると、守護代入沢氏の膝下で動く被官を確認できる。例えば、応永一七年の長野荘得屋郷地頭職安堵の際には、守護山名常勝の安堵状と在京守護被官大町色貞の奉書が同時に発給されたが、大町氏が署判した奉書の宛所は守護代の入沢氏であった。これを受けて約一ヶ月後に守護代入沢慶明の遵行状と在国奉行人による打渡状が同日発給されている(62)。在国奉行人は守護代の指揮下で動く存在といえよう。

さらにこの時打渡を実施した「大さ丶」と「かや見」の二名については、美作国苫田郡内に大篠、同国真島郡内に茅見の地名がそれぞれ存在しており、美作国出身の被官である可能性が考えられる。南北朝期に義理が美作守護をつとめていた際に被官編成された存在が、引き続いて石見国支配に投入されたと見るのが自然であろう。なお、在京守護被官大町氏が署判した奉書の宛所は守護代に限定されず、在国奉行人に直接伝達された場合もある(63)。例えば、応永二四年に益田崇観寺領の段銭徴収が免除された際、大町氏の奉書が在国奉行人宛てに出されたが、大町色貞は在国奉行人に書状を送り、奉書発給の経緯や段銭免除措置への理解を求めている(64)。京都と石見の被官同士による相互連携の下でも分国支配を担っていたといえる。

続いて永享年間以降の在国被官を考察しよう。畑和良・渡邊大門両氏によると、この時期の石見守護家の支配機構では在京奉行人が在国奉行人に対して上申形式の奉書を発給しており、在国奉行人を経由して指令が守護代へ伝達されたという(65)。一例をあげると、文安元年六月、高山清重ら在京被官三名が「之由被㆓仰出㆒候、以㆓此旨㆒可㆑有㆓御披露㆒候也、仍執達如㆑件」との文言がある上申形式の奉書を発給しており、その宛所は美甘氏であった(66)。これを受けて約一ヶ月後、守護代山名清宗の打渡状が発給されており(67)、奉書の披露先は守護代と見てよいだろう。美甘氏が守護代側の取次窓口になっていたと指摘できる。美甘氏については、このほかにも得屋郷安堵の件につき高山清重から直接「内状」を下されており(68)、石見に在国して分国支配に従事する被官であった。また、清宗の子・義宗が周布氏に対して周布郷内の貞松名安堵に関する吹挙の伝達をした際の取次役は美甘氏がつとめており(69)、守護代一族の指揮下で動く被官であった。

美甘氏以外の被官を見ると、前述した上申形式の奉書を含めた分国支配関係の文書の宛所には松原・早瀬・早水氏を確認できる。このうち、早瀬氏は不明だが、早水氏については守護代山名清宗が益田崇観寺に書状を送った際の取次役として登場しており、(70)先に述べた美甘氏と同様に守護代一族の指揮下で動く被官であったと思われる。一方、松原氏(秀之)については在京時に奉書署判者の一員として見える点は注意しなければならない。前節で述べたように奉書署判者は在京被官組織の中枢に位置する被官であるため、美甘氏や早水氏とは異なる存在といえる。しかし、美作の事例であるが、松原氏に対して守護代への披露を求める上申形式の奉書が発給されており、(71)美甘氏などと同様の活動を行っていたと考えられる。松原氏の活動からは在京被官も適宜在国して守護代指揮下で分国支配に従事することがあったと指摘できる。さらに高山・山口両氏にも在国事例があり、(72)守護使珍阿弥のように守護のそばに仕えた同朋衆のような出家者も守護の命を帯びて都鄙を往来していた。このように在京と在国双方の被官組織は固定的ではなく、状況に応じて都鄙をまたぐ形で被官の相互移動が存在したのではないか。石見・美作両国の支配は在京被官組織も含めて一体的に運営されていたと思われる。

このように守護代膝下で動く在国被官には応永年間は茅見・大篠、永享年間以降は美甘・松原・早水・早瀬といった人員を確認できる。ところで他国の事例では守護代以下の支配機構に関連して郡奉行・郡代といった職掌で動く被官がしばしば見られるが、石見の場合、例えば、美甘氏は那賀郡や美濃郡の国人に関連する業務に従事しており、郡ごとに分掌が存在したのか不明である。奉書に署判可能な在京被官・松原氏の存在は注意しなければならないが、在国被官として見える者たちの職掌にはほとんど違いがなく、在国被官同士の階層差を読み取ることが難しい。応永年間の茅見・大篠両氏はその後史料上に見えなくなるため、両者は当時の守護代入沢氏の被官であった可能性も考えられるが、史料的制約の問題で在京被官と比べると在国被官組織内部の具体的な様相ならびにその展開過程に触れることができない。

本節では守護家被官組織の人員構成とその展開を述べた。在国被官は人員の検出のみにとどまったが、在京被官組織については人員構成・階層差、文書発給形式ともに応永年間の大町氏中心の運営に比べると拡充と展開が見られる。石見守護の場合、嘉吉の乱後に美作国を分国に加えており、分国増加に伴う業務量の増加が在京被官組織の拡充に繋がるようにも見える。しかし、在京被官組織の拡充は永享年間後期ですでに確認できるため、嘉吉の乱を画期として考えることができない。一方で先行研究によれば、永享年間の熙貴期に守護支配の安定化が見られたという。(73)この点を踏まえると、在京被官組織の拡充も熙貴の守護就任と関係している可能性が考えられるが、具体的には今後の課題とせざるを得ない。

三　石見守護山名氏の権力構造の特質とその変容

（一）応仁・文明の乱直前の権力構造とその特徴

前節まで守護代や被官の人員構成やその展開を検討したが、おおむね永享年間以降に展開した権力組織の内実は応仁・文明の乱直前段階においても変化はない。例えば、寛正年間に入っても、在京被官の発する奉書は大町・高山両氏などが署判を加えており、それ以前と変わりはない。在京被官のうち、山口氏の活動を確認することができないが、松原氏といったそのほかの被官の活動は検出できるため、単に史料的な制約により姿が見えないだけの可能性も残されている。先に述べたように、守護代山名清宗によって構築された父子分業体制も継続しており、嘉吉の乱以降の中央・地方情勢の混迷化の影響を受けることなく、その権力構造は続いていたといえよう。

それでは、応仁・文明の乱時における守護家被官の動向を見る前に、その権力構造の特徴を整理しておこう。先に応永年間の在国被官に美作国で被官編成された者が登用されたことを述べた。さらに詳しく被官の出自を見ると、大町氏は美作国勝田郡に出自を持つとされる(74)。また、美作国真島郡美甘を出自にすると思われる美甘氏に加えて、後藤氏もまた美作国で義理と関係を有したと考えられる(75)。大町氏と並んで中核的被官として見える高山氏については、上野国高山御厨出身で山名氏の譜代被官であった。この一族は代々「重」の字を通字にしており、但馬の惣領家といった他の一族の被官にも高山氏を確認できる。義理との関係を見ると、すでに永徳二（一三八二）年には義理の奉行人奉書が高山氏宛てに出されており、南北朝期には義理の被官として動いていたことがわかる(76)。南北朝期の義理被官の実態については、今後の課題としたいが、応永年間以降、応仁・文明の乱に至るまでの石見守護家の被官組織は美作守護時代の被官たちを下地にしていたと見てよい。

加えて石見守護家当主は在京を続けていたが、京都で被官編成された存在も無視できない。先に河村昭一氏の研究に触れたが、石見守護家の場合はどうであったのか。第二節で登場した山口守衡は、「衡」の字を通字とする山口一族の出身と考えられる。永享年間の惣領家被官にも山口国衡という人物を見出せるが(77)、この人物を輩出した山口一族との関係性が想定される。山口氏については南北朝期に将軍近習として活動しており、その出身地も三河国であるなど、山名分国内で被官となった一族とはいえない。惣領家被官の山口国衡、石見守護家被官の山口守衡ともに京都でそれぞれ被官編成されたと思われる。また、奉書署判者以外の奉行人層でも飯尾氏の存在を先に指摘したが、この人物も室町幕府奉行人を中心に在京守護家被官でも活動していた一族の出身であり、京都で被官編成されたと見てよいだろう。そうなれば、石見守護家の被官組織にも京都で被官となった者たちがある程度の割合を占めていたといえる。在京守護家の一員であったことが石見守護家の権力構造にも少なからず影響を与えていたと指摘できる。

一方で、他の守護権力内部では分国内の国人が編成されていく傾向があるが、石見守護家の場合は本国であるはずの石見国出身被官がほぼ確認できないという大きな特徴が存在する。石見守護家は南北朝期由来の被官組織を引き継ぐとともに、在京守護家であることから京都で被官編成した存在を加えつつ、その権力組織を展開させていたが、他方で石見国内に関しては自立的な国人勢力を前に被官編成段階まで至らなかったのである。川岡勉氏は石見守護と国人の関係が国人間結合を前提として緩やかに結びついていた点を指摘しているが(78)、先に述べた通り、守護家は守護代以下の分国支配機構を整備する一方で国人の被官編成まで到達できなかった。国人との緩やかな繋がりに依拠した状態は応仁・文明の乱まで続いており、守護家と石見国の関係は不安定化する要素を含みつつ展開していたといえよう。かかる要素は応仁・文明の乱後の石見守護家の動向にも大きく影響したと考えられる。

以上、石見守護家の被官組織の特徴を整理した。石見守護家の場合、南北朝期の被官組織を引き継ぐとともに京都で被官編成された者を組み込みながら、その権力組織を展開させていた。この点までは他の在京守護家とも変わりない内容といえるが、本国であるはずの石見国内で被官編成を実施できなかった点は大きな違いであり、その特徴のひとつであったといえる。さて、かかる特徴を持つ被官組織は応仁・文明の乱においていかなる変化を見せたのだろうか。この点は次で検討しよう。

（二）応仁・文明の乱中の石見守護家被官の動向

応仁・文明の乱における石見守護家被官の動向は別稿でも検討したが、改めて考察しておきたい。先に述べたように、応仁・文明の乱開戦当初、守護代山名清宗とその息子・義宗は父子連携の下、主に美作国で赤松氏との戦闘に従事していた。嘉吉の乱で失った美作国支配の回復を目指す赤松氏との争いは山名氏の敗北で終わるが、美作国の場合は文明二（一四七〇）年正月まで両者の争いが確認できる。応仁二（一四六八）年後半までに赤松氏の完全な支配回復に至った播磨・備前両国とは異なる点は注意する必要があるが、これに関係して『応仁別記』には次のような記述が存在する。

【史料七】

赤松内ニ中村五郎左衛門尉ト云者、纔之者ナリシカ、大功上ニ立ンコトヲ朝暮希フ者ナレハ、傍輩共十人計相語テ、同（応仁元年）十月三日切テ入、院之庄ヲフマヘ数度太略利ヲ得シカ共、東郡へ敵出テ妙見ノ城・菩提寺・和介山等ニ籠シカハ、政則一名字ニ広岡民部少輔祐貴ニ人勢ヲ相添テ差下ス。三ケ年之間合戦無二止時一、乍レ去大町ハ山城ノ狛《カヤ》〈柏〉城ニテ討死シ、掃部頭、又、病死シケリ。其子彦房モ尽期山之合戦打負テ、伯耆国へ落行ケリ。粟井加賀・松原弾正、和介山ニテ討死ス。中村カ所々ニテ合戦、筆ニ難レ尽。自レ是後ハ、赤松三ケ国手ニ入ケル(79)。

史料七は応仁元年一〇月に赤松被官の中村氏が美作国回復を目指して、同国に侵攻した際の場面であるが、傍線部にあるように石見守護家被官の様子が記されている。山名掃部頭は文明四年時点で生存しているため、この記事の伝える内容には慎重でありたいが、美作国をめぐる攻防戦の敗北が石見守護家に大きな影響を与えたことは想像に難くない。史料七の内容は事実誤認を含むものの、ある程度の事実を伝えていると見るのが自然であろう。大町・松原両氏のような主要被官の討死を踏まえると、東軍方との戦闘に伴う人的被害が石見守護山名氏の権力構造に与えた深刻な影響を無視することはできない。

美作国を失う一方で石見国に目を向けると、石見情勢も東西両陣営の分裂に伴う混乱が広がっていた。とりわけ文明四年までに益田氏を含めた国人の大半が東軍方に属したように、石見の西軍方は隣接する大内氏の分裂とあわせて次第に大きな打撃を受けたといえよう。守護山名氏が石見国人を権力編成できずに国人との緩やかな関係に依拠していたことを先に述べたが、国人の大半が敵対する陣営に入ったことで守護の基盤はさらに動揺したのである。

もうひとつ注目したいのが、石見守護家の内部分裂である。筆者は別稿にて守護代山名清宗と在国被官美甘氏の東軍転向を指摘したが、前に述べたように、山名掃部頭は永享年間以来一貫して石見守護家の中枢に位置した人物であり、山名掃部頭の寝返りが守護家の権力構造に多大な影響と動揺を与えたことは確かであろう。また、美甘氏についても応仁・文明の乱以前まで石見に在国して分国支配を担った被官であった点は、第二節で述べた通りである。このような存在が東軍方に転向した点も現地での混乱を受けて石見守護家の分国支配機構が分裂を起こした証左といえよう。応仁・文明の乱までに構築した分国支配機構が事実上、機能停止状態に陥ったといえるのではなかろうか。井上寛司氏は、応仁・文明の乱中に石見守護山名氏が守護としての機能を果たし得ない状態になったと指摘しているが[80]、井上氏の指摘は本章で示したような分国支配機構の担い手の動向からも裏付けることができる。もちろん、その後も石見守護家の活動は確認できるため、守護家の消滅やその権力組織の完全な崩壊とまではいえないが、大町氏や高山氏といった主要被官の動向も応仁・文明の乱を境に確認できなくなる[81]。このように応仁・文明の乱は石見守護家の権力構造を語るうえでの転換点となる戦乱であったといえよう。

以上、本節では石見守護家の権力構造の特徴、応仁・文明の乱時における守護家被官の動向を考察した。嘉吉の乱以降の都鄙の政治的混乱の影響をほぼ受けることなく展開していった石見守護家の権力組織であるが、応仁・文明の乱中の内部分裂が大きな転換点となり、同家衰退の契機となったのである。

おわりに

本章では石見守護山名氏の権力構造の変遷について検討した。本章で述べた点をまとめると、石見守護山名氏は氏利期を経て、義理とその子孫が代々世襲する構図が成立すると、義理が南北朝期に率いていた被官組織を基礎とする形で展開していった。永享年間以降は義理流山名氏の庶流が守護代家としての家格を成立させて、応仁・文明の乱まで一貫して守護代の地位にあるなど、石見国支配の要として動いた。さらに被官組織も京都・石見双方で整備が進み、被官同士の階層差の存在や文書発給システムの整備などが見られた。一方、分国支配に従事する在国被官には在京被官も適宜加わり守護代の指揮下に入るなど、守護家被官は都鄙にまたがる活動を展開したのであった。石見守護山名氏の被官組織は南北朝期由来の被官に加えて京都で被官となった者も一定数確認できる一方で、石見国出身者がほとんど見られない特徴を有していた。このように石見守護山名氏の権力構造は在京守護として典型的な構造を持つ一方で石見国支配の「脆弱さ」を反映した側面を含むように不安定な面を内包しつつ展開したのである。そして応仁・文明の乱による美作国喪失や石見情勢の混乱、守護代や在国被官の東軍転向が大きな打撃となり、同家衰退の契機となる転換点を迎えたのであった。

加えて政権都市・京都に拠点を置く「都市領主」としての性格を有した石見守護家にとって、応仁・文明の乱終結後、京都を離れて在国せざるを得ない状況に陥ったことも大きな変化であった。こうした動揺を受けて、乱後の石見守護山名氏はどのような動きを見せたのだろうか。この点については、第三部第四章で詳しく述べる。

注

（1）川岡勉『室町幕府と守護権力』（吉川弘文館、二〇〇二年）、同「守護権力の文書と家臣団編成」（平成一三〜一四年度科学研究費補助金（基盤研究（C）1）『室町・戦国期畠山家・赤松家発給文書の帰納的研究』研究代表者矢田俊文、二〇〇三年）など。

（2）山田徹「南北朝期の守護論をめぐって」（中世後期研究会編『室町・戦国期研究を読みなおす』思文閣出版、二〇〇七年）など。また、川岡氏の研究においても守護支配の多様性に触れられている。

（3）山田徹「室町領主社会の形成と武家勢力」（『ヒストリア』二二三、二〇一〇年）。

（4）河村昭一『南北朝・室町期一色氏の権力構造』（戎光祥出版、二〇一六年）。

（5）松岡久人「南北朝室町期石見国と大内氏」（松岡久人著・岸田裕之編『大内氏の研究』清文堂出版、二〇一一年、初出一九七三年）、岸田裕之「安芸国人一揆の形成とその崩壊」（『大名領国の構成的展開』吉川弘文館、一九八三年）、井上寛司

「周防大内氏の石見国邇摩郡分郡知行」（『南北朝遺文月報(二)』東京堂出版、一九八九年）。

（6）山下和秀「「正任記」よりみた石西国人領主の動向と大内氏」（『古代文化研究』一七、二〇〇九年）、渡邊大門「守護山名氏の石見国支配」（『鷹陵史学』三八、二〇一二年）。また、井上寛司・岡崎三郎編『史料集・益田兼尭とその時代』（益田市教育委員会、一九九六年）や山本隆志『山名宗全』（ミネルヴァ書房、二〇一五年、一一七〜一一八頁）も石見守護山名氏被官についての言及が見られる。

（7）川岡勉「石見における守護支配の展開と益田氏」（『戦国期守護権力の研究』思文閣出版、二〇二三年、初出二〇一八年）。

（8）拙稿「応仁・文明の乱後における石見山名氏の動向」（『地方史研究』六八―五、二〇一八年）。表題を改めたうえで本書第三部第四章として所収。なお、本章で言うところの別稿は本論文を指している。

（9）前掲注(5)岸田論文。

（10）前掲注(7)川岡論文。

（11）（応永七年）七月二六日「平井祥助書状」（『大日本古文書　家わけ第二二　益田家文書』五九三号）。以下、本史料集より引用する際には『益田家文書』と略記し、文書番号を記す。

（12）前掲注(11)「平井祥助書状」。

（13）応永九年八月一〇日「山名氏奉行人連署奉書」（『益田家文書』九五八号）。

（14）原慶三「貞治〜応永年間の芸石政治史」（山根正明先生古希記念誌刊行会編集・刊行『地域に学び、地域とともに』二〇一七年）。以下、特に断りのない限り、本章で引用する原氏の見解はこの論文に基づく。

（15）後年、犬橋氏は播磨国支配に関与するようになったが、宝徳二年の官庫段銭賦課の際、「持泰」と名乗る人物が段銭催促の停止を下見氏に対して指示している（同年五月九日「持泰書下案」東寺百合文書ヰ函九四）。満泰と同じ「泰」の字を付けており、宛所は犬橋被官の下見氏である。さらにこの段銭賦課に関しては、東寺側が「犬橋方」に免除の働きかけをしており（『東寺廿一口供僧方評定引付』同年五月五日条）、そのうえで発給された文書と見てよい。よって持泰は犬橋一族と考えられる。名乗りと登場時期を踏まえるに持泰は満泰の後継者であろう。そうしてみると、持泰は足利義持からの偏諱を受けた可能性がある。このように、犬橋氏は将軍の偏諱を受けることが可能な立場であったように思われる。なお、旧稿では『碧山日録』寛正三年二月一九日条をもとに満泰を佐々木一族出身と指摘していたが、山名一族出身の可能性が高く、本書では撤回する。詳細は本書第一部第三章付記を参照されたい。

(16) 前掲注(5)岸田論文。
(17) 応永一二年一一月二四日「室町幕府御教書」(『益田家文書』八〇号)。
(18) (応永一三年ヵ)正月二八日「山名常熙(時熙)書状」(『山口県史　史料編　中世三』所収「小川五郎収集文書」二号)。以下、本史料集より引用する際には「小川五郎収集文書」と略記し、文書番号を記す。
(19) 前掲注(7)川岡論文。なお、義理は出家後に「道弘」と名乗るが(両者の花押形状は同一)、本章では便宜上「義理」の表記で統一する。
(20) 『東寺廿一口供僧方評定引付』応永一一年四月二〇日条。
(21) 『東寺廿一口供僧方評定引付』応永一一年五月九日条。
(22) 森俊弘「美作国守護代の歴史的展開」(『津山市史研究』三、二〇一七年)。以下、特に断りのない限り、本章で引用する森氏の見解はこの論文に基づく。なお、『明徳記』によれば、入沢氏は因幡守護山名氏家の守護代としても活動していた。本章では和田英道氏による校本を参照した(同『明徳記　校本と基礎的研究』笠間書院、一九九〇年、三二頁)。このように、南北朝期の入沢氏は義理以外の一族の下でも活動した形跡があるが、氏利の父である氏清の被官には確認できず、氏利との関係は少なくとも氏清由来ではない。
(23) 義理は山名時氏の二男。明徳の乱以前は紀伊・美作守護をつとめた。惣領経験者ではないが、『明徳記』には山名一族の最年長者として「一家ノ親方」と見える(前掲注(22)『明徳記　校本と基礎的研究』三三頁)。明徳の乱の際に日和見的な態度をとったことが咎められて紀伊・美作両守護職を取り上げられた。なお、義理の法名「道弘」は、応永元年八月の史料が初見である(同年同月一八日「足利義満寄進状」筑波大学附属図書館蔵「北野天満宮寄進状壱巻」二四号)。本史料は『平成一六～一八年度科学研究費補助金(若手研究(B))研究成果報告書　北野天満宮旧蔵文書・古記録の目録作成および研究』(研究代表者・山田雄司、二〇〇七年)参照。
(24) 教清を義理の孫とする系図として『続群書類従　第五輯上』系図部所収「山名系図」がある。一方で寛永一八(一六四一)年成立の池田本「山名系図」には教清は記されていないように、系図によって系譜情報は大きく異なる。一方、『建内記』嘉吉元年七月一四日条は、「道弘」(義理)を常勝の父と記しており、同時代史料でもあるため、こちらの方が信用できる。さらに常勝の諱とされる教清も足利義教の偏諱を示すものと思われるが、義教が将軍に就任する以前の段階ですでに出家入道しており、教清と名乗っていたことが判明する一次史料は管見の限り存在しない。石見守護家被官には「清」の字を実名に用いる者が多く、守護家当主からの偏諱が想定されるため、常勝の実名が「〇清」であったことは確かであろうが、前述の理由から本章では一次史料にみえる「常勝」の表記を採用する。なお、嘉吉の乱以降の常勝は足利義勝の諱を避けて「常捷」と改名した時期もあるが、本章では便宜上、「常勝」の表記で統一する。

(25) 応永一四年一二月一一日「山名氏奉行人奉書」（『益田家文書』八一号）、同年同月同日「石見守護山名道弘遵行状」（『益田家文書』八二号）。

(26) （応永一六～一七年ヵ）五月一八日「大町色貞書状」（『益田家文書』五二〇号）。なお、『益田家文書』では「応永一五年ヵ」とするが、義理死去に関する書状の可能性がある。常勝の在職初見である同一七年以前の発給と思われる。

(27) 応永二〇年三月八日「石見守護代入沢慶明打渡状」（『益田家文書』五二六号）。

(28) 常勝の守護在職下限は正長二年とされているが（前掲注(6)井上・岡崎編著三九頁）、実際にはそれ以降も在京活動を確認できる。熙貴の動向とあわせて詳細は本書第一部第二章を参照されたい。

(29) 常勝の死亡時期については確実な史料がないが、東寺光明真言講過去帳には年代不明ながらも「山名大夫入道」の記載がある（「光明真言講過去帳幷紙背」東京大学史料編纂所影写本「賜芦文庫文書」第四二冊、請求番号三〇七一．〇二―二）。過去帳の掲載順でいえば、享徳年間前後の死亡者に含まれていると思われるが、後述のとおり、康正二年六月までに政清に代替わりする点を踏まえると、享徳四年六月～康正二年六月までの間に死亡したと見られる。

(30) これまで常勝から政清への代替わり時期については十分に解明されていなかったが、確認できる最後の常勝発給文書が享徳四年六月であるのに対して、翌康正二年六月の造内裏段銭の納入者には「山名与次郎」（政清）の名前が見える（「康正二年造内裏段銭幷国役引付」『群書類従　第二八輯』雑部、四三一頁）。また、享徳四年六月に益田氏に対して常勝の安堵状が発給された際には、益田氏から政清に対しても二百疋が送られたが、この時、政清は初めて益田氏との間で音信を交わしたという（〈享徳四年〉六月二九日「高山統空書状」『益田家文書』五五〇号）。加えて康正二年八月、政清は歌僧・正徹の草庵を初めて訪問し、翌長禄元年七月には自邸にて初めて歌会を催したことがわかる（『草根集』康正二年八月二八日条、長禄元年七月二五日条）。さらに康正二年八月時点では「与次郎」と名乗っていたが、翌年七月には「兵部少輔」に変わっているように官途にも変化が生じている（前出『草根集』）。政清自身は享徳二年時点ですでに「与次郎」とみえるが（〈享徳二年〉一二月二一日「山名常勝書状写」『日本大学総合図書館蔵　俣賀文書』所収「内田家文書」八七号）、分国支配・在京活動双方で政清が本格的に活動し始めるのは享徳四年が境となる。よって享徳四年六月～康正二年六月の間に正式な代替わりが実現したと見てよい。なお、森俊弘氏は常勝が赤松氏の再興運動の最中に死去した可能性を指摘するが、赤松則尚の敗死（享徳四年五月）以後も常勝は生存しているため、この推測に従うことはできない。

(31)『満済准后日記』永享四年一〇月一〇日条。

(32)（永享一〇年）三月二九日「（山名）清宗書状写」（『萩藩閥閲録』巻四三「出羽源八」五七号）。以下、本史料集より引用する際は、「出羽」と略記して文書番号を記す。

(33)『応仁別記』（和田英道編『応仁記・応仁別記』古典文庫、一九七八年、一五九頁）。応仁・文明の乱開戦当初の美作情勢について「山名兵部少輔政清之伯父掃部頭」などが在国して堅固に防衛していたとある。なお、旧稿では木下聡氏の指摘を踏まえながら（同「室町幕府外様衆の基礎的研究」『室町幕府の外様衆と奉公衆』同成社、二〇一八年、初出二〇一一年）、同じく掃部頭と名乗る人物を確認できる山名有道氏と石見守護代家を同一に見ていた。しかし、旧稿執筆後に山名有道氏が石見守護代家とは別流であることを示す史料を確認したため、本書では誤認箇所を改めた。詳細は本章付記参照。

(34)文安元年閏六月二〇日「山名清宗打渡状」（小川五郎収集文書四号）。

(35)長禄二年五月四日「美作守護山名政清遵行状写」、同年六月八日「美作守護代山名清宗打渡状写」（『史料纂集　北野社家日記　第八』所収）。

(36)久留島典子「毛利家文庫「譜録」所収の中世益田家文書」（『大規模武家文書群による中・近世史料学の統合的研究』二〇〇三～二〇〇七年度科学研究費補助金基盤研究（A）研究成果報告書、二〇〇八年）。

(37)（宝徳元年）八月二八日「式部少輔義宗書状」（『益田家文書』九〇号）。

(38)（宝徳元年）八月二八日「式部少輔義宗書状」（『益田家文書』九一号）。

(39)『建内記』文安元年五月二六日条など。

(40)白石虎月編『東福寺誌』（思文閣出版、一九七九年、初版一九三〇年、六一一頁）。

(41)宝徳二年六月二日「山名清宗安堵状」（『益田家文書』九六〇号）。

(42)国立公文書館蔵『寛永諸家系図伝』第八冊所収「山名系図」（請求番号一五六―〇〇一五）。

(43)宝徳二年三月、益田崇観寺宛てに出された清宗の書状には「安首座風渡下向候」とあり、京都から石見に下向した僧について言及していることから、清宗は在京中と考えられる（〈宝徳二年〉三月二八日「山名清宗書状」『益田家文書』九五九号）。

(44)（年未詳）五月一七日「（山名）義宗書状写」（『譜録』「益田隼人兼定」四号）によれば、「一昨日合戦」につき益田氏の名代の奮戦等を京都に注進すると述べている。また、（年未詳）四月二〇日「（山名）義宗書状写」（「新出周布文書」一六二号九二丁）によると、周布氏の所領安堵に関する吹挙を行っている。いずれも前掲注(36)報告書所収。
(45)前掲注(33)『応仁記・応仁別記』一五九頁。
(46)（応仁元年ヵ）八月二二日「山名政清書状」（『日本大学総合図書館蔵　俣賀文書』所収「俣賀文書」四三号）、（同年ヵ）九月二二日「式部少輔義宗書状」（俣賀文書四四号）。
(47)（文明四年ヵ）六月二六日「内藤弘矩書状」（『益田家文書』六二三号）。
(48)『建内記』文安元年五月一八日条。
(49)『蜷川親元日記』寛正六年九月六日条。
(50)前掲注(26)「大町色貞書状」。なお、美作国苫田郡には綾部荘（郷）が存在している。この地域出身と考えると、南北朝期に義理が美作守護をつとめていた時期に被官化されたと思われる。
(51)『建内記』永享元年七月八日条。
(52)（永享一〇年）二月二一日「（山口）守衡・（高山）清重連署書状写」（出羽五四号）。
(53)（年未詳）一一月一六日「高山清重書状」（『益田家文書』五六三号）。
(54)（年未詳）六月一一日「高山統空書状写」（『中世益田・益田氏関係史料集』四一六号）。
(55)『看聞日記』永享九年一二月一二日条には「山名大輔」（熙貴）の使者として「松原・西谷・西井三人」、『建内記』永享一一年六月一〇日条には山名熙貴の使者として「夏見若狭守」、『康富記』文安五年七月一六日条には「山名大夫」（常勝）の被官として「小松原」の名前が見える。
(56)『看聞日記』嘉吉三年九月二二日条。
(57)『建内記』文安四年七月三日・二九日条。
(58)（宝徳元年）一二月一八日「珍阿弥書状」（『益田家文書』五六五号）。
(59)『政所内談記録』寛正四年四月二六日条。
(60)こうした背景は不明な点が多いが、明徳の乱で石見守護家の祖・義理が政治的に没落していたことも影響しているのであろう。守護職を没収されたことで一時的に同家の被官組織も打撃を受けたと考えられる。

(61) 前掲注(6)渡邊論文。
(62) 応永一七年八月四日「山名氏奉行人奉書」(『益田家文書』八三号)、同年同月同日「石見守護山名常勝安堵状」(『益田家文書』八四号)、同年九月九日「石見守護代入沢慶明遵行状」(『益田家文書』八五号)、同年同月同日「左衛門尉某・左衛門尉実仲打渡状」(『益田家文書』八六号)。
(63) 応永二四年九月一四日「山名氏奉行人奉書」(『益田家文書』九二号)。
(64) (応永二四年)一〇月七日「大町色貞書状」(『益田家文書』九三号)。
(65) 前掲注(6)渡邊論文、畑和良「「岡本文書」所収美作国関係中世史料」(『美作地域史研究』創刊号、二〇〇八年)。
(66) 文安元年六月二四日「山名氏奉行人連署奉書」(小川五郎収集文書三号)。
(67) 前掲注(34)「山名清宗打渡状」。
(68) (文安元年)一一月一六日「高山清重書状」(『益田家文書』五六四号)。
(69) 前掲注(44)(年未詳)四月二〇日「(山名)義宗書状写」。
(70) 前掲注(43)「山名清宗書状」。
(71) 宝徳元年閏一〇月二八日「高山統空奉書」(東京大学史料編纂所研究成果報告二〇〇九―六『分散した禅院文書群をもちいた情報復元の研究』所収「南禅寺徳雲院文書」六号)。
(72) 美作国ではあるが、高山清重の父と思われる「高山入道」の在国事例を確認できる(『建内記』嘉吉二年四月三日条)。
(73) 前掲注(7)川岡論文。
(74) 大町氏の出自については、矢吹金一郎編『美作古簡集註解　下』(対岳楼書房、一九三六年、一九二頁)参照。
(75) 美作守護時代の義理は後藤下野守が訴えていた同国塩湯郷地頭職などの施行を吹挙しているが、義理は後藤氏を「当手仁候間執申候」と述べている(〈観応元年ヵ〉一一月一七日「山名義理挙状写」『南北朝遺文　中国四国編　第二巻』一八九六号)。
(76) 永徳二年八月一二日「紀伊守護山名義理奉行人連署奉書写」(東京大学史料編纂所影写本「佐々木文書」、請求番号三〇七一・六六―四四)。また、市川裕士氏は高山氏を紀伊守護代と指摘している(同「南北朝動乱と山名氏」『室町幕府の地方支配と地域権力』戎光祥出版、二〇一七年、初出二〇一三年)。
(77) 山口氏の素性については、吉田賢司「在京大名の都鄙間交渉」(『室町幕府軍制の構造と展開』吉川弘文館、二〇一〇年)

ならびに本書第二部第一章参照。

(78)　前掲注(7)川岡論文。

(79)　前掲注(33)『応仁記・応仁別記』一六二頁。

(80)　前掲注(6)井上・岡崎編著一八二頁。

(81)　なお、後藤氏に関しては、文明三年に畠山義就被官・今岡某と山城国花園田年貢をめぐる相論を引き起こしており、応仁・文明の乱中に在京していたことが判明する（『東寺廿一口供僧方評定引付』同年一二月二一日条）。

【付記】

本章の原論文は、二〇一九年三月刊行の『古代文化研究』二七号に掲載された。原論文では、石見守護代をつとめた山名清宗（掃部頭）を丹後国加佐郡有道郷の領主「山名有道殿」と同一人物であるとして他国にも所領を持つ存在と見ていた。しかし、次の史料を踏まえると、「山名有道殿」の理解を改める必要が生じてくる。

【史料】『洞院公定日記』永和三年三月一六日条

（前略）又山名三川守代官号㆓桂男㆒参、以㆓経永㆒聞㆑之、丹州有道年貢事申候、先日始来申、凡不㆑慮幸也、比興々々、不㆑可㆑及㆓外聞㆒、可㆓隠密㆒、但年貢沙汰已前、更不㆑足㆓信用㆒、

この記事によれば、「山名三川守代官」が公定のもとを訪れて「丹州有道年貢事申」したという。この時点で丹後国有道郷と山名三河守の間に何らかの繋がりが存在し、洞院家に対する年貢納入を請け負っていたのであろう。『寛永諸家系図伝』（未定稿本）所収「山名系図」には山名時氏の弟・兼義に「有地(道)参河守」、浅羽本「山名系図」には「有路(道)参河守」などの注記があり、兼義の子孫には三河守や掃部頭を名乗る人物も確認できる。つまり、有道郷を知行した一族は兼義流山名氏であり、時氏の二男・義理を祖とする石見守護家一族の清宗とは系統的に全く異なる別流であった。よって本章では、関連する記述を削除・修正している。なお、原論文では、『蜷川親元日記』文明一三年一一月一八日条に見える「山名掃部頭殿豊泰号㆓有道㆒」を清宗の子孫と推測していたが、前述のとおり、山名有道氏は兼義流であるから清宗との血縁関係はなく、本章ではこの記述も削除した。

また、論旨に直接関連するわけではないが、旧稿発表後、山名義理の妻・浄音（常勝の母）が公家の勧修寺家出身であることを知った。この点はすでに榎原雅治氏が言及しており（同『シリーズ日本中世史三　室町幕府と地方の社会』岩波書店、二〇一

六年、八三頁)、在京守護と公家による公武婚の一例として注目される。

補足すると、応永二六(一四一九)年八月、浄音から常勝に摂津・山城・加賀の所領が譲渡されているが、もとは浄音の父・勧修寺経顕から譲られた権益であった(『仁和寺史料　古文書編二』一五三号)。この所領群の一部は、永享六(一四三四)年二月、常勝の娘・大一房ら一族の菩提を弔うために光徳庵などに寄進されている(『仁和寺史料　古文書編二』一六八・一六九号)。石見守護家が所持した石見国外の権益とその伝領過程がうかがえる貴重な例である。本章は石見守護山名氏の被官組織の分析が中心であったが、先に紹介した公武婚や国外所領の存在は、当該期の在京領主として普遍的な姿であろう。守護家の在京活動の実態については、今後の課題としておきたい。

補論一　備後金沢氏の素性について

応仁・文明の乱勃発直前の応仁元（一四六七）年三月、丹波国で次のような騒動が起きた。

【史料一】

一、覚朝自二奈良一来云、去三日自二門跡（尋尊）一日野へ被レ上レ人処、備後金沢ト云者上洛之処、於二丹州一引二出喧嘩一間、被二打殺一之由申間、自二山名（持豊）一可レ寄二細川（勝元）一之由、令二支度一之間、細川一族以下打寄間、京中物忩中〳〵言詞難レ及事也、而金沢内者共ハ少々雖二生涯（害）一、於二即体一者無為罷付之間、先無二合戦之儀一云々、併天魔所為歟、(1)

史料一は『経覚私要鈔』の記事であるが、それによれば、山名方の「備後金沢」なる人物が上洛途中で殺害されたとの情報が伝わり、京都で山名・細川双方が武力衝突する寸前となったという。のちに金沢本人が無事に上洛したことにより、結局合戦は起きなかったが、大乱発生直前の不穏な京都情勢がうかがえる騒動といえる。

状況次第で大乱が早まる可能性もあった騒動に巻き込まれた備後の金沢氏とはどのような人物であろうか。最近、小谷利明氏が明らかにしたところによれば、畠山義就の正室は金沢氏の娘であったという(2)。応仁・文明の乱開戦に至る政治過程において、山名持豊と畠山義就の連携が重要な役割を果たしたことはよく知られているが、両者を結ぶ婚姻関係に金沢氏が関与していた点は注目されよう。しかし、従来山名氏研究の分野ではあまり注目されておらず、金沢氏の素性は不明な点が多い。

山名一族・被官の中で金沢姓の人物はほとんど確認できないが、宝徳～文明年間にかけて活動した金沢下野入道源意という者がいる。この人物は連歌の事績があることから国文学分野で言及があり、金子金治郎氏が山名一門で連歌師・宗砌に師事したことを指摘している。[3] 金沢源意は一条兼良の序文と加点がある『異体千句』を著したほか、[4] 宝徳年間に一条兼良邸で行われた源氏国名百韻の詠者の一人であり、『新撰菟玖波集』に一首選ばれている。金子氏や片岡秀樹氏が指摘するように、山名一族・被官に広く見られた「宗砌流」の一員であった。[5] 一六世紀に成立した山名被官による連歌書には源意の発句が複数引用されている。[6] いずれも「宗砌流」の継承者たちによる著作・聞書であり、源意の事績が後代にも受け継がれていった様子が見て取れる。このような宗砌を軸とする山名氏関係者の人的ネットワークの中に源意も含まれていた点は留意しておきたい。

　金子氏が紹介した連歌史料の中には「山名蠏沢下野入道」や「山名一家」の「蠏沢源意」とあり、[7] 山名一門出身と確定できる一方で山名氏系図の諸本には源意の名を見出せない。このように、源意の系譜は判然としないものの、[8] 活動時期は一致するため、応仁元年三月の騒動に巻き込まれた金沢某と畠山義就正室の父・金沢某はいずれも金沢源意であろう。小谷氏は『後法興院政家記』の記事をもとに備前守護山名教之被官とされたが、この記事には「酉剋許又相模(山名教之)被官者令レ殺二害讃州(細川成之)内者一」[9] とあるのみで必ずしも丹波国での騒動を指しているとはいえない。むしろ山名教之の被官が細川成之の被官を殺害したとも読み取れるため、丹波国の騒動とは別件と見る方がよい。小谷氏が示された別の史料にも「備後ノ金沢」とあるため、[10] 金沢氏と備後の繋がりは揺るがない。備後国は惣領家分国であるうえ、金沢氏は山名一族であることから、少なくとも金沢氏は備前守護山名教之の被官とはいえない。[11]

　一方、長禄三（一四五九）年一二月、山名持豊が犬橋下野入道に備後国内にある長福寺領の段銭などの免除を指示している。[12] それを受けて翌長禄四年正月、源意が山本若狭守に対して下知を伝達している。[13] 以上より、この人物は犬橋下野入道と名乗っていたとわかる。前述した備後国との関係や官途・入道号の一致を踏まえると、金沢源意と犬橋源意は同一人物の可能性が高い。[14] また、寛正二（一四六一）年五月にも犬橋下野入道は石清水八幡宮領備後国藁江荘などへの使者入部を停止するように持豊からの下知を受けている。[15] このほか、高野山文書に含まれている備後国大田荘の年貢勘録状によれば、寛正四年、備後守護山名氏の関係者である「犬橋殿」とその配下の「山本殿」にそれぞれ礼銭が支払われている(16)。この犬橋氏も源意であろう。よって、源意は単なる山名一門ではなく、持豊の下で備後守護代として分国支配に従事していたと指摘できる(17)。

このように、備後金沢氏とは備後に拠点を持つ山名一門であり、史料一に登場する金沢源意は同国守護代をつとめた人物であった。さらに小谷氏の指摘をもとにすると金沢源意は当時の中央政界の動向とも無縁ではない人物といえる。このほかにも斯波義廉の母は、持豊伯父の山名摂津守の娘であった(18)。義就に嫁いだ金沢源意の娘も同様の存在であり、山名惣領が推進した畠山・斯波両氏との連携を庶流家が下支えした事例として改めて評価できる。また、惣領本人の政治的立場に近い源意の存在は、第一部第三章で触れた山名一族・被官個々の政治的立場の差異を示す一例ともいえよう。

注

(1)『経覚私要鈔』応仁元年三月六日条。
(2)小谷利明「畠山義就と女房衆」(『八尾市立歴史民俗資料館研究紀要』三一、二〇二〇年)。
(3)金子金治郎『新撰菟玖波集の研究』(風間書房、一九六九年、一七九頁)。なお、当該期の史料の一部には「蟖沢」という表記も散見されるが、本章の表記は「金沢」で統一する。
(4)『異体千句』については、高橋喜一・藤本徳明・荒木尚・島津忠夫編『古典文庫第四一三冊　千句連歌集三』(古典文庫、一九八一年)参照。
(5)「宗砌流」の山名被官たちについては、前掲注(3)金子著書一七七〜一八九頁、片岡秀樹「但馬山名氏周辺の連歌」(『歴史と神戸』五六―二、二〇一七年)参照。
(6)例えば、永正九(一五一二)年に太田垣朝定が著した『連歌之覚悟』、同一六(一五一九)年に山本随心が著した『世俗』、永禄一〇(一五六七)年に榎並高能が著した『聴言鈔』(同輩の松田河内入道友意からの聞書)など。それぞれ写本が複数存在するが、ひとまず京都大学附属図書館所蔵平松文庫本を参照した。なお、画像は京都大学貴重資料デジタルアーカイブにて公開されている。
(7) 前掲注(3)金子著書一七九頁。
(8) 『蜷川親元日記』寛正六年九月六日条には「山名下野守」の名が見えるが、源意との関係は不明である。
(9) 『後法興院政家記』応仁元年三月三日条。
(10) 『大乗院寺社雑事記』文明一八年九月後付条。
(11) 金沢源意は少なくとも文明三（一四七一）年九月（当時六四歳）まで生存が確認できる（前掲注(3)金子著書一七九頁）。応仁元年三月の騒動で死亡したわけではない。
(12) （長禄三年）一二月一七日「備後国守護山名宗全書下」（『長福寺文書の研究』文書編九一一号）。
(13) 長禄四年正月一三日「源意書下」（前掲注(12)長福寺文書九一二号）。
(14) 金沢氏と犬橋氏の相互関係は不明である。犬橋氏は応永年間以降、備後国で活動した山名氏被官で同国守護代をつとめた。犬橋氏も同様に山名一門であり、犬橋氏の一流が金沢姓を名乗った可能性なども考えられる。なお、筆者は別稿（「山名教豊・是豊兄弟の政治的位置」『年報中世史研究』四五、二〇二〇年、本書第一部第三章として収録）にて犬橋氏を佐々木一族に比定していたが、訂正する。詳細は第一部第三章付記を参照されたい。
(15) 寛正二年五月二日「山名持豊遵行状」（『史料纂集　尊経閣文庫所蔵石清水文書』二九号）。文書名の訂正については本書第一部第三章注（62）参照。
(16) 寛正四年二月一七日「備後国大田庄年貢勘録状」（『広島県史　古代中世資料編Ⅴ』所収「高野山文書」二四号）。また、寛正二年の勘録状には「山名殿・弾正殿・下野殿三方へ為二年貢催促一巻数状認時酒直」が書きあげられている（寛正二年一一月一八日「備後国大田庄年貢勘録状」前掲『広島県史』所収高野山文書二〇号）。「山名殿」は備後守護の持豊、「弾正殿」は同じく同国支配に関与していた山名是豊（弾正忠）と考えられる。いずれも守護側の重要人物であるから、「下野殿」も同国守護代の犬橋下野入道と見てよいだろう。
(17) 『新撰菟玖波集作者部類』（『続々群書類従　第一五輯』歌文部、四七八頁）に「山名内金沢下野」とあるのも、惣領配下の守護代として内衆のように活動した経歴が反映されていたのではなかろうか。
(18) 『文正記』（『群書類従　第二〇輯』合戦部、三五〇〜三五一頁）。義廉母の素性は、山本隆志『山名宗全』（ミネルヴァ書

房、二〇一五年、二五八～二六〇頁）、拙稿「中世後期日野山名氏の基礎的考察」（『大阪大谷大学歴史文化研究』二四、二〇二四年）参照。

【付記】

本章の原論文は二〇二二年二月刊行の『戦国史研究』八三号に掲載された。原論文の発表後、次の史料の存在を把握したので紹介・補足したい。

【史料】『春樹顕秘抄』奥書（福井久蔵編『国語学大系　第七巻』国書刊行会、一九七五年、一一四頁。なお、字句の表記を改めている。）

相伝之次第

姉小路殿代々――龍本寺殿淳恵――源意金沢下野守入道――源政宣明智中務少輔――源信秀佐々木刑部少輔

史料は室町末期頃に成立したとされる語学書であるが、この奥書にはテニヲハ論の相伝次第が記されており、その中に源意の名前が見える。日本語文法を論じたテニヲハ論は和歌・連歌を詠む際に必要な知識と密接に関連しており、その成立・展開には連歌師の影響があるという（劉志偉「テニヲハ研究書と連歌論書における語学的事項の交渉」『「姉小路式」テニヲハ論の研究』京都大学学術出版会、二〇一二年、初出二〇一〇年）。源意がテニヲハ論の相伝者に名を連ねた背景も連歌活動が存在したと見てよいだろう。さらに源意がテニヲハ論を伝授した明智政宣は在京奉公衆の一員であり、京都における連歌活動が知られている（岐阜県教育委員会編『岐阜県教育史　通史編　古代・中世・近世』岐阜県教育委員会、二〇〇三年、二二九～二三九頁）。源意が京都における連歌会に参加した事例はすでに紹介されているが、こうした連歌会の場で政宣と知り合い、テニヲハ論を伝授したのであろう。

すでに本文で触れたように、源意は一条兼良と繋がりがあり、都鄙を往来しながら文芸活動に勤しんでいた側面があった。在京奉公衆・明智政宣へのテニヲハ論相伝もこうした都鄙間活動の一例であるが、他の在京武家領主層との横の繋がりが垣間見えて興味深い。そのうえで想起されるのは、川口成人氏による大名被官の都鄙間活動などに関する研究である（同「大名被官と室町社会」『ヒストリア』二七一、二〇一八年など）。源意は厳密に言えば、守護一門に属する人物であるが、その活動は川口氏の成果と合致する内容であり、特殊な事例というよりも当時ありふれた一般的な事例であろう。今後は、このような在京守護家庶流の存在形態やその動向を踏まえた議論がより一層求められるのではないのだろうか。

補論二　山名一族の連歌と人的ネットワーク

――「和泉守清舎」考――

はじめに

山名一族や被官たちが連歌など文芸活動に従事していたことは国文学分野を中心に早くから指摘されてきた(1)。とりわけ山名被官高山氏出身の連歌師宗砌を媒介とする連歌の一流派「宗砌流」の存在は、山名氏研究のみならず、近年盛んな都鄙関係や大名被官の文芸活動などの議論とも連動する興味深い指摘といえるだろう。ただし、「宗砌流」に関しては戦国期の相伝過程の検討が中心であり、室町期の文芸活動を介した人的ネットワークとその内実はなお論究の余地があると考える。そこで本章では連歌関係史料に垣間見える人物の素性を特定し、「宗砌流」ならびに山名一族の実態解明につながる基礎的事実を明らかにしたい。

一　「和泉守清舎」の素性とその関連史料

宗砌の句集『北野会所連歌始以来発句』の詞書を見ると、宗砌が多岐にわたる交友関係を有していたことがわかる。その中に文安五（一四四八）年一一月二日、京都の「和泉守清舎亭」にて詠んだ発句が収められている(2)。管見の限り、これまでこの亭主の素性に言及した研究は見当たらないが、実のところ他にも関連すると思しき史料が存在している。

図2　山名系図の比較

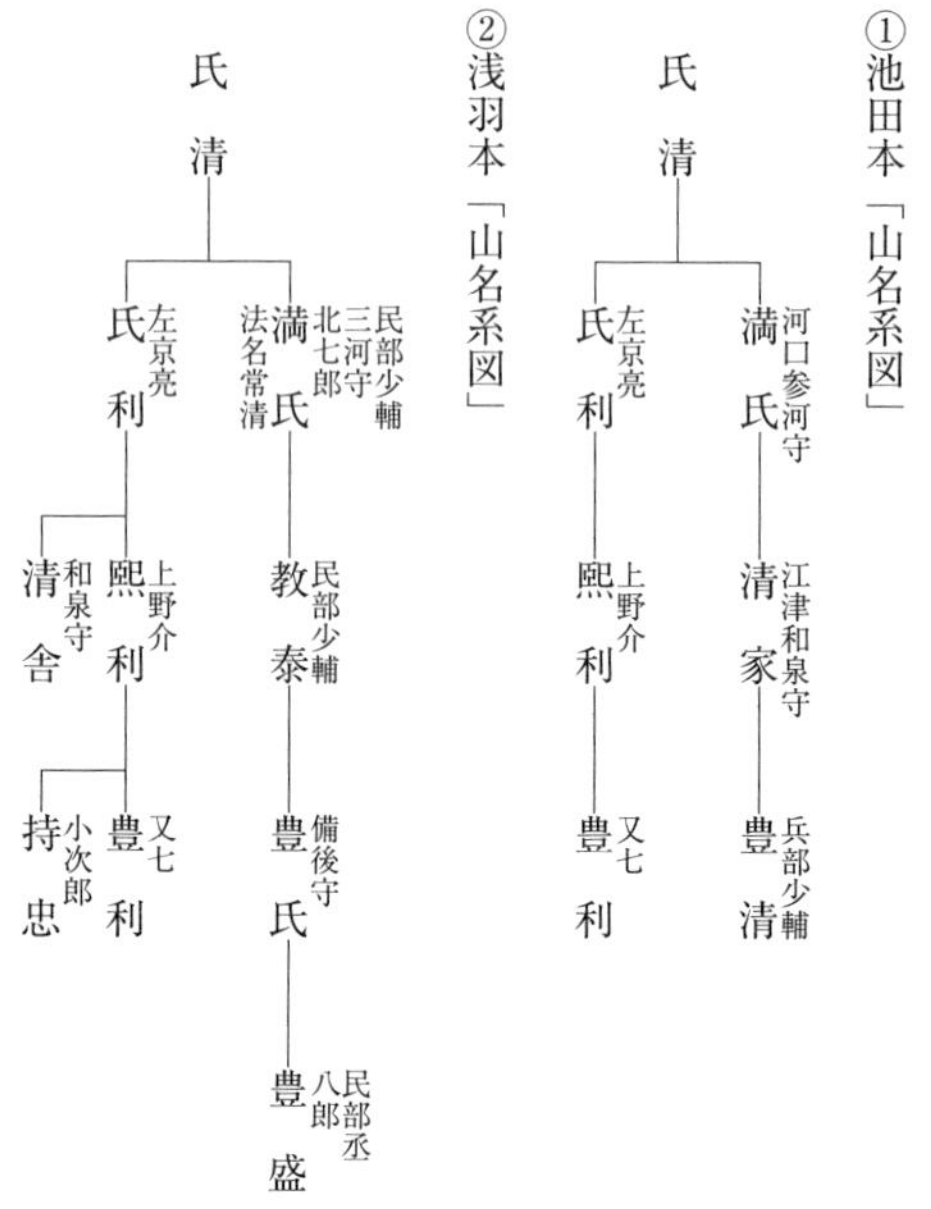

永正九（一五一二）年九月に山名惣領家被官・太田垣朝定が書写したという奥書を持つ連歌書『連歌之覚悟』には、脇句の項目に宗砌を交えた連歌会の様子が引かれている[3]。その中に宗砌の発句に脇句を付けようとした人物として「泉州江津殿」が登場する。この連歌会については年未詳であるが、宗砌の没年は享徳四（一四五五）年であるから、一五世紀半ば以前の逸話であろう。『連歌之覚悟』に見える人物は「江津」を名乗る和泉守（「江津和泉守」）なる人物のようだが、先の「和泉守清舎」とはどのようにつながるのだろうか。

池田本「山名系図」には、山名氏清の孫に「清家江津和泉守」の名前を見ることができる[4]。『連歌之覚悟』に登場する人物「江津和泉守」に該当する可能性が高い。さらに浅羽本「山名系図」には同じく氏清の孫に「清舎和泉守」とある[5]。浅羽本は「江津」が抜け落ちているが、「舎」と「家」は両方「いえ」と読むことが可能であり、両者は同一人物と見てよいだろう。つまり、宗砌の句集に見える「和泉守清舎」ならびに『連歌之覚悟』に登場する「泉州江津殿」とは、氏清の孫に当たる山名一族であった。両者は同一人物であり、「江津和泉守」とも名乗る山名清舎（家）に比定することができる（以下、本章では便宜上「清舎」に表記を統一する）。

二　「和泉守清舎」の系譜と連歌活動

山名氏系図の諸本では清舎の祖父を氏清とする点は共通するが、清舎の父は氏利（浅羽本）もしくは満氏（池田本など）と二説存在している。浅羽本で清舎の兄とする熙利は永享九（一四三七）年に「宗砌判五十番連歌合」を作成しており、宗砌と子弟関係にあったという。[6]このほか、同年一〇月には「山名左京亮熙利家の千句」に宗砌も参加している。[7]清舎の連歌活動が宗砌と関係の深い熙利から影響を受けた可能性はあろう。「宗砌判五十番連歌合」所載の序文によれば、熙利は永享九年時点で三五歳という。[8]逆算するに、応永一〇（一四〇三）年頃の出生と思われる。熙利の父である氏利は石見守護在職中に安芸国に出陣するが、応永一三年正月頃には「不慮之儀」（死没）が伝えられている。[9]この点を踏まえると、熙利と清舎の年齢差は二〜三歳程度であり、両者が兄弟関係にあっても不自然ではない年齢差である。浅羽本の伝える清舎の系譜情報はある程度信用してよいように思われる一方で熙利の官途が上野介となっているなど、他の系図も含めて情報の混乱や異同が見られる。[10]慎重な検討はなお必要だが、ひとまず清舎は氏利の息子と見ておきたい。

清舎が名乗った「江津」は拠点となる地名に由来すると思われる。候補地として、因幡国高草郡江津や石見国那賀郡江津を挙げることができる。父に比定される氏利が石見守護経験者であったことを踏まえると、石見国に拠点を構えた可能性もある。ただ、その後、石見守護職は別流に移っており、清舎が活動した段階では石見国とのつながりが明確ではないように、決め手に欠けるため判断し難い。因幡・石見の候補地は両方とも日本海と内陸河川の交わる結節点に位置する地域であった。いずれにしても交通上の要地を山名一族が押さえていたことには変わりなく、山名庶流の地方拠点の特徴を表している。あわせて注目したいのは、宗砌の句集にあるように、清舎が京都に宿所を構えていた点である。確認できる限り、宗砌と清舎の交わる場所は京都であった。例えば、犬橋氏や金沢源意などがそうであったように[11]、清舎もまた都鄙を往来しながら連歌活動に従事し、惣領家被官を含めて交友関係を広げたのであろう。清舎のような庶流のさらに傍系に位置する一族にとって、都鄙をまたぐ連歌活動は在京諸領主層とつながる有効な回路としても期待できたのではないかと思われる。

清舎の連歌活動を見ると、彼も「宗砌流」に属する人物であった。先に触れた『連歌之覚悟』では宗砌を招いた連歌会に連衆として太田垣忠説も同席している。同書を著した太田垣朝定は忠説の息子であり、いずれも「宗砌流」である。宗砌を通じた連歌の人的ネットワークは山名庶流の清舎も内包していたといえる。熙利や源意に限った話ではなく、庶流のさらに傍流に位置する一族にも裾野は広がっていたのである。「宗砌流」に関しては、これまで事績の多い特定の被官層や戦国期の展開状況を中心に検討が進められてきたが、室町期の段階で山名一族・被官を幅広く包摂し、都鄙にまたがる広域的なネットワークであったと評価できる。

おわりに

本章では宗砌の句集などに見える「和泉守清舎」の素性を特定し、山名氏清の孫に当たる人物であることを明らかにした。事績は乏しいとはいえ、清舎は京都と地方双方に拠点を構えて都鄙を往来した守護家庶流であり、典型的な武家領主の一員でもあった。さらに山名氏の一族関係を見たとき、惣領山名持豊による人的ネットワークの展開が指摘されているが[12]、惣領以外にもこうしたネットワークが各種張り巡らされていたといえる。清舎のような庶流の傍系であっても山名氏関係者の文芸圏に参画することにより、「宗砌流」の一員として身内意識が醸成されるだけではなく、零れ落ちてしまいそうな守護家一族の周縁部に至るまで包摂した同族間結合の維持にもつながったのであろう。

所領や偏諱、婚姻関係を介した結合、都鄙の政治情勢の影響など、守護家の一族関係とその展開には様々な要素が絡み合うが、連歌をはじめとする文芸活動も有効な「結合装置」のひとつとして機能していたと考えられる。とりわけ非守護の山名一族に関しては詳細不明の者が数多い。本章で取り上げた清舎の事例のように、そうした人々も文芸活動の視点から実態解明につながる手がかりを得ることも可能であろう。山名一族・被官の文芸活動は今後も引き続き検討していきたい。

注

（1）金子金治郎「宗砌流」（『新撰菟玖波集の研究』風間書房、一九六九年、初出一九六二年）、片岡秀樹「但馬山名氏周辺の連歌」（『歴史と神戸』五六―二、二〇一七年）など。

（2）金子金治郎・太田武夫編『貴重古典籍叢刊一一　七賢時代連歌句集』（角川書店、一九七五年、四三頁）。

（3）京都大学附属図書館所蔵平松文庫本。なお、画像は京都大学貴重資料デジタルアーカイブにて公開されている。

（4）池田本系図については、宮田靖国編『山名家譜』（六甲出版、一九八七年）掲載の写真版を参照した。

（5）浅羽本は江戸幕府の書物奉行・浅羽成儀とその子・昌儀によって編纂された系図集。東京大学史料編纂所謄写本（請求記号二〇七五―一〇八九）。

（6）前掲注（1）金子著書二八二～二八六頁。

（7）前掲注（2）『七賢時代連歌句集』所収「連歌愚句」五四頁。

（8）翻刻は「〔翻刻〕古連哥合　宗砌在判（前半・後半）」（『中世文芸』二～三、一九五四年）参照。

（9）（応永一三年）正月二八日「山名常熙（時熙）書状」（『山口県史　史料編　中世三』所収「小川五郎収集文書」一一号）。

（10）このほか、『因幡民談記』所収「山名系図」は池田本とほぼ同一の記載だが、「氏利江津和泉守」とある一方で「清家」の注記を欠いているように、注記情報の混乱がみられる。

（11）例えば、蜷川親当の句集には「犬橋殿月次に」の詞書を持つ発句が掲載されている（前掲注（2）『七賢時代連歌句集』所収「親当句集」九頁）。犬橋氏は備後守護代の地位にある一方で、京都にも屋敷を造営するなど都鄙を往来した。例を挙げると、『東寺廿一口供僧方評定引付』文安四年一〇月二五日条には「犬橋住宅新造云々」、同じく享徳元年八月晦日条には「犬橋近日可レ有二在国一」とある。蜷川親当が参加した月次連歌会も京都の犬橋邸で開催されたと考えられる。また、金沢源意については本書第二部補論一参照。

(12)　川岡勉『山名宗全』(吉川弘文館、二〇〇九年、一七五~一八六頁)。

第三部　応仁・文明の乱以後の山名氏と都鄙の政治情勢

第一章　応仁・文明の乱と山名氏

はじめに

室町期の政治と社会に大きな影響を与えた応仁・文明の乱は、二つの大名連合が中央政界における主導権など様々な問題をめぐって争い衝突したことをきっかけに勃発した大規模な戦乱であった。

応仁・文明の乱に至る政治情勢についてはこれまで様々な研究がなされてきた(1)。特に百瀬今朝雄氏による研究は、足利義政による将軍親政の確立過程と将軍権力側による守護抑圧政策の実施が応仁・文明の乱に至る政治情勢を規定していくことを論じたものであり(2)、その後の政治史研究は百瀬氏の研究をもとに進展していった。

例えば、百瀬氏の視点を継承する家永遵嗣氏は山名・細川両氏による二大勢力の対立論を批判して、西軍勢力の形成と展開に関東情勢との連動面を考察したほか、軍記物『応仁記』の語る政治的構図の虚構性を指摘するなど新たな視点をもって乱の構図を捉えようとしている(3)。対して桜井英治氏は、『応仁記』の虚構性をめぐる諸議論や西軍勢力に対する関東情勢の及ぼした影響を疑問視する立場をとり(4)、この点について家永・桜井両氏の間で議論となっている。また、末柄豊氏によって乱の当事者の相互関係や文正の政変時の各勢力の動向が整理・検討されたほか、石田晴男氏は乱に至る過程を関東情勢も踏まえて概説し、呉座勇一氏は奈良興福寺の尋尊と経覚に視点を据えて乱前後の政治史を叙述するなど、論争が続く分野はあるものの、応仁・文明の乱に至る政治情勢についての検討は飛躍的に進展しているといえよう[5]。

一方で応仁・文明の乱終結に向けた動きについては、両軍の士気の低下や越前朝倉氏の東軍転向で西軍の補給路が断たれたことがその背景として指摘されているが[6]、より具体的に政治情勢を考察した研究として、西軍側と連携していた古河公方をめぐる関東情勢の影響と細川氏の家督交代問題に注目した家永氏の指摘を挙げることができる[7]。しかし、西軍側にとって関東情勢が重要な問題ではなかったとする桜井氏の指摘もあり[8]、終結に向けた動きについて改めて検討する余地があると考える。

ここで文明四（一四七二）年に本格化した和睦交渉に注目すると、最初に和睦の話を持ち込んだのは西軍の山名氏であった。西軍の「大将」とされながらもいち早く和睦を結んだ山名氏の動向は留意すべき点であろう。山名氏がなぜ和睦に至ったのかという背景については山名持豊の病気に伴う戦意の喪失や一族分裂を懸念したとする説があるが[9]、応仁・文明の乱に突入した後、山名氏周辺の政治情勢がどのような過程を経て変化していったのかという点は依然として不明な点が多い[10]。

そこで本章では応仁・文明の乱における山名氏の動向がどのような段階を経て変化していき、最終的に和睦に至るのかという点を明らかにしたいと考えるが、特に川岡勉氏が提唱した「同族連合体制」に注目し[11]、庶子家の動向を含めた一族全体を包括的な視点から捉えていきたい。

従来、先行研究で取り上げられる山名氏は多くの場合で惣領家のことを指しており、それ以外の庶子家については等閑視されやすかった。しかし、川岡氏が指摘するように山名氏は惣領家を中心とする一族結合を展開してほぼすべての一族が西軍側に属しており、政治的動向にも影響を与えたことが想定される。また、川岡氏は、応仁・文明の乱後の山名氏は一族分裂が生じて戦国期的な混乱に突入したとするが[12]、応仁・文明の乱における山名庶流の動向を検討した片岡秀樹・高橋正弘両氏によれば、乱中より東軍方として活動した人物が確認できるという[13]。

以上より応仁・文明の乱中の山名氏周辺では何らかの変化が生じていた可能性が考えられる。このような変化は山名氏の動向にいかなる影響を与えたのだろうか。本章ではこれまで述べたような点を踏まえつつ、応仁・文明の乱における山名氏の動向について庶子家を含めた包括的視点をもとに考察していきたい。

一　応仁年間の情勢と山名氏

応仁元（一四六七）年五月、東西両陣営の間で本格的な戦闘が始まり、応仁・文明の乱に突入していった。ここでは応仁・文明の乱開戦当初における山名氏の動向を検討していきたい。

まず、開戦当初の山名氏は惣領家・庶子家共に一族・被官が惣領・持豊の下に結集し、西軍方として参戦していたことはすでに指摘されている[14]。応仁年間に発給された西軍諸大名連署状では惣領・持豊の他に伯耆守護家の山名教之や石見守護家の山名政清の名前が見える[15]。惣領家だけでなく、庶子家も含めて西軍方における中核的存在として活動していたことがうかがえる。

その一方で川岡勉氏によれば、山名是豊父子と右馬介豊熙が東軍に属しており、主に京都周辺や備後で活動したという[16]。是豊は持豊の息子で山城国守護などをつとめていた人物であり、開戦当初から東軍方に加わったことがわかる[17]。また、川岡氏は特に言及していないが、山名右馬介豊熙は京都周辺において東軍方として活動した「山名右馬助」と同一人物であると思われる[18]。しかし、この三名以外に東軍方として活動した人物は確認できないうえに被官組織の切り崩しも明確に見られない。乱当初における東軍系山名一族の活動は限定的で大きな影響を及ぼすものではないといえる[19]。

また、国人勢力の分裂が見られた備後や石見を除くと、但馬や伯耆・因幡といった山名氏の本国は戦乱の影響を大きく受けた様子が見られない。例えば、伯耆守護家の場合、応仁年間より断続的に隣国の出雲国に侵攻しており、東軍方の出雲守護代尼子氏を攻撃していたが[20]、乱初期の山名氏は地方においても優位な立場で戦闘を展開していたと見られる。

このように山名一族の結束は乱当初においては崩れることなくほぼ維持され、戦闘に従事していた。また、備後や石見といった一部の地域を除くと山名氏の本国地域における混乱もおおむね確認できない。少なくとも応仁年間においては山名氏に何らかの変化を見ることはできない。

ところで桜井英治氏が指摘するように、応仁・文明の乱開戦の直接的な要因は山名持豊が畠山義就を支援したことによるものであった[21]。しかし、持豊以外の一族が畠山義就の支援にどれほど積極的であったのか、実のところ判然としない。それではなぜ一族が結束して西軍方に属したのだろうか。

ここで注目されるのが家永遵嗣氏による指摘である[22]。家永氏は嘉吉の乱後の山名氏は赤松氏との対立という問題を一貫して抱えており、細川氏との関係もそれに伴って変化していくと指摘している。

山名氏の場合、惣領家以外の一族も備前や美作といった旧赤松氏分国の守護職を獲得するなど、旧赤松氏分国と何らかの関わりを持っていた。赤松氏との対立という問題は、庶子家を含めた山名氏全体にとって共通の課題であり、一族が惣領の下に結集して西軍側として活動した背景でもあったといえる[23]。例えば、開戦当初から東軍方に属した山名是豊の場合、開戦直前の時点で「赤松与同意故歟」という情報が流れており、赤松氏に対する姿勢がその政治的動向を左右したことがうかがえる。

しかし、開戦当初より争点の一つとして浮上していた旧赤松氏分国をめぐる抗争では、早い段階で赤松氏が播磨・備前両国の支配を回復している。美作国のように文明二（一四七〇）年頃まで山名・赤松両氏による争いを確認できる地域はあるが[24]、少なくとも応仁二年後半の時点で「播州設㆓固守嶮㆒拒㆓敵之備足㆒宗全之兵不㆑能㆑攻、相引帰京」とあるように[25]、山名氏は旧赤松氏分国から排除されたといえる。

以上のように、応仁年間のうちに山名氏は旧赤松氏分国から排除されて自力での支配の回復は見込めない状況になっていた。赤松氏との対立が一族の結束を支える背景の一つでもあった山名氏にとって、このような状況の出来はどのような影響を与えていくのだろうか。文明四年以降、山名氏は東軍側との和睦交渉を本格化させていくが、この前後の動向については依然として不明な点が多い。これらの点について次節で詳しく検討してみたい。

二　庶子家の分裂

（一）文明年間初頭における山名氏をめぐる情勢

応仁二（一四六八）年一一月、足利義視が西軍陣営に迎え入れられ、東西両幕府が成立した。これ以降、京都周辺における戦闘は膠着化していくが、文明年間に入ると戦線は地方にも拡大していった。特に文明二〜三年頃を境に東軍方による西軍方への攻勢が強まっていく[26]。山名氏の場合、一族が結束する背景のひとつであった旧赤松氏分国を喪失したことを前節で述べたが、西軍にとって不利な状況が展開する中にあって山名一族はどのような動きを見せていくのだろうか。

文明年間に入る頃になると徐々にではあるが、是豊ら以外にも東軍に属する者が確認できるようになる。片岡秀樹・高橋正弘両氏によると、伯耆守護家一族の山名元之や因幡守護家一族の山名上総介が東軍方として活動したという[27]。

【史料一】

就二山名九郎（元之）在陣一、連々無二等閑一由候、令二悦喜一候、仍近日可レ令二入国一候之由候、然者早々合力可レ為二肝要一候也、恐々謹言、

三月廿七日　勝元（細川）（花押）

尼子（清貞）形（刑）部少輔殿[28]

【史料二】

（前略）洪皦（東瑛）首座事、自二喝食時一侍二虎山（永隆）和尚一、左右致二奉公一（中略）殊一乱初承泰蔵主居二蔭凉一微弱之故、此仁諸篇公義同寺家之義致二成敗一、泰公作二上総介一因州入国之時、亦此仁相副致二国之成敗一（中略）俗者土岐被官薄田云者、土岐守（ママ）也、其弟也、親類悉為二御敵一、此仁一人不レ動二一歩一、在二御方一致二其忠一也、公方様亦定可レ有二御存知一者也、[29]（後略）

史料一は細川勝元が出雲守護代の尼子清貞宛てに出した書状である。それによると細川勝元は山名元之の「入国」に尼子氏が合力するように求めている。元之が入国しようとした地域については、のちの元之が伯耆国内で活動していることなどを踏まえると伯耆と見るのが自然であろう。また、高橋氏によれば、文明元（一四六九）年頃には伯耆守護の山名豊之が伯耆に下向しているという[30]。東軍方である元之の活動に対処するために下向したと考えれば、史料一の発給年次も文明元年前後と見てよいだろう。『応仁記』によれば、応仁年間の時点で元之を指すと考えられる「大坂」が西軍方の山名陣営に属していた[31]。元之の東軍転向時期は文明元年をさほど遡らない時期ではないかと考えられる。

次の史料二は因幡に関連する『蔭凉軒日録』の記事である。これによると蔭凉職をつとめていた承泰蔵主なる人物が還俗し、「上総介」と名乗って因幡に入国したという。片岡氏は、承泰蔵主は因幡守護山名氏の一族であるが、東軍方の禅僧・東瑛洪皦を補佐役としていたことから東軍方として因幡に下向したのだろうと指摘している[32]。高橋氏は、

山名上総介らの下向時期について文明三年と大きく隔たるまいとしている。[33]

これらの事例についてはいずれも共通点が存在する。史料一で元之入国の支援を求めている細川勝元は東軍の「大将」であり、宛所の尼子清貞も東軍方であるように、都鄙における東軍方の連携によって支援が行われていることがわかる。

また、史料二に見える承泰蔵主は開戦当初、蔭凉職の地位にあったが、官寺を統括する相国寺鹿苑院主（鹿苑僧録）の補佐役である蔭凉職は将軍権力と密接に関わる存在であった。このような存在が還俗したうえで上総介を名乗り因幡へ入国したという一連の過程に東軍方に与していた足利義政が全く無関与であったとは考えられない。[34]いずれの場合も東軍首脳部による関与が確認でき、東軍方による組織的な支援を受けた行動であるといえよう。

このように東軍首脳部による山名氏内部への切り崩しが行われるようになり、それに呼応する動きが存在したことがわかる。東軍方による西軍方への攻勢は例外なく、山名氏分国も対象とされたのである。

しかし、この二人の存在を加味しても、文明初年段階においては依然として深刻な分裂状況に陥っていたとはいえない。二人とも庶流守護家のさらに傍流という非主流派であったうえに、是豊父子らを除くと、この二人以外の東軍派の活動は確認できない。

例えば、伯耆守護家の軍勢は文明元年以降も断続的に出雲国に侵攻しており、勢いが衰えたとはいえない。また、因幡の場合も他氏出身の禅僧が補佐役として同行していることを踏まえると、還俗した山名上総介方にはしかるべき支持基盤が存在しなかったことがうかがえる。文明初年段階における山名一族内部における東軍派の人的広がりは依然として限定されたものとみるべきだろう。

しかし、その場合、応仁・文明の乱終結後の深刻な一族分裂の契機はいつに遡るものかという点は依然として不明なままである。以上の点を踏まえつつ、次に山名氏の一族分裂が深刻化する契機を検討していきたい。

（二）（年未詳）一一月三〇日「足利義政御内書案写」の検討

それでは、山名氏の一族分裂はどのように深刻化したのだろうか。ここで次に掲げる史料を検討したい。

【史料三】

文明年中

①今度父討死之条、不便之次第、仍参二御方一云々、尤以神妙、弥可レ抽二忠節一候也、

十一月卅日

山名聟房とのへ

②馳二参御方一、相二談聟房一、可レ致二忠節一候也、

同日

山名治部少輔とのへ

③可レ参二御方一云々、尤神妙、仍取二立聟房一、可レ致二忠節一候也、

同日

山名掃部頭とのへ

④御文言同前、但可と申一字無レ之、被レ成二下之一人数、

小鴨大和入道とのへ、佐々木一族中(35)

史料三は「昔御内書符案」に収められている足利義政の御内書案写であるが、管見の限り、従来の山名氏研究においては検討されたことのない史料である。

まず、宛先に見える人物を検討する。①の山名聟房は、池田本「山名系図」によれば、因幡守護山名豊氏の息子で

ある。[36]また、②の山名治部少輔については詳細不明であるが、治部少輔の官途は因幡守護家特有のものであることからも因幡守護家一族であると推測される。

③の山名掃部頭については、石見守護代の地位にあった庶流家に掃部頭を名乗る人物を確認できるという。[37]『応仁別記』に登場する、石見守護山名政清の伯父・山名掃部頭が③に該当するだろう。[38]なお、③の山名掃部頭は文明四年頃に西軍方の石見国人・益田氏との間で同国長野荘上黒谷をめぐって紛争を起こし、上黒谷に発向したとする風聞が流れている。[39]

④の小鴨大和入道は伯耆守護家の被官・小鴨氏の一族であり、応仁年間に備前国内で赤松勢と戦っていた「小鴨大和守」のことを指していると思われる。[40]佐々木一族については惣領家宿老にも見えるが、惣領家宿老の佐々木氏は文明四年の和睦交渉時に山名方の使者として活動しており、東軍に寝返った形跡は見られない。[41]小鴨氏と同一に扱われていることを見れば、伯耆守護家被官の佐々木氏を指していると見るべきだろう。④の宛所に見える人物たちはいずれも伯耆守護家において守護代をつとめるような宿老級の被官である。[42]

このように宛先に見える人物は現職守護の息子や守護代をつとめる一族・被官であり、守護家の中核的存在であった。これは先に指摘した文明初年までの東軍転向者が散発的であり、階層的な広がりに欠けていたことに比べると質的な違いが見られるうえに、すべての庶流守護家の中核部分に相次いで東軍転向者が現れるという事態を読み取ることができる。

さらに注目したいのは①の智房である。智房宛ての御内書の文言を見ると「今度父討死」とあるが、この父とは因幡守護山名豊氏を指すと見られる。この豊氏の晩年についてはこれまで不明とされてきたが、[43]①の御内書によって現職の因幡守護である豊氏が討死したこと、さらにその息子は東軍に寝返ったことを明らかにすることができる。守護が討死しただけでなく、東軍に寝返る動きが発生したという事実からは、庶子家内部に深刻な混乱と分裂が発生していたことがうかがえる。

（三）御内書の発給年次の検討

では、先に紹介した御内書が一斉に発給された年次はいつ頃なのか。まずは、宛先に見える人物のうち、比較的動向が判明している③の山名掃部頭をもとに検討していきたい。

『応仁別記』によれば、応仁・文明の乱当初の山名掃部頭は美作国を守っていたとされる。実際、美作国内では文明二年正月頃まで山名方と赤松方の戦闘を確認できるが、石見守護家の守護代であり、東軍方との戦闘を現地で指揮していた中核的存在がこの時点で東軍に転向したとは考え難い。少なくとも文明二年頃までは西軍に属していたことは確実であり、発給年次は文明三年以降（一一月が「大の月」ではない文明四年を除く）であろう。

次に文明三年以降の山名氏をめぐる情勢をもとにしてさらに発給年次を絞り込んでみる。まず、文明二〜三年にかけての東軍方は積極的に西軍方への転向勧誘を行い、攪乱工作を展開している。このことについて次のような史料が存在する。

【史料四】

参㆓御方㆒致㆓忠節㆒者、依㆓其功㆒可㆓抽賞㆒候也、

同　日（文明三年六月二五日）　越智弾正忠（家栄）とのへ　八木但馬守（宗頼）とのへ

三宅彦次郎とのへ　遊佐四郎右衛門尉とのへ(44)

史料四は、史料三と同じく「昔御内書符案」所収の「足利義政御内書案写」であり、同様にこれまで山名氏研究において言及されたことのない史料である。この宛所の一人に八木但馬守なる人物が見える。この人物は山名惣領家の宿老の一人であった八木宗頼のことであるが(45)、山名惣領家内部にも東軍方による切り崩しの動きが存在したことがわ

かる（ただし、実際に八木宗頼が離反した形跡は見られない）。この御内書は文明三年六月の発給分に含まれており、越前朝倉氏の転向と近い時期である。

さらに義政発給御内書については、文明三年前半に各地の西軍関係者宛てに発給された転向勧誘の御内書を複数確認できる。大和の越智氏や能登守護の畠山義統も含まれるなど、西軍の各階層宛てに幅広く発給されていることにも注意したい。史料四以外にも文明三年の前半にかけて山名氏内部宛てに発給された御内書が存在した可能性は高いといえよう。

そして最も注目したいのは文明三年九月に伯耆守護家内部で謀反が発生したことである[46]。この時、伯耆に在国していた守護山名豊之は「為二賊臣一所レ弑」とあり、謀反を起こした内部の者によって殺害されている[47]。加えて豊之が殺害された三日後の九月二一日、出雲国内の東軍勢力と交戦中であった伯耆守護の軍勢が大敗している[48]。これを契機としてその後は伯耆守護家による出雲侵攻が全く見られず、豊之の殺害が伯耆守護家に大きな打撃を与えたことが明らかである。

片岡氏は「賊臣」について山名元之など東軍関係者の関与を想定している[49]。しかし、先に見た元之は史料一時点で伯耆に入国しておらず、伯耆国内での活動が判明するのは文明八年以降であることを踏まえると[50]、豊之殺害には守護の近くにいた別人の関与の疑いが濃厚である。豊之が殺害されたのは伯耆国久米郡にある「由良島」という場所であるが、一説には守護所が存在していたといわれる[51]。そうなれば、史料三に登場するような小鴨大和入道・佐々木一族といった伯耆守護家の宿老たちの関与を考えることができるだろう。

加えて殺害された豊之は、史料三に討死したと記されている因幡守護山名豊氏の実兄であったことにも注意したい[52]。両者は乱前において義政の御供衆であり、開戦時も一緒に義政の御所から退出して西軍に合流するなど行動を共にしていた[53]。また、寛正二年には因幡国内の荘園押領をめぐって兄・豊之が弟・豊氏に意見しており、両者の強い結びつきがうかがえる(54)。さらに応仁・文明の乱当時、伯耆守護家の軍勢に因幡の守護所である布施を拠点とする一族が加勢していた事例や両者の父である山名教之が幕府に因幡の物産を進上した事例から、因幡守護家は伯耆守護家の強い影響下に置かれていたと見てよい(55)。

これらの点を踏まえると、豊之の殺害と豊氏の討死は連動しているのではないのだろうか。聟房が元服前と思われる幼名であることを考慮すれば、聟房自らの意思というよりも因幡守護家内部の意思で転向を決めたと見られる。豊氏の討死も実兄の場合と同様に内部による犯行を考える余地もあろう。

ここまで史料三の発給年次を考察してきたが、文明三年に発給された可能性が最も高いといえよう。文明四年以降の山名氏をめぐる情勢を見ると、文明五年には細川氏との間で停戦状態となっているほか、激しい混乱が生じている形跡は見られない。このような著しい混乱は文明三年にしか現れないのである。文明三年前半にかけての東軍方による切り崩し工作の結果、山名氏の庶流家内部では相次いで分裂と混乱が広がったと考えるのが自然であろう。史料三はその延長線上に位置づけられる史料であり、山名氏の一族分裂はここに深刻化したと指摘することができる。

以上、第二節では山名一族内部の分裂が深刻化した契機を検討したが、文明三年一一月にすべての庶流守護家の中核部分を占める一族・被官が東軍に寝返ったことが明らかになった。また、川岡氏の説よりも早い時期に分裂が発生していること、片岡・高橋両氏の説で示された東軍転向者の活動が予想外の広がりを持つようになったことも示すことができた。

このように文明初年段階まで比較的平穏であった山名氏の本国地域において混乱が拡大していった事実は、山名氏の動向に大きな変化をもたらす契機であったと考えられる。次節では混乱発生後の山名氏の動向について検討したい。

三　応仁・文明の乱終結前後の山名氏

（一）文明四年の和睦交渉とその背景

先に山名一族内部の分裂が深刻化した契機を検討したが、その直後から惣領家は応仁・文明の乱終結に向けた動きを開始する。それでは、この前後の山名氏の政治的動向と一族関係について検討したい。

文明四（一四七二）年二月、惣領・持豊は細川勝元との和睦交渉を開始した。従来、この山名・細川間の和睦交渉については、西軍方の古河公方が劣勢になるという関東情勢の影響を指摘する家永遵嗣氏の説があるように[56]、外部要因が注目されてきた。

【史料五】

十五日、晴、申剋許参内、御祝如レ常、山名入道宗全可二降参一、然者天下可レ属二無為一之由、有二風聞一之趣、但就二赤松兵部少輔政教(則)身上一、有二口遊事一、猶不レ休、[57]

しかし、史料五の『親長卿記』の記事によれば、同年正月に山名氏が東軍方に「降参」する情報が流れている。最初に山名氏側の動きが伝えられた後に東西両陣営の和睦交渉が本格化したという流れを踏まえると、山名氏側にも何らかの内部事情が存在すると考えられるが、これまで注目されることはなかった。本節ではまずこの点について検討を加えていきたい。

この和睦交渉は文明四年の初頭に本格化するため、家永氏が指摘するようにその前年にきっかけを求める必要があるだろう。この点を踏まえて文明三年の山名氏周辺の情勢を検討すると、前述した庶子家の分裂と混乱が想起される。

伯耆・因幡両国では現職の西軍方守護が相次いで死亡したほか、石見国では東軍方の大内道頓挙兵の影響から益田氏を除く国人の多くが東軍方として活動するようになっていた。また、惣領家をめぐる情勢についても越前朝倉氏の東軍転向と前後して、但馬国内への東軍勢の侵入、史料四で見たような惣領家宿老への転向勧誘といった国内の動揺を生む事態が展開していた。

このように文明三年の山名一族の本国においては不安定な情勢が形成されており、特に惣領家との相互補完的な結合によって維持されていた庶子家分国内の秩序は混乱状態に突入していた。また、史料三のような各庶子家の中核部分を構成する一族・被官が東軍に転向した事態を受けて、惣領家が迅速に対応した結果、文明四年正月以降の和睦交渉に繋がっていくと考えられるだろう。

さらに注目したいのが和睦時に見られる赤松氏の抵抗である。史料五には赤松政則の「身上」について「有二口遊事一、猶不レ休」とあり、和睦が幕府内における赤松政則の立場に何らかの影響を与えかねないことが噂されている。加えて史料五では山名氏の和睦に関する動きと赤松氏の動きが同じ記事で取り上げられている。両者の動きが連動していたことがうかがえる。

また、別の史料には「赤松次郎就二三个国事一、和与儀不レ得二其意一」とあり、赤松政則が「三个国」のことに関わるため、和睦に反対していることが記されている[58]。この「三个国」とは播磨・備前・美作を指しており、山名氏と東軍方の和睦によって、山名氏が播磨以下三ヶ国の支配を回復することを赤松氏は恐れているということになる。

このように文明四年の和睦交渉と赤松氏問題は深く関わっている。旧赤松氏分国の喪失後、各庶子家にとっては惣領家と結合するメリットが低下していたと見られ、東軍方による切り崩し工作と分国の混乱を受けて、惣領家の影響力の低下が著しいものになったと考えられる。仮に和睦によって旧赤松氏分国の守護職が返付されるのならば、惣領家への求心力を回復することにつながるため、惣領家が和睦交渉に乗り出すのも当然であろう。

以上より、山名氏が細川氏と和睦交渉を開始するに至った背景のひとつには前年から深刻化していた庶子家の分裂と混乱が存在していることを指摘できるだろう。庶子家の混乱を受けて、惣領家は旧赤松氏分国の守護職返付によって求心力を回復することを目指して動いたと考えられる。しかし、この時の交渉は赤松氏の抵抗や細川氏の家督交代の不調によって頓挫し、惣領家の思惑は実現しなかった。早期収拾に失敗したことによって、その後の山名氏をめぐる情勢はどのように展開したのだろうか。

（二）文明六年前後の山名氏をめぐる政治情勢

和睦交渉が不調に終わった直後の文明四年六月一二日、応仁・文明の乱開戦時より持豊とともに在京していた伯耆守護家の山名教之が没落している[59]。これは前年九月に息子の豊之が死亡し、小鴨・佐々木両氏といった伯耆守護家の中核部分も東軍に寝返るという混乱を受けてのものであろう。伯耆の混乱によって在京が不可能な状態に追い込まれていることがわかる。和睦交渉が失敗して以降、伯耆・因幡両国における東軍方の活動は拡大する一方であった[60]。このように惣領家を支えた一族結合の崩壊が進行し、惣領家は相互補完的に協力し合った庶子家の不在という状況に直面する一方で、庶子家は京都において戦闘を継続する惣領家と行動を共にできない状態になっていた[61]。

教之の没落と伯耆下向は文明四年六月であるが、直前の同年五月には持豊の切腹が伝えられている[62]。この持豊の行動については、同年三月に起きた細川勝元の隠居、養嗣子・勝之の廃嫡の動きと連動しており、細川氏の動きに対して持豊が「答礼」として実行した行為とされる[63]。加えて前述したように、山名氏の動きの背景のひとつとして庶子家の混乱という事態が考えられることを踏まえると、山名氏内部に向けて和睦交渉失敗の責任を取る行動であったという側面も無視できないだろう。ただし、持豊の行動を受けても事態が改善されるわけではなく、戦線を離脱する庶子家の動きを止めることはできなかった。

次いで同年八月には持豊から政豊に家督が譲られた[64]。呉座勇一氏は持豊が「狐憑き」の状態であるという情報が惣領家宿老の太田垣氏によって広められている点に注目し、「主君押込」状態になったと指摘している[65]。持豊の影響力が和睦交渉の失敗により低下したことに加えて、内部からの突き上げによって持豊の隠居が実施されたことを見ると、山名氏による一連の行動には内部事情が色濃く反映されていたことをうかがわせるものであろう。

和睦に向けた動きが進まない中、文明五年三月に持豊は病死し[66]、正式な和睦が成立したのは、文明六年四月であった。さらに和睦時の条件も悪化しており、細川氏の家督を山名氏の血を引く政元が継承するという妥協は成立したものの、播磨以下三ヶ国は赤松氏に付与されたままであった。結局播磨以下三ヶ国の守護職返付という惣領家の狙いは実現せず、一族内部の混乱も鎮まることはなかった。また、次の史料からは和睦時にも新たな混乱が生じたことがわかる。

【史料六】

一、去十五日、山名息《少弼》参《八歳》㆓申御陣㆒、公方《(義政)》御対面、赤松《(政則)》以下諸大名見参、公方進物万疋、船岡山陣引破、一色《(義直)》等加㆓大内《(政弘)》陣㆒云々、山名大夫《(政清)》相㆓具彼衆㆒云々[67]、

史料六の『大乗院寺社雑事記』の記事によれば、惣領・政豊の息子が義政と対面する一方で石見守護・山名政清はそのまま西軍方に残留している。さらに別の史料では惣領家側が石見守護家被官を討ったという風説もあることから、和睦時の対応をめぐって内紛が発生した可能性がある[68]。また、その後の石見守護家は大内氏の支援を受けて旧分国の美作国の回復を目指していることを踏まえると[69]、影響力の低下した惣領家よりも大内氏に庇護を求めていったようである。このことからも石見守護家の動きは旧赤松氏分国の守護職返付が実現しなかったことに対する反発と考えられる。

山名一族が結束して行動を共にしたことはこれまで述べてきた通りだが、旧赤松氏分国の守護職が返付されないと

いう妥協を強いられる結果となった和睦の内容をめぐって、さらに一族同士の分裂や動揺を招いたと指摘できるだろう。このように一族関係の動揺は山名氏の政治的動向に大きな影響を与え、応仁・文明の乱において山名氏が一足早く和睦の道を選ぶ背景となったのである。

おわりに

本章では、応仁・文明の乱における山名氏の動向について一族結合の存在を踏まえつつ見てきた。開戦当初の山名氏は、西軍の大将をつとめた惣領・持豊の下に一族が結集したが、旧赤松氏分国を喪失した直後から東軍に寝返る一族が現れ始めた。文明三年には庶子家の一族・被官が一斉に東軍に寝返る事態を招き、これを受けて山名惣領家は細川氏との和睦交渉を開始した。しかし、和睦交渉は赤松氏の抵抗などによって頓挫し、その間にも山名氏の一族分裂と庶子家分国の混乱は広がり、旧赤松氏分国を放棄する形で山名氏は細川氏との和睦を結ばざるを得なかったのである。

それでは、最後に戦国期の展望を述べて結びとしたい。応仁・文明の乱の影響を受けて強固な一族結合が弱体化したことは先に述べた通りであるが、山名氏の一族関係が完全に崩壊してしまったわけではない。文明一五（一四八三）年、惣領家は播磨国などに侵入して旧領の回復を目指しているが、この動きについても和睦時に回復できなかった分国を取り戻すことで、惣領家への求心力を回復する思惑があったものと考えられる。このように惣領家を中心とした一族結合の再建と播磨以下三ヶ国の奪回という二つの要素は、乱後の山名氏の動向に引き続き強い影響を与えていく存在であったといえよう。

注

（1）応仁・文明の乱に関する先行研究については枚挙にいとまがない。ひとまず、先行研究整理については酒井紀美「応仁の乱をめぐって」（『応仁の乱と在地社会』同成社、二〇一一年）を参照。
（2）百瀬今朝雄「応仁・文明の乱」（『岩波講座日本歴史七　中世三』岩波書店、一九七六年）。
（3）家永遵嗣『室町幕府将軍権力の研究』（東京大学日本史学研究室、一九九五年）、同「再論・軍記『応仁記』と応仁の乱」（学習院大学文学部史学科編『増補　歴史遊学』山川出版社、二〇一一年）、同「応仁二年の「都鄙御合躰」について」（『日本史研究』五八一、二〇一一年）、同「足利義視と文正元年の政変」（『学習院大学文学部研究年報』六一、二〇一四年）、同「日野富子と山名宗全との連繋の発端」（『戦国史研究』七五、二〇一八年）など。
（4）桜井英治『室町人の精神』（講談社、二〇〇九年、初版二〇〇一年、三一六～三一七頁）、同「応仁二年の「都鄙和睦」交渉について」（『日本史研究』五五五、二〇〇八年）、同「『応仁記』捏造説の収束に寄せて」（『歴史学研究』九八二、二〇一九年）。
（5）末柄豊「応仁・文明の乱」（『岩波講座日本歴史八　中世三』岩波書店、二〇一四年）、石田晴男『応仁・文明の乱』（吉川弘文館、二〇〇八年）、呉座勇一『応仁の乱』（中央公論新社、二〇一六年）など。
（6）小川信『山名宗全と細川勝元』（吉川弘文館、二〇一三年、初出一九六六年、一九〇～一九四頁）、前掲注（2）百瀬論文。
（7）前掲注（3）家永著書「応仁・文明の乱と古河公方征討政策」。
（8）前掲（4）桜井著書・論文。
（9）前掲注（6）小川著書一九〇～一九四頁、前掲注（4）桜井著書三一三頁。
（10）室町期山名氏に関する概説は川岡勉『山名宗全』（吉川弘文館、二〇〇九年）、山本隆志『山名宗全』（ミネルヴァ書房、二〇一五年）を参照。なお、山名氏に関する先行研究については、本書序章で整理している。
（11）前掲注（10）川岡著書。特に第八章第二節「山名氏の同族連合体制」から第九章第一節「宗全の親族と人的結合」にかけて「同族連合体制」に関する記述が見られる。
（12）前掲注（10）川岡著書第八章第一節「山名氏の分裂と弱体化」。
（13）片岡秀樹「伯耆山名氏の活動」（『地方史研究』二九―二、一九七九年）、同「因幡守護山名氏の活動」（『地方史研究』三三―二、一九八三年）、高橋正弘『因伯の戦国城郭　通史編』（自費出版、一九八六年、四～一五頁）。

(14)　前掲注(10)川岡著書第八章第二節「山名氏の同族連合体制」など。また同時代史料として『大乗院寺社雑事記』応仁元年六月二日条、『経覚私要鈔』同年六月二九日条などがある。
(15)　(応仁二年)一〇月二八日「西軍諸大名連署書状」(『大乗院寺社雑事記』応仁二年一一月六日条所収)など。
(16)　前掲注(10)川岡書著第九章第一節「宗全の親族と人的結合」。
(17)　『経覚私要鈔』応仁元年六月九日条。
(18)　文明六年三月「野田泰忠軍忠注進状」(『新鳥取県史　資料編　古代中世一　古文書編上巻』五〇四号)。以下、本史料集より引用する際には『新鳥取県史』と略記し、文書番号を記す。
(19)　例えば、山名是豊は備後国人の一部を東軍方に引き入れているが、完全に備後を制圧したわけではない。また、惣領家内部で是豊に与した被官は確認できない。
(20)　鳥取県立公文書館県史編さん室編『尼子氏と戦国時代の鳥取』(鳥取県、二〇一〇年、五～一二頁)。
(21)　前掲注(4)桜井著書三一五頁。
(22)　前掲注(3)家永論文「再論・軍記『応仁記』と応仁の乱」。
(23)　『大乗院寺社雑事記』応仁元年五月二一日条。
(24)　文明一三年四月七日「難波行豊軍忠状」(『新鳥取県史』五二〇号)。
(25)　『碧山日録』応仁二年閏一〇月二四日条。
(26)　例えば、大内氏分国における東軍派の挙兵や越前朝倉氏の東軍転向など。
(27)　前掲注(13)片岡両論文、同高橋著書六～九・一三～一五頁。
(28)　(応仁三年ヵ)三月二七日「細川勝元書状」(『出雲尼子史料集　上巻』二七号)。
(29)　『蔭凉軒日録』文明一九年五月二日条。
(30)　前掲(13)高橋著書六～七頁。
(31)　和田英道編『応仁記・応仁別記』(古典文庫、一九七八年、七四頁)。元之が山名庶流の大坂氏と繋がりがある点については、前掲注(13)片岡論文「伯耆山名氏の活動」参照。山名系図の諸本によれば、元之は山名教之の息子であるが、庶流の名跡を継いだ可能性がある。
(32)　前掲注(13)片岡論文「因幡守護山名氏の活動」。

(33) 前掲注(13)高橋著書一四頁。
(34) 足利将軍に近侍した蔭凉職は、簡単には辞することができない要職であった。詳細は、蔭木英雄『蔭凉軒日録　室町禅林とその周辺』(そしえて、一九八七年)など参照。
(35) (年未詳)一一月二〇日「足利義政御内書案写」(『足利義政発給文書(二)』戦国史研究会、二〇一六年、八六二〜八六四号)。なお、①の翻刻は天理大学附属天理図書館所蔵「大館記」をもとに字句の一部を改めた。
(36) 池田本系図については、宮田靖国編『山名家譜』(六甲出版、一九八七年)掲載の写真版を参照した。
(37) 木下聡「室町幕府外様衆の基礎的考察」(『室町幕府の外様衆と奉公衆』同成社、二〇一八年、初出二〇一一年)ならびに本書第二部第二章・同付記参照。なお、別流の山名有道氏にも掃部頭を名乗る人物が存在していたが、「山名有道掃部頭」といった呼称で史料上に登場しており、石見守護代家とは明確に区別されていた形跡がある。単に「山名掃部頭」と史料にある場合は、石見守護代家と見てよい。
(38) 前掲注(31)『応仁記・応仁別記』一五九頁。
(39) (文明四年カ)六月二十六日「内藤弘矩書状」(『大日本古文書　家わけ第二二　益田家文書』六二三号)。
(40) 前掲注(24)「難波行豊軍忠状」。
(41) 『大乗院寺社雑事記』文明四年二月二六日条。
(42) 伯耆・備前守護代として活動した小鴨氏については、岡村吉彦「伯耆山名氏の権力と国人」(市川裕士編『山陰山名氏』戎光祥出版、二〇一八年、初出二〇〇一年)参照。佐々木氏については応永年間に伯耆守護代をつとめていることがわかる(応永四年一二月一四日「山名氏之遵行状」『新鳥取県史』三八六号)。
(43) 前掲注(13)片岡論文「因幡守護山名氏の活動」。
(44) (文明三年六月二五日)「足利義政御内書案写」(『足利義政発給文書(二)』五八五号)。
(45) 八木宗頼については、片岡秀樹「史料・記録にみる八木一族」(『よみがえる八木城跡』八鹿町教育委員会、一九九九年)参照。
(46) 『鹿苑日録』長享元年九月一八日条、「伯州山名代々次第」(『鳥取県史　第二巻　中世』鳥取県、一九七三年、八一〇頁)。豊之殺害についての先行研究は前掲注(13)片岡論文「伯耆山名氏の活動」、同高橋著書四〜七頁、前掲注(20)『鳥取県史』を参照。

(47) 文亀三年二月一一日「大館持房行状」（下村效・二木謙一「翻刻「大館持房行状」」『国史学』九三、一九七四年）。
(48) 文明三年一二月一一日「京極政高感状」（『出雲尼子史料集　上巻』四九号）。
(49) 前掲注(13)片岡論文「伯耆山名氏の活動」。
(50) 文明八年一二月一八日「室町幕府奉行人連署奉書写」（『新鳥取県史』五〇八号）。
(51) 米子市史編さん協議会編『新修米子市史　第一巻』（米子市、二〇〇三年、六九〇～六九五頁）。
(52) 『斉藤親基日記』寛正六年八月一五日条。
(53) 『綱光公記』応仁元年六月二日条。
(54) 『蔭凉軒日録』寛正二年八月四日条。
(55) 前掲注(31)『応仁記・応仁別記』七六頁、『蜷川親元日記』寛正六年一一月九日条。
(56) 前掲注(3)家永著書「応仁・文明の乱と古河公方征討政策」。
(57) 『親長卿記』文明四年正月一五日条。
(58) 『大乗院寺社雑事記』文明四年二月二六日条。
(59) 『大乗院寺社雑事記』文明四年六月二三日条。
(60) 文明五年九月には東軍方の山名之弘が足利義政の支援を受けて伯耆に下向しており（『東寺執行日記』文明五年九月一九日条）、現地で禁制を発給している（文明五年一一月二一日「山名之弘禁制」『新鳥取県史』所収「瑞仙寺文書」七号）。また、山名上総介を補佐するために因幡に下向した禅僧・東瑛洪暾は、文明五年以降、因幡南部の佐治郷北方代官職の経営を請け負っている（『政所賦銘引付』文明八年八月二二日条）。
(61) 応仁・文明の乱開戦時には多くの山名一族が在京して西軍方として行動していたことはすでに述べた通りだが、惣領家以外で最終的に京都に残ったのは、石見守護・山名政清だけであった。
(62) 『大乗院寺社雑事記』文明四年五月一四日条。
(63) 前掲注(4)桜井著書三一三頁。また、家永氏は持豊の行動を和睦交渉失敗の結果としている（前掲注(3)家永著書「応仁・文明の乱と古河公方征討対策」）。
(64) 『大乗院寺社雑事記』文明四年九月二〇日条。
(65) 前掲注(5)呉座著書一八六頁。

(66)『親長卿記』文明五年三月一八日条など。
(67)『大乗院寺社雑事記』文明六年四月一八日条。
(68)『東寺執行日記』文明六年四月一五日条。
(69)『大乗院寺社雑事記』文明一一年八月二日条。

【付記】

本章の原論文は、二〇一七年八月刊行の『日本史研究』六六〇号に掲載された。原論文の発表後、次の史料の存在を確認したので紹介・補足しておきたい。

【史料】「松林院兼雅書状」（『大乗院寺社雑事記紙背文書　第二巻』所収二二〇六号）

京都之儀者、山名子二郎東方へ罷出候由、雑説候、

今日辰貝定、沙汰人之衆会候、打任候身者新坊にて可レ在候、其まて無二一途一候者、東室之惣衆□之上歟、唐院歟にて可レ在候、以前言上仕候新旧両年事、可レ被レ成二御奉書一候哉之由、可レ預二御披露一候、恐々謹言、

（文明四年カ）二月六日　兼雅

大納言僧都御房（尊誉）

史料は国立公文書館所蔵『大乗院寺社雑事記』第五〇冊の紙背文書に含まれている松林院兼雅の書状であるが、その追而書に山名一族の東軍転向の雑説が伝えられている。第五〇冊の紙背文書には文明四（一四七二）年二月の年次を持つ史料が含まれており、当該史料も同年発給と見てよいだろう。

本章で述べたように、文明四年二月は東西両陣営の和睦交渉が始まっていたが、同時に山名氏周辺の混乱を伝える風聞も流布していた。当該史料もその一つに位置付けられる。「山名」とあるのは、惣領・持豊を指すと考えられるが、持豊の子・教豊はすでに死亡している。過去には孫・政豊が東軍に転向したとする見解も存在していたが（『兵庫県史　第三巻』兵庫県、一九七八年、一〇四頁）、この点は和田秀作氏が否定しており（同「大内氏家臣安富氏の関係史料について（一）」『山口県文書館研究紀要』二七、二〇〇〇年）、該当者を見出し難い。「雑説」とあるように、実際には真偽不明の情報程度であろうが、いずれにせよ、当時の山名氏周辺で東軍転向者の情報が流れていた点は興味深い。

本章で明らかにした庶流家の東軍転向者の問題とあわせて見ると、東軍方との和睦交渉に乗り出した山名氏内部で東軍転向者

の問題が深刻化していた可能性が改めて考えられる。当該史料は、山名氏が和睦に本腰を入れ始める一因に内部分裂の問題を想定した本章の指摘を補強するものではなかろうか。

第二章　応仁・文明の乱後の山名氏と室町幕府

はじめに

応仁・文明の乱以降に展開した戦国初期政治史については、都鄙の政治情勢の連動面が注目されるようになっている。石田晴男氏は、戦国期政治史の段階的区分を設定し、中央の抗争と地方情勢が連動する点を指摘した(1)。その後、石田氏の指摘を受けて、家永遵嗣氏は、将軍権力の分裂という要素から中央・地方双方の政局が連動する点を重視し、応仁・文明の乱から明応の政変に至る過程における大名たちの連携の推移に言及している(2)。こうした議論の根幹に位置するのは、百瀬今朝雄氏が提起した、応仁・文明の乱によって分裂した将軍権力をめぐる議論であるが(3)、特に明応の政変を経て将軍権力の分裂は固定化され、「二人の将軍」を軸とする対立構図が展開していくとされる(4)。

その一方で応仁・文明の乱から明応の政変にかけての段階は、家永氏や平出真宣氏によって中央と地方の関係が特に密接である点が指摘されているものの(5)、明応の政変以降に比べると検討の余地が残されていると思われる。平出氏は、中央政治の「段階差」が各地の情勢とどのように関係するのかを考察すべきとしているが、とりわけこの時期、室町幕府では義政・義尚の二重権力期を経て、義尚政権、次いで義材政権といった形で政権が段階的に変化していく。その過程を経て、戦国期の本格的な幕開けとされる明応の政変が生じるわけであるが、かかる政治的変化と地域情勢はいかに連動するのだろうか。また、この期間については、家永氏の研究で考察されているように、戦国初期における対立構造が形成されていく時期でもある[6]。室町期における政治的諸問題がいかに解消され（あるいは解消されないのか）、戦国期に向けて新たな課題が生じたのかという点を都鄙間情勢との連動面を踏まえつつ、さらなる個別具体的な検討を深めていく必要があろう。

そこで本章では但馬国を本拠地とした山名氏（惣領家）を取り上げる[7]。近年の戦国期政治史研究では、細川京兆家だけでなく、畠山氏や若狭武田氏といった大名の動向に注目して様々な視点から考察する研究が増えているが[8]、そうした中にあっても京都に比較的近い地域でありながら、山陰東部地域の情勢に注目した研究は乏しかった。一方で山名氏研究の分野においては、山名氏の動向と中央情勢を連動させる指摘が早くから存在していたが[9]、いずれも断片的な指摘に留まっており、それ以上の検討はなされてこなかった。近年、川岡勉氏は都鄙間情勢の相互連動面を踏まえつつ、山名氏をめぐる政治史を概観しており、大変参考になるが、具体的に検討を加えていく必要のある内容も散見される[10]。また、筆者は別稿にて、惣領家を中心とした一族結合の再建と播磨以下三ヶ国の奪回という二つの要素は、乱後の山名氏の動向に引き続き強い影響を与えていく存在であったと述べたが[11]、かかる要素が都鄙間の情勢とどのように関係していくのかという点も論じる必要があろう。

以上を踏まえて、本章では応仁・文明の乱終結後から明応の政変にかけての山名氏の動向を室町幕府との関係性の変化を中心に据えつつ、都鄙間情勢の連動面を重視しながら考察したい。

一　応仁・文明の乱終結直後の山名氏の動向

文明六（一四七四）年四月、西軍の山名政豊は東軍の細川政元と和睦し、山名氏はいち早く西軍陣営から離脱した。その後、山名氏はしばらく在京を続けて幕府の一員として復帰することになるが、文明一一年閏九月、但馬へ下向していった。

文明一一年の但馬下向は、これまで乱後の山名氏の動向をみるうえで一つの画期として様々な研究がなされてきた[12]。下向の背景については、先行研究で明らかにされているように、庶子家の分国であった因幡・伯耆両国において播磨の赤松氏の支援を受けた反守護勢力が蜂起し、混乱が拡大したことが指摘される。惣領家の山名氏は庶子家を軍事支援する目的で本国の但馬に帰国し、因幡・伯耆両国に軍勢を派遣して対応・鎮圧したが、乱後の山名氏分国の混乱を象徴する争乱として考察されてきた。

従来の研究では「山名氏対反守護勢力・赤松氏」という構図が明らかにされているが、その一方で赤松氏以外の外部勢力との関係については十分に考慮されてこなかった。その中にあって『兵庫県史』では赤松氏の背後に将軍家の存在を指摘している[13]。幕府と山名氏の関係を考える際、かかる指摘は重要であるが、この点は後述するように十分な実証を伴うものではなく、再検討の余地がある。よってここでは文明一一年の山名氏下向と伯耆・因幡両国での争乱における、山名氏と幕府の関係を中心に考察していきたい。

まず、文明一一年の但馬下向をめぐる動きについて整理してみよう。最初に山名氏が但馬下向の動きを見せたのは同年三月のことである。山名政豊は幕府に対して在国の許可を求めているが[14]、この時は許されず、山名氏は在京を継続している。次に本格的に山名氏が動き出すのは同年七月下旬になる。

七月二九日、政豊が「因州合力」のため下向の準備をしていることが伝えられると[15]、八月二日には因幡守護山名豊時の下向も報じられている[16]。八月一八日、因幡・伯耆両国の支援のために被官などが下向すること、惣領の政豊も同じく下向するとの情報が流れた[17]。それを受けて伊勢貞宗をはじめとした幕府関係者による慰留が行われたほか、翌一九日には細川政元の母（山名氏出身）に対して足利義政からの御内書が送られた[18]。この御内書は「山名下向事」について「被㆓留仰㆒」というから、山名氏に対して下向を思いとどまるようにとの内容であった。また、その日の夜には日野富子が直接山名氏の屋敷を訪問し、「令レ留二下向儀一」という[19]。これら慰留の結果、いったん山名氏の下向は中止されたが、『兵庫県史』では「将軍家がこれほどまでに政豊の帰国を抑止しようとした背景には、毛利次郎を応援する赤松政則の画策があった」や「赤松政則と結託した将軍家の慰留」と指摘している[20]。

しかし、ちょうど山名氏の下向問題が再燃し始めていた八月上旬、赤松氏は、幕府への出仕を停止されており、赤松氏の「所儀」が改易されるとの風聞も流れていた[21]。当時の赤松氏と将軍家が緊密な関係をとり得たのか疑わしいのである。

この時行われた幕府による慰留活動を見ると、単に下向を思いとどまるようにと伝えるだけではない。山名氏の屋敷を訪問した富子は「因幡・伯耆之間知行所々事、堅可レ有二御成敗一之旨令レ申」という[22]。後掲史料一には政豊が下向理由として因幡国内の知行分が反守護勢力に押領されたことを述べているが、それと関連する発言であろう。富子は政豊に対して伯耆と因幡に散在する惣領家所領の知行保証を約束したのである。さらに富子は下向中止の代償として但馬国内の本所領を「悉以山名ニ給レ之」とも述べたというから[23]、当時の山名氏が抱えていた庶子家分国内の直轄領知行問題への対処や経済的な代替措置を提示して引き留めを行っていたといえる。これらの動きを見る限り、少なくとも幕府側は山名氏を妨害する意思をもって慰留をしていたとまでは判断できないと思われる。

その後の閏九月、山名氏は分国情勢の悪化を受けて幕府の慰留を押し切って下向していったが、下向直後の政豊は次のような書状を伊勢貞宗に送っている。

【史料一】

（モト封紙ウハ書カ）
「伊勢守殿（伊勢貞宗）　政豊」

使節妙允西堂、自二因州一上洛候、於二但州一対面仕候、已前如下被レ申二注進一候上、毛利民部大輔（貞元）背二　上意一、政豊知行分等不二渡付一候、言語道断次第候、国之時宜、西堂被レ申候之趣、具御披露、可レ為二祝着一候、事々期二後信一候、恐々謹言、

（文明一一年）
後九月十日　　　政豊（花押）

伊勢守殿[24]

ここに見える毛利民部大輔（通称・次郎）が因幡国内の反守護勢力の中心的人物であるが、政豊によれば「上意」に背いて政豊の知行分などを押領したという。また、『兵庫県史』が将軍家と繋がっていたと指摘する赤松氏に対して、幕府が度々「御奉書」を発給して、反守護勢力への合力停止を命じていた[25]。さらに先の史料一に戻って検討すると、政豊は「使節妙允西堂」と但馬で対面している。『兵庫県史』ではこの禅僧を山名側の使僧のように見ているが、自らの使僧に「対面仕候」と表現したうえ、「被レ申候」と妙允西堂へ敬語表現を付している点は不自然ではないか。のちに石田善人氏は妙允西堂を伊勢貞宗の派遣した使者と指摘して、『兵庫県史』執筆時とは異なる見解を示しているが[26]、筆者としては後者の見解の方が適切と考える。加えて妙允西堂は係争地の因幡から但馬を経由して上洛しており、現地の紛争調停の目的を帯びた幕府使節であろう。

従来の研究ではこれらの点について等閑視されているが、反守護勢力との争いに関して幕府が山名氏を妨害する行為に出ていたとはいえない。幕府が奉書を発給した点は先に述べたとおりだが、これに対して山名氏は度々現地の戦況を幕府に注進している。山名側の注進状によれば、「上意」や「両年之御成敗」に従って反守護勢力の掃討戦を展開したとある[27]。当初幕府は山名氏の下向を制止したが、惣領家の軍勢が本格的に現地の争乱に介入する事態となると、幕府は下知を出して争乱の鎮静化を図る一方で、山名氏はその下知を背景として軍事行動を展開しており、両者が連携して争乱に対応する様子が見て取れる。ここから見える両者の関係については、山名氏にとっては幕府の支援を背景に反守護勢力との争いを優位に展開する思惑があったものと考えられる。一方、幕府が下向を検討する守護家に対

してこれほどまでに熱心な慰留を実施した事例も稀有である。なぜ熱心に山名氏の下向を慰留したのかという点は判然としないが、その後の山名氏への手厚い対応を踏まえると、少なくとも幕府にとって山名氏の重要性が低下したようには見えない。この段階における山名氏は依然として幕府を支える重要な基盤と認識されていたのではなかろうか。この点も山名氏の下向を引き留めた背景として想定できよう。

以上、文明一一年の山名氏の但馬下向と反守護勢力との争いに関して、幕府と山名氏の関係を再検討した。先行研究で指摘されるような、幕府と赤松氏の結託という事実は確認できない。それでは両者の関係はその後いかなる変化を見せるのだろうか。そしてその変化は山名氏の動向にどのような影響を与えたのだろうか。これらの点について次節以降、詳しく検討していきたい。

二　山名・赤松両氏の抗争と室町幕府

（一）山名氏の赤松氏分国侵攻

前述した因幡・伯耆両国の争乱は、文明一三（一四八一）年にかけて鎮圧された。すでに文明一二年一〇月段階で「西国ハ山名威勢事外也、幡《播》州事必々可二沙汰一云々」との風聞が流れており、山名氏の勢力回復が伝えられている。(28)この時の風聞では「幡《播》州事」について言及されているが、これは赤松氏分国である播磨国を山名氏が攻撃することを指している。山名氏にとって応仁・文明の乱中に赤松氏に制圧された播磨国を奪回することは、乱後も大きな課題として残っていた。実際、文明一五年一二月、山名氏は赤松氏分国への侵攻を開始するが、それは山名氏が東軍方と和睦した際に受け入れた条件（播磨・備前・美作守護職の放棄）の破棄を意味した。さらにこの争いに敗れた山名氏は長享二（一四八八）年夏に撤退していくが、これを契機に山名氏は深刻な内部分裂を引き起こしたように、結果的に山名氏に大きな打撃を与えたのである。

先行研究では山名氏と赤松氏の抗争過程とその後の山名氏の内部分裂について検討されてきたが、一連の政治過程に当時の都鄙間情勢との関係を見出したものは乏しい。そこでまず本項では山名氏の赤松氏分国侵攻とそれをめぐる都鄙間情勢、特に山名氏と室町幕府の関係を中心に検討していきたい。

【史料二】

（モト端裏書カ）

「条々」

御下知可二申請一条々事、

一、細川《(政元)》殿へ御使を被レ立、山名《(政豊)》殿播州へ可レ有二乱入一造意不レ可レ然候由《旨》、御異見候様ニ可レ被二仰出一事、

（二ヶ条省略）

一、細川兵部大輔《(勝久)》殿へ、備中国を備後勢罷通候者相支、可レ被レ致二注進一由、可レ被レ成二御奉書一事、

（一ヶ条省略）

一、作州九ヶ所事、守護《(赤松政則)》へ被二能届一《(ママ)》候て可二請取一旨、大内《(政弘)》殿へ可レ被レ成二御奉書一事、

一、山名殿御事、被レ差二下使節一、被二召上一候て可レ然候哉、

一、山名治部少輔《(豊時)》殿へ、惣領右金吾《(政豊)》可レ有二乱入一由、被レ申候儀、同心又ハ合力候てハ、可レ為二曲事一旨、可レ被二仰出一事、[29]

史料二は伊勢氏被官・蜷川氏の文書に残る、年月日未詳の「伺事条々注文」である。文中に「山名殿播州へ可レ有二乱入一造意」などとあり、侵攻が開始される直前段階であることを踏まえると、文明一五年頃の史料であろう。

幕府の下知が出される以前の伺事注文であるが、細川政元による山名氏への「異見」を求めた点、山名氏への「使節」派遣など、山名氏による赤松氏分国侵攻に対して幕府関係者がいかなる考えを持っていたのか、興味深い内容が含まれている。

このうち、最後に登場する「山名治部少輔」とは因幡守護山名豊時を指しているが、豊時は実際に参戦した形跡がある。(30)史料二も惣領政豊と豊時の密接な関係を踏まえたうえでの下知案であったのだろう。また、同族の石見守護山名政清（法名・茆庵）・政理父子も惣領家に与して参戦していたほか、播磨国内の荘園を獲得した一族も存在していた。(31)惣領家は一連の軍事侵攻を契機に再び求心力を回復することを企図したと考えられるが、庶子家の支持を広く受けた行動であった。

一方、政豊は文明一五年八月には播磨に向けて出陣したようで、少なくとも翌月下旬には京都にその情報が伝わっているが、(32)実際の戦闘は同年一二月にずれ込んでいる。先行研究ではあまり言及されていないが、史料二の存在を踏まえると、幕府側の働きかけで山名氏の軍事行動が一時的に停止したことも想定される。ただし、広範な庶子家の支持を受けて勢いづいた山名氏の動きを完全に制止するには至らなかった。

文明一五年末～同一六年前半にかけての情勢を簡潔に述べておくと、大敗した赤松政則は播磨を脱出し、浦上則宗ら赤松被官は別の人物を当主に擁立しようとするなど、赤松氏の情勢は混迷を極める一方、山名氏は文明一六年春の段階で赤松氏分国の過半を制圧して優位に戦いを展開していった。(33)その後、赤松政則と浦上則宗は和睦して、当主に復帰した政則は義政の支援の下で播磨入国を果たしたが、赤松氏を支援する動きが広がった様子は見えない。例えば、義政は近隣の奉公衆に対して赤松氏合力を命じているが、実現した形跡はうかがえない。(34)それどころか文明一七年には幕府内部で奉公衆と奉行衆の対立が発生しており、義政と義尚の対立に連動しつつ混乱が広がっていた。同じ頃、美作国小吉野荘代官をつとめていた奉公衆安東政藤は山名方による荘園押領を訴える書状を出しているが、それには

「奉行未二出頭一之間、于レ今罷過候」とあり(35)、幕府中央の混乱が現地の情勢にも少なからず影響を及ぼしていた点は注目される。

ところで一連の争いに関して他の守護家はいかなる動きを見せたのだろうか。ここで注目したいのは前掲史料二に見える細川政元と大内政弘である。史料二は山名氏による赤松氏分国侵攻を前にして作成されており、ここに登場する両者も何らかの関係があったと思われる。

このうち細川氏の動向についてはすでに小坂博之氏が赤松氏支持との立場を示しているが(36)、明確な根拠は提示していない。ここで次の史料を検討しよう。

【史料三】

廿日（中略）秋庭（元重）密話レ愚云、先レ是山名殿雑掌垣屋越中守・村上左京亮両人、日々夜々来二于我等方一播州合力之事幷公儀取合事、可レ白二伊勢一之事、此両条切々督レ之、雖レ然安富（元家）・某・今一人有レ之、三人令二談合一々力之事幷公儀取合之事等太不レ可レ然由、堅入二右京兆耳一置之故、不レ可レ叶之由返事有レ之、彼雑掌云、然者両人往二伊勢守宅一可二訴訟一、被レ相二副使者一、両人白分可レ達二 上聞一之由、被レ加二一言一者為レ幸、於レ爰京兆不レ獲レ止命二安富・某両人一、差二遣伊勢守宅一、両人先以二内者一告二伊勢守一、然間伊勢守成二御覚悟一、先召二両人一有二内談一、其間者彼雑掌両人者被レ置二門外一、伊勢守出レ盃勧二両人一、酒宴半召二彼雑掌二人一、終不レ及二彼訴訟之事一、為二大酒宴一各酔帰、安富・某相談騎二下地之馬一、相二並轡一於二途中一相談、以白二勢州一、如レ此於二赤松一致二忠節一也、于レ今誰亦不レ可レ知之事也(37)、（後略）

史料三は開戦から約三年後に記された『蔭凉軒日録』の記事であるが、細川氏などの姿勢がよく表れているものである。これによると、文明一九年正月、山名方の在京雑掌である垣屋越中守・村上左京亮が細川氏のもとを訪れて「播州合力」および「公儀取合」を伊勢貞宗に取り次ぐように訴えたという。この時の細川政元は合力できない旨を返答しているものの、伊勢貞宗への取次には消極的ではあるが応じている。結局、伊勢貞宗も訴訟を取り合わなかったために山名氏の訴えは上手くいかなかったが、そもそも政元自身は一連の争いに深入りするのを避けたい様子であり、少なくとも赤松氏支持とは明確にいえないように見て取れる。家永遵嗣氏が指摘されるように(38)、細川氏は中立的立場をとったと見るのが適切であろう。

一方で前掲史料二では大内氏の立場を明確に読み取ることはできないが、一連の争いの関係者として認識されていたことは確かである。「作州九ヶ所」の請取指示といった内容は史料が乏しく詳細不明であるが、美作国内の何らかの権益を大内氏に引き渡すことを示しているのではないか。例えば、文明一六年頃の幕府は美作国内の奉公衆所領を押領した山名政理の行動を制止するよう、大内氏の在京雑掌を通じて申し入れている(39)。これらを踏まえると、幕府は山名氏の行動を制止するにあたって大内氏の影響力を期待したものと思われる。史料二は幕府による大内氏の懐柔策を示しているのであろう。しかし、別稿で述べたように、大内氏は山名氏支援の立場を明確にしており、山名庶流家のひとつである石見守護家が旧分国の美作国を奪回する動きを背後から支援していた(40)。石見守護家と大内氏が血縁関係を有していたことに加えて、もともと大内氏は山名氏と関係が深く、応仁・文明の乱時には同じ西軍として活動した存在であった。この点については、応仁・文明の乱以後も旧西軍大名同士の同盟関係が継続していることを示している。

以上、本項では山名氏の赤松氏分国侵攻について幕府や他の守護家の動きを考察した。幕府側は山名氏の行動を停止させるべく動いたようだが、細川氏は中立、大内氏は山名氏を間接的に支援したように、関係する周辺の守護家の動向は様々であった。これらの動向の背景は史料上判然としない点が多いが、少なくとも赤松氏を支援する動きの広がりは鈍かったといえる。義政は赤松氏を支援する動きを示したが、具体的な実力介入まで至っていない。むしろ幕府内部も含めて一連の抗争には深入りしない姿勢が見え隠れする点は注意したい(41)。例えば、開戦後の対幕府関係を見ると、山名氏は幕府への進物などを通じて幕府儀礼に参加している(42)。山名氏は地域紛争を引き起こした当事者であるにもかかわらず、幕府との繋がりに特段の変化が見えるわけではないのである。

その後の情勢を見ると、文明一七年の蔭木城合戦で山名氏が大敗を喫して以降、確かに緒戦で見られた山名氏の優位性は崩れたが、それでも赤松氏との間で一進一退の攻防が数年間にわたって繰り広げられた点は留意する必要があろう。両者が決め手を欠いたまま山名氏と赤松氏の抗争は泥沼の長期戦に突入していったのである。

（二）足利義尚政権の成立と山名氏

史料三では伊勢貞宗や細川政元といった中央の有力者が山名氏と赤松氏の抗争に深入りしない様子がうかがえることを述べた。この史料は文明一九（長享元、一四八七）年正月に記されているが、この年の前半段階で山名氏をめぐる情勢に特段の変化はないといえる(43)。

その一方で文明一九年は中央政界にとって大きな変化が生じた年であった。同年九月に足利義尚による近江出陣（六角氏攻め）が始まるが、これは単なる軍事行動にとどまらず、事実上の足利義尚政権の成立を意味したことが指摘されている(44)。本項では義尚政権の成立と山名氏をめぐる情勢について考察する。

義尚の軍事行動には在国していた守護家からも参陣する者がいたが、多くは代官の派遣であり、消極的な態度を示した。山名氏はいかなる対応をとったのだろうか。次に掲げる『蔭凉軒日録』の記事をもとに見ていこう。

【史料四】

四日（中略）次往二大蔵卿局一、相公（足利義尚）御動座之事、談二赤松公（政則）上洛之事一、局語云、山名殿（政豊）上洛事、無□二御下知一之故、御局御内書之事頻々被レ白レ之、不レ見レ得二黙止一、見レ調二御内書一、某寵臣近二前相公一、則相公以二此御内書一告二寵臣一、寵臣云、今度江州御進発之事、見レ命二石木（一色）一被レ成二御奉書一、御奉書持下者借レ宿則自二太守方一焼二失彼宿所一、是乃御退治之濫觴也、況山名事破二御判一、播州強入之事、其緩怠与破二奉書一者其咎軽重如何、相公聴レ之含胡、以二列花《ママ》一其内書丙レ之、赤松公面目無二其比類一者也、山名為二御敵一之段、無二異論一云々、[45]（後略）

史料四には、長享元年九月、相国寺蔭凉軒主の亀泉集証が日野富子に仕える女房・大蔵卿局のもとを訪れて聞き取った内容が記されている。それによると、山名氏の上洛（近江出陣への従軍）について「御下知」がなかったという。そして山名側が上洛を命じる御内書を発給するように大蔵卿局に対して度々求めてきたため、やむを得ず作成したところ、義尚の「寵臣」[46]が意見して御内書の発給は取りやめになったという。大蔵卿局はしばしば富子への取次窓口として登場することから、義尚側からの上洛命令がなかった山名氏は富子経由で働きかけることによって幕府の下知を求めたことがわかる。

注目したいのは山名氏による赤松氏分国侵攻（「播州強入」）を六角氏の問題と同等に扱っている点である。また、大蔵卿局の発言であるが、山名氏を「御敵」とする見方に同意している点も留意したい。片岡秀樹氏によると、山名氏は近江出陣に従軍することで播磨の戦況悪化に対する分国内の不満をそらす思惑があったとされるが[47]、少なくとも前掲史料三の時点と同様に、中央への働きかけをもとに事態を打開するという山名側の姿勢に変わりはない。しかし、他の守護家とは異なり、そもそも山名氏の場合は幕府側からの出陣命令が出されていなかった。最終的に山名氏からは政豊の息子・俊豊が名代として出陣したが、これは政豊自身の出陣が拒否されたためであり、他の守護家の事例とは異なるものとして捉えなければならない。前述のとおり、これまでの幕府は山名氏の軍事行動を制止する姿勢で一貫しているものの、山名氏からの進物や国役納入、幕府儀礼への奉仕を受け入れ続けており、露骨に拒否する反応を示していなかった。このように、幕府（義尚側）の方に明らかな変化が生じた点は注意する必要がある。山名氏と幕府の関係を見るうえでこの近江出陣が一つの転換点となるだろう。

このような義尚側の山名氏に対する姿勢はその後も顕著になっていく。例えば、長享二年正月には次のような動きが見られた。

【史料五】

十三日　天陰不レ雪不レ雨、及二東方白一愚（亀泉集証）着レ衣将レ往二浦作（浦上則宗）陣所一、浦作先来二愚宿所窓雲坊一（中略）浦話云（中略）又因幡森二郎（毛利貞元）御赦免之事、我々為二訴訟一、去晦日達二上聞一乃御免、老後面目不レ可レ過レ之云々、[48]（後略）

長享二年正月、近江に赴いた亀泉集証は現地で浦上則宗と面会したが、その際に則宗が話したところによると、昨年一二月晦日に因幡国の「森二郎」（毛利次郎）が赦免されたという。この「森二郎」は文明一一年に因幡国内で反守護勢力の中心として蜂起した人物であり、赤松氏と繋がりがあった国人である。赤松氏の働きかけによって山名氏と敵対した国人が赦免された事実は、山名氏にとって歓迎されるべき状況とはいえない。さらにこの時期になって赤松氏の訴えを義尚側が聞き入れたことも注目すべき点であろう。先行研究でも指摘されるように[49]、中央における赤松氏の政治工作が進展し、赤松氏と義尚側が密接に結びつく情勢が形成されていくのである。

その一方でなぜ義尚側はこのような姿勢を鮮明にしていくのだろうか。この姿勢が顕著になるのが文明一九年（長享元年）後半以降であることを踏まえると、義尚による近江出陣との関係から考えてみる必要があろう。近江出陣の主な目的は奉公衆や近習の所領保護であったとされるが[50]、山名氏の場合、先に述べたように奉公衆安東政藤が山名氏による現地の押妨を訴えていたほか、同じく奉公衆の杉原氏も所領を押領されていた[51]。このうち、安東政藤は義尚の推薦で申次衆に抜擢された人物であり[52]、義尚近習の中にも山名氏の軍事行動の影響を受けた人物が存在したことがわかる。このような動きが奉公衆を主な支持基盤とする義尚側の強硬な姿勢に繋がっていくことは想像に難くない。長享元年一二月に赦免された因幡国人の毛利氏は奉公衆の一員であったことも踏まえると[53]、山名氏に対する厳しい姿勢の背景には、義尚による奉公衆保護策が関係しているのではなかろうか。

このように、依然として山名氏は幕府を頼る姿勢を見せる一方、文明一九年後半を境に幕府（義尚側）と赤松氏双方の思惑が一致したことによって両者が連携して山名氏に対応する情勢が形成されていった。それでは、かかる政治的構図はその後の山名氏の動きにいかなる影響を与えたのだろうか。次項でこの点について検討していきたい。

（三）山名氏の内部分裂

長享二年七月、山名氏が播磨国から撤退したことにより山名・赤松両氏の争いは終結した。この背景について、先行研究では山名氏で内紛が発生したことが指摘されているが[54]、この時に中央情勢がいかなる影響を与えたのかという点は十分に検討されていないように思われる。しかし、先に述べたように、文明一九年後半以降、山名氏をめぐる中央情勢には変化が生じていた。本項ではこの点に注目して山名氏の内部分裂の実態を検討したい。

山名氏が播磨から撤退した際、「但馬国大事出来故引退」と伝えられている[55]。この「大事」とは、後述するような山名氏の内紛を指していると考えられる。この内紛は政豊と俊豊の親子同士の争いへと発展するが、内紛発生直後の但馬国内の様子を伝える『蔭凉軒日録』の記事を検討してみよう。

【史料六】

十七日（中略）早旦心月（梵初）西堂来（中略）心月話云、自㆓喜侍者（観甫□喜）方㆒人上洛、去十八日山名殿（政豊）播之坂本没落之時、喜侍者在㆓坂本㆒、其時体委曲話㆑之云々、金吾（政豊）者在㆓九日（九日市）㆒、田公（田公豊職）父子・其寄子・馬廻衆十人員付㆓金吾㆒、国人頭廿六人・其外諸侍悉同心背㆓田公㆒、又次郎殿（俊豊）亦与㆓田公㆒不㆑好也、金吾一人与㆓田公㆒也、備後衆悉背㆓金吾㆒云々、[56]

（後略）

【史料七】

二日（中略）丹公（鼎材集丹）曰、乃刻自㆓丹之夜久㆒僧来話、但馬之事一国悉依㆓垣屋㆒、田公息新左衛門構㆓城於木崎（城崎）居㆒不レ足二一蹴一、金吾・田公肥後守《豊職》一所居住、其外馬廻衆十員許随二逐金吾一、其中宇津・下津屋両人総衆悪レ之、垣屋衆凡三千員許有レ之、総衆者以二又次郎殿一欲レ為レ主、垣屋孫四郎《続成》未レ定、其主人不レ識二其意一云々、（中略）朝来郡衆者以二又次郎殿一欲レ為レ主也、垣屋未レ与レ之、[57]（後略）

史料六は山名氏の播磨撤退から一ヶ月後の史料であるが、内紛の具体的な内容が明らかになっている。史料六によると、政豊を支持するグループが重臣田公氏とその寄子、政豊の馬廻衆で構成されているのに対して、山名俊豊やその他の但馬国人・備後国人は田公氏と対立しているという。備後国人は政豊に背いているというが、この時点での情報では田公氏との対立が主であり、被官同士の争いの域を出ていないように見て取れる。一方で約二週間後の九月初旬に記された史料七では但馬国人たちが新たな当主として俊豊を擁立する情報が加わっており、事態に変化が見られる。当初から政豊が排除されたわけでなく、流動的な情勢であったことは注意したい。

高橋正弘氏は、史料七にある「但馬之事一国悉依二垣屋一」について垣屋氏が但馬一国を「支配」している状況であると指摘しており、川岡勉氏も「但馬を牛耳っていたように書かれて」いるとしている。[58]新たな当主として擁立されようとしている俊豊について、垣屋氏の対応は定まっておらず、他の国人たちとの連携も取れていないが、垣屋氏の軍勢が「三千員」と強大であることを踏まえると、垣屋氏の対応次第で但馬情勢が大いに変化する可能性を示唆しているのであろう。いまだこの時点の但馬情勢は流動的であったことを伝えている。

川岡氏は、垣屋氏は新当主擁立に消極的な姿勢を見せていたと指摘しているが、[59]その後の垣屋氏はどのような動きを見せたのか。この点について次の史料を検討しよう。

【史料八】

「（切封）」

此間者久不二申通一候、不断御床敷存候、仍従二京都一、又二郎《俊豊》殿被二罷下一候、然者其方之儀、憑存候由被レ申候処、

如何様之御朦気之子細候共、可レ然様被二仰談一御地（馳）走候者、各々可レ為二本望一候、前々筋目事候間、定而御等閑有間敷候と存計候、寂前以二書状一申候へ共、路次ニて相違之儀候て、不二相届一候間、重而令レ申候、御存分等事者蒙レ仰、涯分可レ致二奉公一候、悉皆御働ニより事成行候ハんすると各存候間、御調儀奉レ憑候、猶吉田直右衛門尉可レ令レ申候、恐々謹言、

九月十九日　　続成（花押）

足立出雲殿

まいる　御宿所[60]

この史料の差出人である垣屋続成は、前述の史料七に登場する「垣屋孫四郎」のことであり、丹波国人の足立氏に対して出された書状である。片岡氏は史料八の年次を長享二年に比定して、九月中旬には垣屋氏が俊豊を迎え入れたと指摘している[61]。筆者も片岡氏の見解を支持したいと考えるが、注目したいのは、史料七では態度が未定であった垣屋氏がその後の約二週間のうちに俊豊擁立へ動いたことである。史料八には「其方之儀、憑存候由被レ申候処」とあり、続成が俊豊の意を奉じていることがわかる。すでにこの書状発給時点で続成は俊豊を擁立している立場であり、足立氏に対して俊豊方への協力を依頼する内容であることが明らかである。

史料七の時点では、俊豊を擁立する動きが伝えられているものの、政豊と異なり俊豊が但馬国内でいかなる活動をしていたのかという情報は見られない。史料八には京都から俊豊が下向したとあるが、八月頃の俊豊は在京中であり、但馬下向は九月に入ってからであろう。そうして見ると、垣屋氏の態度の変化が俊豊の但馬下向を契機としている可能性が考えられる。俊豊の但馬下向によって、流動的な情勢が俊豊方有利に動いていく様子が見て取れる。

加えて俊豊自身は義尚の近江出陣に従軍するために上洛中であったことを踏まえると、俊豊の下向に義尚側の意向が反映されていたことも考えられる。先行研究では、同年八月に赤松氏の政治工作によって因幡守護山名豊時が解任

されたことが指摘されているが[62]、「鈎之御所先御領掌之分」とあり[63]、赤松氏の働きかけを義尚側も容認した点は注目したい。高橋・片岡両氏は、一連の動きは政豊に対する後方攪乱の一環と評価しているが[64]、その背後に守護補任権を掌握したとされる義尚側の関与が存在する点は重要であろう。長享元年九月以降、義尚側の政豊に対する姿勢が厳しくなった点を前述したが、最終的には政豊廃立の動きに与して俊豊を支持する立場に至ったのではなかろうか。

以上、山名氏と赤松氏の抗争と室町幕府の関係について考察した。考察した内容をまとめると、幕府は山名氏の軍事侵攻を制止する動きを見せるものの、周囲の姿勢・反応は様々であった。しかし、長享元年九月に義尚が近江に出陣して以降、義尚側と赤松氏双方の思惑が一致し、山名氏に対する幕府の姿勢がより厳しいものへと変化した。最終的に山名氏は内紛を引き起こして、播磨から撤退していくが、流動的な但馬情勢を大きく変化させたのは、近江従軍中であった俊豊の但馬下向であり、その背後には義尚側の支持が存在したと考えられる。

ところで山名氏が赤松氏の分国へ侵攻したのは、応仁・文明の乱中に失った分国の奪回と惣領家の求心力回復を目的としており、これらは山名氏にとって重大な政治的課題であったと見られる[65]。しかし、長享二年七月の播磨撤退以降の山名氏は、赤松氏の分国へ侵攻することはなくなり[66]、山名氏内部では政豊・俊豊父子の争いへと移行していった。応仁・文明の乱以来続いた山名氏の政治的課題は、山名氏の敗北によってひとまず終息に向かい、新たな政治的段階に突入していったが、その背後には義尚側の動きも絡んでいたことは特筆すべき点であろう。このように、山名氏をめぐる都鄙の政治情勢は段階的に変化していくのであり、中央政治の段階差は無視できない要素であるといえよう。それでは、かかる都鄙間の情勢は次にどのような影響を山名氏に与えたのであろうか。次節では、明応の政変に至る政治過程について取り上げて考察したい。

三　足利義材政権と山名氏

（一）足利義材政権における山名氏の政治的位置

長享三（延徳元、一四八九）年三月、足利義尚が近江鈎の陣にて没すると、美濃国から上洛してきた足利義視の息子・義材が将軍に就任した(67)。こうして成立した義材政権は、二度にわたる軍事遠征を実施して、将軍権力の求心力回復を目指したが、最終的に細川政元や伊勢貞宗、日野富子らによるクーデターを招き、将軍の座を追われてしまうことで知られている（明応の政変(68)）。

家永遵嗣氏は、義材政権下では応仁・文明の乱以来続く大名同士の同盟関係を再編する動きが表面化しており、最終的には義材自身を中心に大名たちが結集するよう再編するつもりであったと指摘している(69)。実際、義材政権と親密な関係を構築した大名家が複数存在していることを踏まえると(70)、義材政権の姿勢が大名側に与えた影響は無視できない。一方で山名氏に関しても、片岡秀樹氏や高橋正弘氏、川岡勉氏は中央情勢との連動面に言及しており(71)、義材政権の成立と明応の政変に至る政治過程との関係性は検討すべき点である。しかし、そもそも義材政権と山名氏の関係性は不明な点が多い。そこで本項では義材政権における山名氏の位置付けを明らかにしたい。

先行研究では、新当主として擁立された山名俊豊については、義材派とする見解で一致している。但馬での内紛が継続していながらも上洛して幕府に出仕した俊豊の動きを見れば、俊豊が中央政権との結びつきを求めて行動したことが明らかである。先行研究の指摘はおおむね首肯できると考えるが、一方で義材側の事情に関する考察は見られない。義材側は上洛してきた俊豊に対してどのような姿勢で臨んだのだろうか。

延徳三（一四九一）年八月、足利義材による近江出陣に伴い、山名俊豊が上洛・出仕した時点で俊豊は「又次郎」と名乗っていた。片岡氏は、延徳三年一一月〜明応元年七月までの間に「弾正少弼」に任官したと指摘されているが[72]、延徳三年一一月一〇日付で俊豊が梅津長福寺に対して発給した安堵状には「弾正少弼」と署名しており[73]、実際には延徳三年八月の上洛後まもなく任官したと見てよいだろう。「弾正少弼」は、山名氏の当主にある人物が名乗る官途である。このほか、片岡氏によれば、俊豊は御相伴衆に列したというから[74]、義材側からも正式に山名氏の当主として認められたことに相違ない。

注目したいのは俊豊だけでなく、因幡守護父子や伯耆守護も相次いで新たな官途を得ている点である。因幡守護山名豊時は治部少輔から左衛門佐、その息子の豊重は小次郎から治部少輔、伯耆守護山名尚之は六郎から相模守へ任官している[75]。延徳三年の上洛前後で変化しており、任官時期も俊豊とほぼ同時期であろう。さらに因幡守護家の事例であるが、義材が「とりわけ上意御めをかけ」ていたとされることも踏まえると[76]、義材側も俊豊を含めた山名一族全体に対して接近していたともいえるのではないか。

前政権の義尚期には、赤松氏と結びつく形で山名氏への圧力を強めていた形跡が見られたが、一方で義材政権については、山名氏を圧迫するような政治姿勢は確認できない。義材は山名氏の内紛について俊豊側を支援する姿勢を明確に示すと共に、俊豊を積極的に受け入れていたといえる。家永氏の指摘を踏まえると、もともと政権基盤が脆弱であった義材は自らの与党となり得る大名を創出しようと動くとされることから、山名氏に対する義材の姿勢はその一環と見られる。

加えて新たな当主となった俊豊の下に他の山名庶流家が結集する様子をうかがえる。延徳三年八月、俊豊が義材の下に出仕した際には因幡守護山名豊時・豊重父子や石見守護家一族の山名式部少輔も同参している[77]。この時、伯耆守護山名尚之の名前は見えないが、数日後、三井寺に設けられた義材の陣営に俊豊と共に赴いていることがわかる[78]。また、因幡守護山名豊時は俊豊を「惣領殿」と呼び、俊豊の屋敷に出入りしていた[79]。ここにきて山名氏の一族間結合が復調する兆しが見えた点は注意したい。他の一族から惣領と認められたことは、もちろん俊豊にとって大きな支えになったであろうが、義材側にとっても山名一族が俊豊を中心に結束し、さらに自らの与党として機能するならば好都合である。これまでの研究では俊豊側の動きに注目してきたが、一方で受け入れた義材側も俊豊を中心に山名氏を与党として編成する思惑が存在したのではないか。

以上のように、義材・俊豊双方の思惑が一致したことによって、両者は密接な関係を取り結んだといえよう。義材政権下の山名氏は、その政権基盤を支える義材与党の一員として行動したのである。

（二）明応の政変直前における山名氏とその周辺

その後、義材政権は河内の畠山基家討伐の最中に発生した政変で崩壊することになるが、先に義材与党大名の一員と評価した山名氏は明応の政変前後の情勢とどのように関係するのだろうか。

まず、明応の政変直前の山名氏の動向を確認しよう。延徳四（明応元、一四九二）年七月、山名氏の内紛について「無為」が伝えられている[80]。川岡氏は次の史料をもとに細川政元の口入による内紛収束を指摘している[81]。

【史料九】

去十四日注進、委細披見候了、殊条々懇切ニ承候、令㆓祝着㆒候、

一、毛利（弘元）かたへ遣㆓書状㆒候、先知行分事、於㆓備州㆒抽㆓忠節㆒候者則可㆑成㆓判形㆒候、但、江田安芸・三吉上野与三右衛門尉為㆑使差下候、依㆓其返事㆒一段可㆑定㆓覚悟㆒候、それまてハ可㆑被㆓相待㆒候、

一、三沢かたへ以㆓案文㆒如㆓承候㆒書状を下候、此事も於㆓備州㆒抽㆓忠節㆒候者則可㆓相計㆒候、其分可㆑有㆓存知㆒候、

一、和智・江田申談、細川京兆（政元）任二口入一、但州之儀属二無為一候者可レ然由、致二注進一候之趣近日両奉行注進候、可レ有二如何一候哉、広沢衆必定成レ敵候者不日可レ有二注進一候、然者毛利其外身方面々方へ判形等可レ成候、未二落居一之間者先可レ被二相待一事可レ然候、

一、細川京兆・大内（政弘）書状事、得二其意一候、相調候て可二下遣一候、

（三ヶ条省略）

一、被レ申在所之事、国之時宜於二顕形一者可二相計一候、委細両人可レ申候、恐々謹言、

十二月廿七日　俊豊（花押）

山内大和守（豊成）殿[82]

史料九の年次について、川岡氏は明確に示していないが、延徳四年七月の「無為」と同じ頃としている。しかし、延徳四年五月頃の山名氏は「分国忩劇」とあるうえに、[83]「無為」を伝える史料は『蔭凉軒日録』のみであり、果たして「無為」が実現したのかどうか疑わしい。そこで改めて史料九の年次を検討してみると、安芸の毛利弘元に書状を遣わしたとあり、「先知行分事」について「於二備州一抽二忠節一候者則可レ成二判形一候」としている。これと関連する史料を探すと、明応二年二月に俊豊が弘元に対して「先知行分」を元のごとく安堵している。[84]史料九で俊豊は毛利氏が忠節を果たしたのならば、「先知行分」に関する「判形」を遣わすと述べているのであり、史料九は明応二年二月の所領安堵との関係性が読み取れる。そうなれば、史料九の発給年次も明応二年に近いと見るのが自然であり、明応元年一二月の発給文書と考えるのが適切ではないか。

史料九を明応元年の発給と考えた場合、細川政元の口入の意味も変化してくる。注意する必要があるのは、政元の口入を提案したのは俊豊ではなく、備後国人の和智・江田両氏であった点である。しかも俊豊は和智・江田両氏のことを指す広沢衆について「必定成レ敵」と述べて、敵対する可能性に言及している。柴原直樹氏によると、和智・江

田両氏については政豊方の備後国人衆の中核的存在であったといい[85]、両者の背後には政豊が存在したと見てよい。俊豊は、政豊方と繋がっていたと思しい和智・江田両氏が提案した政元の口入を警戒していたのではないか。確かに俊豊は山内氏に対して政元らの書状を取り次いでおり、政元と俊豊の間で関係が全くなかったとはいえないが、俊豊と政元が深く結びついていたとする川岡氏の指摘には慎重である必要があろう。

明応元年冬の俊豊周辺では、苦境に陥り始めていることを訴える史料が散見される。同年一二月、俊豊側近の某豊隆は山内豊成に対して「殿様御大事此時候」と述べて、俊豊への忠節を求めているうえに、「但州之儀」に関する要脚の納入も訴えている[86]。さらに翌年正月、俊豊は豊成に「下国」の予定を伝達しており、但馬の争乱の激化を受けて下向を検討していることがうかがえる[87]。そうした中にあって、細川政元の口入が浮上したのも、このような俊豊周辺の苦しい状況と無関係ではないだろう。政元は政豊の従兄弟に当たる人物でもあり、前掲史料二では政豊への「異見」を期待されていた。和智・江田両氏による口入の提案も、このような政豊・政元間の結合を背景にした動きと理解できる。高橋氏は、明応の政変前後における政豊と政元の連携を想定しているが[88]、史料九の存在を踏まえると、政元は政豊との回路を保持していたようであり、高橋氏の想定のとおり、両者は繋がっていたと見てよい。

山名氏の内紛に細川氏の口入を提案する動きが出来する一方、義材側はどのような動きを見せたのだろうか。従来、この点については全く考慮されてこなかったが、明応二年正月、室町幕府の侍所開闔をつとめた松田頼亮が「為二御使一但馬国下向」といい[89]、義材の指示で使者として但馬に派遣されている。明応元年冬以降の但馬情勢の悪化を踏まえると、義材による使者派遣も但馬国内の争乱を現地で調停する意図があったのではないか。義材側としても与党大名となった山名氏の混乱は避けたいものであり、義材側も山名氏の内紛解決に向けて介入する意思を示したと考えられる。

以上、明応の政変直前の山名氏の動きを考察したが、山名氏の内紛激化を受けて、細川政元の口入を提案する動きが登場した。明応の政変直前の時期に、政豊・政元間の繋がりをうかがえる動きが浮上する点は注目したい。一方、義材側も但馬の争乱に介入する姿勢を見せており、義材与党である山名氏を繋ぎとめようとする動きとして評価できる。このように、山名氏の内紛をめぐって「義材・俊豊」と「政元・政豊」という二つの連携ラインが並立する状況となったのである。

（三）明応の政変と山名氏

先に触れたように、明応二年正月の俊豊は但馬への下向を検討するほどの状況であったが、この時には実現せず、在京を継続している。そのまま俊豊は義材による河内出陣に従軍したが、三月に入ると一転して俊豊は但馬へ下向してしまう[90]。その直後、明応の政変が発生することになるが、山名氏の場合は政変発生時に河内（または京都）に滞在していたわけではない。しかし、前述のとおり、俊豊は義材の与党でもあり、義材側も支援する動きを示していた。先行研究では明応の政変が山名氏にもたらした影響について指摘されているが、断片的な指摘にとどまっており、改めて考えてみたい。政変を受けて、山名氏とその周辺はいかなる影響を受けたのだろうか。

まず、明応二年正月以降の情勢を検討しよう。片岡氏はこの頃の垣屋氏（特に続成）についてその去就が不明である点を述べている[91]。延徳三年八月の上洛直後には俊豊派として垣屋氏の名前が見えるが[92]、その後の様子は不明である。備後国人の渡辺氏が記した覚書によれば、義材の近江出陣が終結して京都へ帰還した前後、垣屋・太田垣両氏が俊豊を離反したという[93]。この覚書は天文三（一五三四）年六月の年記を持つ史料であり、同時代史料ではない。しかし、『蔭凉軒日録』や『北野社家日記』をはじめとする他の史料からも裏付けが取れること、覚書に登場する人名が明応年間のそれと一致することからも、俊豊に関する記述はある程度信用してよいだろう。この垣屋・太田垣両氏の離反についての具体的な背景や都鄙間連動の問題について説明し得る史料が乏しく不明な点が残されているが、いずれにせよ、明応二年三月の但馬下向は垣屋・太田垣両氏の離反が影響していると見てよい。

こうして俊豊は政変直前に離脱していくが、但馬下向時には若狭武田氏の支援を受けて、若狭国小浜から海路で但馬へ帰還したという[94]。その後、俊豊は但馬国佐津の無南垣城を拠点としたらしく[95]、守護所のある九日市に入ることができていない点に注目したい。守護所を政豊側に押さえられたと見られる。但馬国内における俊豊の勢力が限定的なものへと変化している。

一方で但馬下向前後の俊豊は義材側の支援を受けている点には改めて注意したい。先行研究でも指摘されるように、但馬国内の争乱について俊豊は「上意之趣忝候」と述べている[96]。また、俊豊の但馬下向を支援した若狭武田氏については、政変時に細川政元の与党勢力であったとみなされてきたが、近年では明応二年当時の若狭武田氏は政変には直接関与せず、必ずしも義澄派に与しているとはいえない点も指摘されている[97]。俊豊の但馬下向時点では、政変の発生前でもあり、あくまで義材政権の一員としての立場からの支援と見てよいだろう。義材派の連携で俊豊が動いていると指摘できる。

その後、四月二二日に政変が実行され、義材の廃立と義澄の擁立がなされるが、実際には政変の完全な成功（義材の捕縛と京都への連行）までには時間がかかっている。小池辰典氏は政変の成功に至るまでの過程が諸大名と政変主導者の間で流動的な要素を含み、その後の政局にも影響を与えたことを指摘している[98]。この間の俊豊については閏四月時点で京都の北野社に対して但馬国内の合戦に勝利している旨を伝えているが[99]、先に述べたように、三月時点で俊豊の勢力は限定的なものへ変化しており、果たしてどこまで事実なのか確認できない。渡辺氏の覚書は政豊・俊豊双方が一進一退の攻防であったとしているが、中央情勢と同様に依然、但馬情勢も流動的であったのだろう。

中央情勢に目を向けると、五月二日に義材の身柄が京都へ移送されて幽閉されたが、六月末には義材が北陸へ脱出していった。義材の北陸逃亡を許してしまったものの、畿内周辺では義澄政権が始動することを踏まえると、六月末までの情勢確定が義材方にとって一時的な打撃になったと思われる。一方で但馬情勢に関しては、七月の合戦で俊豊派が大敗を喫して、俊豊は備後へ没落を余儀なくされた[100]。中央情勢とは若干の時間的遅れが見られるものの、義材と俊豊の密接な関係を考慮すれば、中央における義材没落と同様の動きであろう。合戦に勝利した政豊は但馬平定を順調に進める一方で、義澄に対して進物を送るなど、義澄政権側との連絡を取っている[101]。ただし、俊豊は完全に没落したわけではなく、明応八年五月に没するまでの間、備後を拠点に抵抗を継続した。しばらくの間、山名氏は親子間の抗争が続き、それ以後は政豊の跡を継いだ致豊と重臣層との間での主導権争いへと移行していく。こうして山名氏においては、一六世紀初頭にかけて新たな対立構造が定着していくのである。

このように、明応の政変に山名氏は直接関係したわけではなかったが、流動的な但馬情勢を決定づけたのは、中央における政変と義材の没落であった。俊豊は義材派の連携と支援の下に動く存在であり、政変が山名氏をめぐる情勢に与えた影響は無視できない。また、家永氏によると、政変を契機に情勢を決定する主導性は将軍権力から大名たちの側へと大きく移行したとされる[102]。山名氏の場合も将軍権力側の全面的な支援を受けた俊豊が没落し、細川政元との繋がりを持った政豊が復権しており、将軍権力の持つ主導性に変化が生じたといえよう。

以上、足利義材政権と山名氏の関係について述べた。義材政権下において、山名俊豊は義材与党大名の一員として行動した。これは自らの与党を創出したい義材、将軍権力の支援を得たい俊豊双方の思惑が一致したことによるものであった。しかし、明応元年冬以降、但馬情勢が悪化するに伴い、今度は山名政豊との回路を保持する細川政元の口入を提案する動きが登場した。明応の政変直前段階において、政豊・政元間の連携が浮上したのである。その後、俊豊は但馬へ下向するが、義材の支援の下に行動する一方で政変発生後の中央情勢の影響を受けて、没落を余儀なくされた。中央における義澄政権成立後、但馬情勢は義澄・政元と結びつく政豊が復権していくのであり、都鄙の情勢が相互に連関する様子を指摘できる。

おわりに

本章では応仁・文明の乱後の山名氏と室町幕府の関係について考察した。各節の最後にまとめたので、ここでは繰り返さないが、応仁・文明の乱後の大名と室町幕府の関係が政権の変遷に伴って段階的に変化していくことを明らかにできたと考える。

とりわけ本章で取り上げた山名氏については、文明一〇年代前半まで幕府を支える重要な基盤として期待されていたが、足利義尚の近江出陣を契機に両者の関係は大きく変化した。足利義尚・義材両政権との関係を受けて、応仁・文明の乱以来続いた山名氏をめぐる政治的課題が清算され、戦国期に頻発する対立関係が新たに出来していく様子は、戦国初期にかけての対立構造が都鄙間の情勢連動によって作り出されていったことを如実に物語っているといえよう。

本章では明応の政変までの考察にとどまったが、その後の山名氏情勢が「二人の将軍」が並立する畿内情勢といかに関係していくのかといった点や明応～永正年間における山名氏の内部抗争などについては、今後の課題である。また、家永遵嗣氏が指摘されるように、明応の政変に至る過程では大名家の内衆同士のネットワークが大きな影響力を持ったとされる[103]。本章の考察は山名氏の政治的動向を中心としており、山名氏被官の具体的な動きなどには言及できなかった。特に垣屋・太田垣・田公氏をはじめとした宿老層、村上・松田・布施氏などの当主近習層の動向、政豊・俊豊期の権力構造の変化を踏まえつつ改めて検討する必要があろう。

注

（1）石田晴男「室町幕府・守護・国人体制と「一揆」」（『歴史学研究』五八六、一九八八年）。

（2）　家永遵嗣「将軍権力と大名との関係を見る視点」（『歴史評論』五七二、一九九七年）。このほか、家永氏は明応の政変にかけて京都と関東双方の情勢が連動していく様子を具体的に検討している。同「明応二年の政変と堀越公方府の滅亡」（『室町幕府将軍権力の研究』東京大学日本史学研究室、一九九五年）、同「明応二年の政変と伊勢宗瑞（北条早雲）の人脈」（『成城大学短期大学部紀要』二七、一九九六年）。

（3）　百瀬今朝雄「応仁・文明の乱」（『岩波講座日本歴史七　中世三』岩波書店、一九七六年）。

（4）　例えば、家永遵嗣「北陸地方における戦国状況の形成」（『加能史料研究』一六、二〇〇四年）、萩原大輔「足利義尹政権考」（『ヒストリア』二三〇、二〇一二年）など。また、戦国期の将軍と大名の関係については山田康弘「戦国期における将軍と大名」（『歴史学研究』七七二、二〇〇三年）、同『戦国時代の足利将軍』（吉川弘文館、二〇一一年）など参照。

（5）　前掲注（2）家永論文、平出真宣「戦国期政治権力論の展開と課題」（中世後期研究会編『室町・戦国期研究を読みなおす』思文閣出版、二〇〇七年）。

（6）　前掲注（2）家永論文。

（7）　本章でいうところの「山名氏」とは断りのない限り、但馬・備後守護をつとめた惣領家のことを指す。

（8）　今谷明氏の「京兆専制論」以降（同『室町幕府解体過程の研究』岩波書店、一九八五年）、末柄豊氏による細川京兆家の議論（同「細川氏の同族連合体制の解体と畿内領国化」石井進編『中世の政治と法』吉川弘文館、一九九二年）をはじめとして、近年では畠山氏や若狭武田氏などといった細川氏以外の勢力も視野に入れた多角的な畿内政治史研究が進展している（小谷利明「畿内戦国期守護と室町幕府」『日本史研究』五一〇、二〇〇五年、笹木康平「戦国期畿内政治史と若狭武田氏の在京」木下聡編『若狭武田氏』戎光祥出版、二〇一六年、初出二〇一二年など）。

（9）　小坂博之『山名豊国』（吉川広昭、一九七三年）、『兵庫県史　第三巻』（兵庫県、一九七八年）、高橋正弘『因伯の戦国城郭　通史編』（自費出版、一九八六年）など。

（10）　川岡勉「山名氏の但馬支配と室町幕府」（市川裕士編『山陰山名氏』戎光祥出版、二〇一八年、初出二〇一四年）。また、明応～永正年間の将軍家分裂と山名氏内部の関係については、同「戦国期但馬の守護と領主」（『戦国期守護権力の研究』思文閣出版、二〇二三年、初出二〇一四年）。このほか、一六世紀前半の尼子氏の動向を畿内情勢と連動させつつ論じられており、山名氏の動向にも言及している（同「戦国期の権力秩序と出雲尼子氏」前出川岡著書、初出二〇一三年）。なお、特に断りのない限り、本章で引用する川岡氏の見解は前出市川編著掲載論文「山名氏の但馬支配と室町幕府」に基づく。

(11) 拙稿「応仁・文明の乱と山名氏」（『日本史研究』六六〇、二〇一七年）。本書第三部第一章として所収。惣領家を含めた山名一族は、嘉吉の乱後に播磨・備前・美作三ヶ国守護職を獲得していたが、これらの地域は応仁・文明の乱の際、赤松氏によって制圧されていた。

(12) 前掲注(9)小坂著書一三～一七頁、水野恭一郎「応仁文明期における守護領国」（『武家時代の政治と文化』創元社、一九七五年、初出一九六一年）、片岡秀樹「伯耆山名氏の活動」（『地方史研究』二九―二、一九七九年）、同「因幡守護山名氏の活動」（『地方史研究』三三―二、一九八三年）、前掲注(9)高橋著書七～一七頁、片岡秀樹「文明・明応期の但馬の争乱について」（前掲注(10)市川編著、初出二〇〇八年）、渡邊大門「文明十五年における山名氏の播磨国侵攻について」（『中世後期山名氏の研究』日本史料研究会企画部、二〇〇九年）、鳥取県立公文書館県史編さん室編『尼子氏と戦国時代の鳥取』（鳥取県、二〇一〇年、一一～一五頁）など。

(13) 前掲注(9)『兵庫県史』一二五～一二六頁（石田善人執筆）。

(14) 『大乗院寺社雑事記』文明一一年三月六日条。

(15) 『晴富宿禰記』文明一一年七月二九日条

(16) 『大乗院寺社雑事記』文明一一年八月二日条。

(17) 『晴富宿禰記』文明一一年八月一八日条。

(18) 『晴富宿禰記』文明一一年八月一九日条。

(19) 『晴富宿禰記』文明一一年八月二〇日条。

(20) 前掲注(9)『兵庫県史』一二五頁。

(21) 『晴富宿禰記』文明一一年八月一日条、『雅久宿禰記』同年同月六日条。

(22) 前掲注(19)『晴富宿禰記』。

(23) 『大乗院寺社雑事記』文明一一年九月二三日条。

(24) （文明一一年）後九月一〇日「山名政豊書状」（『大日本古文書　家わけ第二一　蜷川家文書』一〇一号）。以下、本史料集より引用する際には『蜷川家文書』と略記し、文書番号を記す。

(25) （文明一三年ヵ）九月五日「山名政之注進状案」（『蜷川家文書』一一九号）、（同年ヵ）九月一二日「山名政之注進状」（『蜷川家文書』一二一号）。なお、一一九号については文明一三年の年次がある端裏書が存在するが、『新鳥取県史資料編では文明一二年に比定している。
(26) 石田善人「山名政豊の播磨進攻と蔭木城合戦」(『国史学論集』今井林太郎先生喜寿記念論文集刊行会、一九八八年)。
(27) 前掲注(25)「山名政之注進状案」・「山名政之注進状」。また、庶子家である伯耆守護山名政之の注進は惣領山名政豊を経由して、幕府中枢へ伝達されている(〈文明一三年ヵ〉九月一〇日「山名政豊書状」『蜷川家文書』一二〇号)。
(28) 『大乗院寺社雑事記』文明一二年一〇月二〇日条。
(29) (年月日未詳)「伺事条々注文」(『蜷川家文書』一四八号)。
(30) 旧稿では豊時が軍事行動に参加していないと指摘したが、その後、豊時の参戦を示唆する岡村吉彦氏の指摘に接したほか、豊時が発給した播磨国内の給分宛行状の存在を把握した。よって本書では誤認した箇所を訂正し、惣領家の動きに対して庶子家が広く同調したとする旨に改めた。詳細は本書第三部第三章付記を参照されたい。
(31) 石見守護家の動向については、拙稿「応仁・文明の乱後における石見山名氏の動向」(『地方史研究』六八―五、二〇一八年)参照。表題などを改めたうえで本書第三部第四章として所収している。また、『大乗院寺社雑事記』文明一六年一〇月一一日条によれば、「山名一族礒邊」が播磨国吉殿荘を知行していたという。
(32) 『実隆公記』文明一五年九月二七日条。
(33) 『大乗院寺社雑事記』文明一六年三月八日条。
(34) 『蔭凉軒日録』文明一七年一一月一三日条。この時、「赤松事於殿中聶屓者少」といった状況であったという。
(35) (文明一七年)九月一二日「安東政藤注進状案」(『蜷川家文書』二一七号)。
(36) 前掲注(9)小坂著書。
(37) 『蔭凉軒日録』文明一九年正月二〇日条。
(38) 家永遵嗣「再論・軍記『応仁記』と応仁の乱」(学習院大学文学部史学科編『増補　歴史遊学』山川出版社、二〇一一年)。
(39) (文明一六年ヵ)九月二六日「伊勢貞宗書状案」(国立公文書館蔵「諸状案文」所収文書、請求番号古〇一七―〇三〇二)。奉公衆杉原氏の所領である美作国月田郷が山名政理の被官によって押領されていたという。山名政理は石見守護山名政清(法名・芇庵)の息子。山名惣領家の赤松分国侵攻に呼応して、当時美作国内で軍事行動を展開していた。
(40) 前掲注(31)拙稿。
(41) 史料三によると、伊勢氏は山名側の雑掌を一度門外で待機させた後、酒宴に招いたが、山名側の訴えについては取り合わないまま帰宅させている。細川氏と同様に伊勢氏もこの問題に対して深入りしない様子が見て取れる。

(42) 山名側から幕府への進物は『親元日記』文明一七年九月二七日条、『親郷日記』文明一八年三月二一日条など。また、文明一八～一九年にかけて足利義政への徳日進物も確認できる（〈年月日未詳〉「道慶《足利義政》徳日進物役者注文」『蜷川家文書』二四五号）。進物以外の事例でも足利義尚の右大将拝賀の際には山名被官が辻固を担当しているように、幕府への奉仕を続けている（『長興宿禰記』文明一八年七月二九日条）。

(43) 幕府と山名氏の関係についても変化はない。例えば、文明一九年六月には足利義教の年忌諸家国役として政豊が一〇貫文を納めている（『蔭凉軒日録』文明一九年六月二三日条）。また、義政の鹿苑寺御成の際には山名の在京被官たちが門役警固をつとめたほか、宴に酒などを進上している（『蔭凉軒日録』文明一九年六月五・八日条）。

(44) 前掲注(3)百瀬論文、鳥居和之「応仁・文明の乱後の室町幕府」（『史学雑誌』九六―二、一九八七年）、設楽薫「足利義尚政権考」（『史学雑誌』九八―二、一九八九年）。ただし、京都に残留した義政にも一部政務に関する権限が留保されていたことも明らかになっている（野田泰三「東山殿足利義政の政治的位置付けをめぐって」桃崎有一郎・山田邦和編『室町政権の首府構想と京都』文理閣、二〇一六年、初出一九九五年）。

(45) 『蔭凉軒日録』長享元年九月四日条。

(46) 『蔭凉軒日録』文明一七年五月二四日条など。

(47) 前掲注(12)片岡論文「文明・明応期の但馬の争乱について」。

(48) 『蔭凉軒日録』長享二年正月一三日条。

(49) 前掲注(9)高橋著書、前掲注(12)片岡論文「因幡守護山名氏の活動」。

(50) 前掲注(3)百瀬論文。

(51) 前掲注(35)「安東政藤注進状案」、前掲注(39)「伊勢貞宗書状案」。

(52) 前掲注(3)百瀬論文。

(53) 「永享以来御番帳」・「文安年中御番帳」（『群書類従　第二九輯』雑部）など。

(54) 前掲注(9)高橋著書、前掲注(10)川岡論文「山名氏の但馬支配と室町幕府」、前掲注(12)水野論文・片岡論文「文明・明応期の但馬の争乱について」など。

(55) 『大乗院寺社雑事記』長享二年七月二五日条。

(56)『蔭凉軒日録』長享二年八月一七日条。
(57)『蔭凉軒日録』長享二年九月二日条。
(58)前掲注(9)高橋著書、前掲注(10)川岡論文「山名氏の但馬支配と室町幕府」。
(59)前掲注(10)川岡論文「山名氏の但馬支配と室町幕府」。
(60)(長享二年)九月一九日「(垣屋)続成書状」(『兵庫県史　史料編　中世三』所収「足立文書」一号)。
(61)前掲注(12)片岡論文「文明・明応期の但馬の争乱について」。
(62)前掲注(9)高橋著書、前掲注(12)片岡論文「因幡守護山名氏の活動」。
(63)『蔭凉軒日録』長享二年八月一三日条。
(64)前掲注(9)高橋著書、前掲注(12)片岡論文「因幡守護山名氏の活動」。
(65)前掲注(11)拙稿。
(66)厳密にいえば、大永二(一五二二)年にも山名氏は播磨国に侵攻しており、その後も播磨国侵攻の意思を放棄したわけではない。大永二年の播磨国侵攻とその政治的意義については、別の機会で改めて論じたいと考える。
(67)足利義材については複数回改名しているが、本章の表記は義材に統一する。
(68)明応の政変までの義材政権の構造や政務決裁などに関しては、上杉剛「足利義材政権についての一考察」(『史友』一七、一九八五年)、設楽薫「将軍足利義材の政務決裁」(『史学雑誌』九六―七、一九八七年)、同「足利義材の没落と将軍直臣団」(『日本歴史』三〇一、一九八七年)など。とりわけ明応の政変に関しては数多くの研究蓄積が存在しているが、ひとまず前掲注(2)家永論文、前掲注(8)末柄論文、山田康弘「明応の政変直後の幕府内体制」(『戦国期室町幕府と将軍』吉川弘文館、二〇〇〇年)など参照。また、近年では政変と諸大名の関係について小池辰典「明応の政変における諸大名の動向」(『白山史学』五一、二〇一五年)で論じられている。
(69)前掲注(2)家永論文。
(70)例えば、家永・末柄両氏によって義材政権の細川讃州家への接近が明らかにされている(家永前掲注(2)論文、末柄前掲注(8)論文)。
(71)前掲注(9)高橋著書、前掲注(10)川岡論文「山名氏の但馬支配と室町幕府」、前掲注(12)片岡論文「文明・明応期の但馬の争乱について」。

(72) 前掲注(12)片岡論文「文明・明応期の但馬の争乱について」。
(73) 延徳三年一一月一〇日「山名俊豊書下」(『長福寺文書の研究』一〇八九号)。
(74) 前掲注(12)片岡論文「文明・明応期の但馬の争乱について」。
(75) 官途昇任については前掲注(12)片岡論文「伯耆山名氏の活動」でも触れられている。改めて確認すると因幡守護の場合、延徳三年八月の上洛時には豊時が「治部少輔」、豊重が「小次郎」とあるが(『蔭凉軒日録』同年八月二三日条)、同年一一月には豊時が「左衛門佐」、豊重は「治部少輔」に変化している(『蔭凉軒日録』同年一一月六日条)。伯耆守護山名尚之は『北野社家日記』延徳三年七月二四日・八月六日条をはじめとして「山名六郎」と見えるが、同じ『北野社家日記』の八月二八日条には「相模殿」とある。
(76) 『金言和歌集』(『続群書類従　第三三輯下』雑部、四一七頁)。
(77) 『蔭凉軒日録』延徳三年八月二三日条。
(78) 『蔭凉軒日録』延徳三年八月二八日条。
(79) 『北野社家日記』明応元年八月三日条。
(80) 『蔭凉軒日録』延徳四年七月二日条。
(81) 前掲注(10)川岡論文「山名氏の但馬支配と室町幕府」。
(82) (明応元年)一二月二七日「山名俊豊書状」(『大日本古文書　家わけ第一五　山内首藤家文書』一七四号)。以下、本史料集より引用する際には『山内首藤家文書』と略記し、文書番号を記す。
(83) 『和長卿記』延徳四年五月四日条。この時、山名氏は義材の近江出陣に従軍中であったが、分国の争乱の影響で「軍兵難レ得之間、申二故障一」という。
(84) 明応二年二月七日「山名俊豊安堵状」(『大日本古文書　家わけ第八　毛利家文書』一五八号)。
(85) 柴原直樹「守護山名氏の備後国支配と国人領主連合」(前掲注(10)市川編著、初出一九九六年)。
(86) (明応元年)一二月五日「豊隆書状」(『山内首藤家文書』一七六号)。
(87) (明応二年)正月二一日「山名俊豊書状」(『山内首藤家文書』一六九号)。
(88) 前掲注(9)高橋著書。
(89) 國學院大學図書館蔵「吉田家文書」所収「諸奉行」。本史料の翻刻は、遠藤珠紀・金子拓「國學院大學図書館所蔵「諸奉行」」（『國學院大學校史・学術資産研究』六、二〇一四年）を参照。

(90)『蔭凉軒日録』・『北野社家日記』明応二年三月九日条。

(91)前掲注(12)片岡論文「文明・明応期の但馬の争乱について」。

(92)前掲注(77)『蔭凉軒日録』、また『北野社家日記』延徳三年八月二二日条など。

(93)田口義之「渡辺先祖覚書」（『山城志』七、一九八四年）、ならびに小林定市「渡邉氏の先祖覚書と長和庄支配構造」（『福山城博物館友の会だより』三一、二〇〇一年）掲載の翻刻文を参照したうえ、広島県立歴史博物館寄託原本にて校合した。当該史料の名称は広島県立歴史博物館における登録名に従い、「渡辺氏先祖覚書」で統一した。なお、本多博之氏は、覚書に見える備後情勢について一次史料による裏付けが取れない点などを指摘し、史料的に利用が難しいと指摘している（同「一次史料にみる備南の国人渡辺氏の動向」『備後渡辺氏に関する基礎研究』広島県立歴史博物館、二〇一三年）。ただし、本多氏は「中央情勢はともかく」と留保的な表現をしている。

(94)前掲注(93)「渡辺氏先祖覚書」。

(95)永正元（一五〇四）年三月に道光なる人物が記した史料によると、但馬塩冶氏の拠点であった佐津の無南垣城に俊豊の「御志ゆてん」（主殿）を立てたという。本史料については岡部良一「但馬・因幡国堺目之事について」（『但馬史研究』三五、二〇一二年）参照。前掲の「渡辺氏先祖覚書」にも「従二小浜一佐津と申在所へ八三四十里候」や「塩冶殿要害へ御着被レ成候」とあり、但馬側の史料と合致している。なお、無南垣城は日本海に面しており、海路による但馬帰国を伝える「渡辺先祖覚書」の記述を裏付けている。

(96)（年未詳）六月一四日「山名俊豊書状」（『山内首藤家文書』三九二号）。

(97)前掲注(8)笹木論文。

(98)前掲注(68)小池論文。

(99)（明応二年）後四月二〇日「山名俊豊書状」（『史料纂集　古文書編　北野神社文書』一〇九号）。

(100)『蔭凉軒日録』明応二年七月二二日条。

(101)明応二年後半以降、政豊は但馬国内の各所に対して安堵状を発給している（明応二年一一月一三日「山名政豊知行安堵状」『兵庫県史　史料編　中世三』所収「牧田文書」七号など）。また、足利義澄側との音信については、（明応五年）後二月二三日「足利義高（澄）御内書案」（『蜷川家文書』三一二号）、（年未詳）四月二日「伊勢貞宗書状案」（国立公文書館蔵

「御状引付」所収文書、請求番号古〇一六―〇三〇〇）など。

（102）　前掲注（2）家永論文。

（103）　前掲注（2）家永論文。

【付記】

本章の原論文は、二〇一九年六月刊行の『ヒストリア』二七四号に掲載された。原論文の採用決定は同年三月であったが、その直後の四月には小池辰典「鈎の陣にみる戦国初頭の将軍と諸大名」（『日本歴史』八五一、二〇一九年）が発表されている。小池論文では山名政豊の動向も言及されているが、十分に触れることができなかった。

小池論文は主に足利義尚の近江出陣と諸大名の関係を考察しているが、その中で細川氏（京兆家）が赤松氏を擁護するため、赤松氏と抗争中の山名氏が将軍家に接近するのを妨害したと指摘している。山名政豊による将軍家接近という点は、筆者も本章で述べているとおりであり、小池論文と変わりはない。しかし、細川氏の姿勢に関しては、小池論文と若干立場を異にするため、補足しておきたい。

小池論文では、本章の史料三（『蔭涼軒日録』文明一九年正月二〇日条）を根拠として細川政元が山名氏の訴えを妨害するように内衆の秋庭元重・安富元家両人に指示したと指摘している。ただ、留意しなければならないのは、山名氏の訴えを聞き入れることを「太不レ可レ然」と政元に伝えていたのは秋庭ら内衆側という点である。本章で触れたように、山名氏出身の母を持つ政元は政豊の従兄弟に当たる人物でもあった。秋庭ら内衆側は山名氏の血を引く政元が山名氏に近い立場を取らないように釘を刺したと見るべきであろう。実際、政元自身は山名氏の在京雑掌たちを伊勢貞宗と面会させることには同意しており、妨害したわけではない。秋庭ら内衆側の意を汲み取りつつ、山名氏に一定の配慮を見せた政元の姿勢を見て取ることができる。赤松氏への「忠節」を示したのは秋庭ら内衆側であり、政元は微妙に立場を異にすると見てよい。

また、原論文では考察できなかったが、史料三には続き部分が存在している。次に掲げて検討してみよう。

【史料三の続き】

又庄四郎次郎（春資）某（元重）甥也、某傍輩有レ云二山田一、与二山名方一相近、又御母（政元母）被レ相二憑渠一、々又与レ庄相近、以レ故彼山田陽為二京兆（細川政元）使一下二庄宅一、説二得四郎次郎一云、就二播州合力之事一京兆引二寄我組一、彼云、命二庄伊豆守（元資）一、進二発播州一可レ合二力山名一之由厳有レ命云々、庄成レ実会、命二四郎次郎一進二発于播州一、某与二四郎次郎一一所之故、彼身依之者来告レ実、某将レ謂二京兆一者、未レ可レ被レ見二知彼山田頬一、況直引二寄我組一、彼密談之事不レ足レ信二用之一、於レ爰某相二尋子細於京兆一、則如二某推量一京兆夢亦不レ知事也、山田云者誰歟云々、以レ故自二某方一堅白二付于四郎次郎一令二開陣一也、四郎次郎伯父僧青原寺云者、某久知音也、依レ之于レ今与レ某白通也云々、愚云、以二此旨一必可レ白二聞于兵部公（赤松政則）二云々、（後略）

引用箇所は史料三の続きである。内容としては引き続き秋庭元重が亀泉集証に対して語っている場面であるが、興味深い証言を伝えている。それによると、元重の傍輩である山田某は山名方と近い人物であり、政元の指示と偽って細川京兆家被官の庄氏に山名氏への合力を働きかけたという。庄・山田両氏は共に備中国人であった（末柄豊「細川氏の同族連合体制の解体と畿内領国化」石井進編『中世の法と政治』吉川弘文館、一九九二年）。このように、山名方は係争地に近い備中の勢力を引き込もうとしていたようである。ただ、元重が政元に確認したところ、山田某の件は知らないと答えたため、元重は庄氏に軍勢を引くように伝えたという。実際、文明一八（一四八六）年二月には庄四郎次郎が播磨の山名方の陣営から撤退したとする情報も伝えられており（『蔭凉軒日録』同年同月一〇日条）、庄氏がこの戦乱に山名方として関与していた様子が見て取れる。さらに備中国人の山田氏は山名氏出身の政元生母である「御母」と近く、今回の行動も細川氏内部の親山名派が引き起こしたといえる。つまり、場合によっては、細川氏がさらに紛争に巻き込まれる恐れがある中、政元は争いに深く肩入れしない中立的な姿勢を見せたのではないか。備中は赤松氏と山名氏の分国に挟まれた地域であり、政元は紛争関与に伴う政情不安の波及を恐れた可能性もあろう。

いずれにせよ、山名氏への妨害を細川氏全体の「総意」のように理解するのは慎重であるべきだろう。結局のところ山名氏の訴えは失敗に終わったが、それは秋庭氏をはじめとする親赤松派の内衆による工作であった。細川氏内部には山名・赤松両氏に近い関係者がそれぞれ存在しており、両氏の意を受けて活動していた。この動き自体は家永遵嗣氏が指摘する大名家を超えた内衆たちのネットワーク論とも接合するものであろう（同「将軍権力と大名との関係を見る視点」『歴史評論』五七二、一九九七年）。その一方で政元自身は中立的な姿勢に徹し続けており、細川氏への紛争の影響を避けようとしていたと思われる。史料三からは細川氏の置かれた複雑な政治状況を見て取ることができるが、細川氏がさらに関与した形跡は見られないため、細川氏は中立と判断しておきたい。

第三章　因幡守護山名豊時・豊重父子と室町幕府

はじめに

因幡国と山名氏の関係は、南北朝内乱中の文和元（一三五二）年頃、山名時氏によって軍事制圧されたことを契機に始まり、幕府帰参後には守護職を獲得した。その後、山名氏は明徳の乱を起こして分国を大幅に削減されるが、因幡守護職を失うことはなかった。因幡守護の系統は少なくとも応永一五（一四〇八）年以降、山名熙高とその子孫（上総介流）が継承していったが、応仁・文明の乱を契機に惣領家系統の山名豊時が守護に就任すると、その後の守護職は豊時の子孫に固定されていった[1]。守護家嫡流が別流に移った点で豊時期の重要性がうかがえるが、特に豊時は将軍御供衆として在京活動を展開するなど、京都との繋がりを重視した特徴を持つとされる[2]。

豊時の守護在職期間は、応仁・文明の乱から明応の政変にかけての時期とほぼ一致する。この時期は室町期に見られた、多くの守護が在京する政治秩序の崩壊が進行し、戦国初期の政治状況が形成されていく過渡期に当たる。こうした時期に京都との繋がりを重視した豊時の存在は注目すべきであろう。家永遵嗣氏をはじめとする先行研究では、一六世紀前半にかけての都鄙の政治情勢の連動面が明らかにされているが[3]、当時の都鄙情勢の中に因幡守護山名氏を位置付ける作業が必要であろう。また最近、川岡勉氏は豊時の子・豊重が将軍・足利義材と密接な関係にあり、義材が追放された明応の政変を境に「幕政から排除」されたと指摘している[4]。重要な指摘と考えるが、川岡氏の議論では父・豊時の存在が十分に考慮されておらず課題が残る。

そこで本章では、応仁・文明の乱後から明応の政変にかけての都鄙情勢の中に山名豊時・豊重父子の動向を位置付けたいと考える。後述するように、応仁・文明の乱後の因幡国内では南部の有力国人による反守護争乱が赤松氏と結び付く形で頻発し、国内情勢が不安定であった(5)。まず、いかなる情勢の下で豊時が守護に就任したのかという前提を確認した上で、豊時・豊重父子と室町幕府の関係や在京活動の実態を明らかにしたい。また、これまでの研究では因幡守護山名氏の惣領家への従属性が指摘されているが、豊時・豊重父子と惣領家の関係も言及する必要があろう。続いて中央情勢が足利義尚政権から義材政権へと変化する中で、豊時・豊重父子がいかなる動きを見せたのかという点を考察したい。

一　応仁・文明の乱後の因幡守護山名氏と都鄙の政治情勢

（一）応仁・文明の乱終結と因幡情勢

文明六（一四七四）年四月、山名・細川両氏の間で和睦が成立すると、山名氏は西軍陣営を離脱して東軍側へ転向した。その後、文明九年に残りの西軍諸将が東軍方に降参し、正式な大乱終結を迎えることになる。一方で応仁・文明の乱は因幡国に深刻な影響を与えており、乱中の文明三年、因幡国では西軍方で現職守護の山名豊氏が討死する事態となっていた(6)。さらに東軍方の山名上総介が因幡に入国し、因幡南部を中心に東軍勢力の拡大が見られるなど(7)、次第に因幡国は混乱状態に陥っていた。そうした中で豊時は史料上に登場するのである。

まず、豊時の出自を見ると、豊時の父に関する確実な一次史料は確認できないが、山名氏系図の諸本では惣領・山名持豊の子・勝豊を父とする点で共通している。応仁・文明の乱中に討死した山名豊氏、乱後に頻発した争乱で反守護方の中核に据えられた山名政実は、いずれも山名熙高の系統（上総介流）であるが、豊時はこれらとは異なる惣領家系統の出身であった。豊時の父・勝豊は布勢天神山城（守護所）を築いた因幡守護と古くから伝えられているが、実際のところ享徳元（一四五二）年に二〇歳で亡くなっている。(8) 豊時以前の守護は上総介流の豊氏であった点も踏まえると、当初豊時の国内基盤は脆弱であった可能性が高い。

さらに次の史料からは、因幡情勢の混乱が東軍方と山名氏が和睦した後も継続していたことが見て取れる。

【史料一】

三番　廿二日　天晴　彦右衛門尉（蜷川）

（中略）

一、松田九郎左衛門（貞康）方被二参申一、因幡国面々就二無音一、山名殿（政豊）より御下知事、日限をさし、先度被二申下一候へ共、于レ今御返事不レ申候、曲事之由、日野殿（勝光）へ御申候処、内々雑掌近日罷上たる由候、存仕候ハぬ歟のよし、御尋候へ共、不レ存之由申候処、二三日以後私へ来候て、巨細申候へとも、已前日野殿へ不レ存由申候間、私事ハ斟酌由申候て帰し候、縦日野殿より可レ致二披露一之由被二仰付一候共、山名殿御申を執申候間、斟酌可レ仕候、此分可レ預二御心得一候、御返事、心得申候、(9)

史料一は室町幕府政所執事・伊勢氏の奏者番たちが作成した公務日記の記事である。史料一によれば、文明八年三月頃、「因幡国面々」の無音が問題とされている。それに対して幕府は惣領・山名政豊を通じて連絡を取ろうと試みている。因幡守護を直接介した連絡ではない点を踏まえると、京都に不在であった「因幡国面々」の中に因幡守護本人も含まれていたと思われる。先に見た因幡情勢の混乱を考えると、史料一に見える因幡国勢の不在は国内が上洛可能な状況ではないことを示唆している。ただし、後日雑掌を上洛させていることから全く連絡が途絶したわけでなく、物領家の下知に応じている点は注意したい。物領家との回路を有している点を踏まえると、豊時本人からの音信の可能性が高い。

加えて応仁・文明の乱以降の因幡国内では惣領家被官の活動が確認できるが、気多郡や巨濃郡で荘郷の押領行為を働いている。(10)因幡情勢の混乱を考えると、惣領家被官の押領行為もかかる情勢と無縁ではないだろう。このように当時の因幡国では、惣領家の軍事介入を招いていたことが想定されるが、惣領家と豊時の関係を考慮すれば、惣領家の軍事行動は豊時を支援する目的であったのではなかろうか。

以上の点を踏まえると、応仁・文明の乱以降の因幡国では混乱が継続しており、元来国内基盤が脆弱であったと推測される豊時は惣領家の援助を受けなければ存続できない立場であったのではないか。このように乱後の守護山名豊時は惣領家の援助を受けて国内で軍事行動を展開していたと考えられる。

（二）文明年間の因幡守護山名豊時と京都

先行研究で詳述されるように、文明一一年、因幡国では八東郡私部郷の国人毛利氏を中心とする反守護争乱が発生している。同年七月、豊時は京都から下向して対応したが当初劣勢であり、惣領家の軍事支援を受けてようやく鎮圧された。惣領家の支援を受けなければ存続し得ない状況は依然継続していたと見てよいだろう。

一方で注目したいのは、そのような立場であるにもかかわらず、同年七月時点で豊時は在京していた点である。文明一〇年頃、豊時被官の土師氏が京都の七観音院との間で山城国内の土地をめぐって相論を引き起こしているが、(11)土師氏が現地を押妨していた点を踏まえると、この年には土師氏が京都に復帰していたことがわかる。推測の域を出ないが、豊時被官の在京という点からは主人の豊時もこの頃には上洛していたのではないか。豊時の持つ京都への志向性の強さは当初から表れていたといえよう。

文明一一年の争乱鎮圧後、豊時が再び京都で見えるのは文明一四年である。

【史料二】

三日、晴、有レ鞠、

予（甘露寺親長）・新中納言（高倉永継）・中納言入道（飛鳥井雅康）・楽　邦（万里小路春房）・元長朝臣（甘露寺）・以量朝臣（薄）・基富朝臣（園）・雅俊（飛鳥井）・山名治部少輔（豊時）初而為二鞠人数一、近日為二飛鳥井門弟一、可二召具一由昨日案内、可レ然之由返答・伊勢次郎左衛門（貞頼）・広戸（直弘）、（後略）[12]

史料二は公家・甘露寺親長の日記であるが、文明一四年九月三日に行われた蹴鞠会の参加者に豊時の名前が見える。しかも豊時は初めて蹴鞠会に参加しており、蹴鞠の名手・飛鳥井雅康の門弟であったことが分かる。この年以降、豊時は京都で開催された将軍・足利義尚主催の犬追物や公家主催の蹴鞠会に「武家輩」の一員として参加している史料が増える（表3）。御供衆として将軍の出行に供奉する動きも散見されるようになる点も踏まえると、豊時の在京活動が本格化していった様子が見て取れる（表4）。文明一四年当時、豊時が従来頼りにしてきた惣領家は但馬に在国しており、京都には不在であった。惣領家不在の中で展開した豊時の在京活動は、惣領家に依存しない独自のネットワーク形成の一環であったのではないか。ただし、この頃の豊時が完全に惣領家と異なる動きを取ったわけではないことは次の史料からもうかがえる。

【史料三】

一、山名治部少輔（豊時）殿へ、惣領右金吾（政豊）播州へ可レ有二乱入一由、被レ申候儀、同心又ハ合力候てハ、可レ為二曲事一旨、可レ被二仰出一事、[13]

史料三は室町幕府政所代をつとめた蜷川氏によって作成されたと思しき覚書の一部である。文明一五年一二月、山名惣領家は播磨国をはじめとする赤松氏分国へ軍事侵攻を開始していた。年月日未詳であるが、山名氏の播州乱入への対応が記されており、同じ年の史料であろう。幕府の対応案として、豊時に対する指示事項が記されているが、惣

表3　豊時・豊重父子の文芸・武芸活動

年	月　日	内　容	参加者	備　考	出　典
文明14(1482)	8月26日	義尚御所犬追物	豊時		『伊勢家書』
	9月3日	甘露寺親長邸蹴鞠	豊時	豊時は飛鳥井雅康の門弟，初めて蹴鞠参加	『親長卿記』
	11月28日	義尚御所蹴鞠	豊時		『親長卿記』
文明15(1483)	2月8日	高倉永継邸蹴鞠	豊時		『親長卿記』
	2月17日	義尚御所蹴鞠	豊時		『親長卿記』
	7月1日	義尚御所犬追物	豊時		『親元日記』
	7月17日	義尚御所犬追物	豊時		『親元日記』
	11月14日	義尚御所犬追物	豊時		『伊勢家書』
	11月20日	義尚御所犬追物	豊時		『伊勢家書』
文明18(1486)	9月7日	伊勢貞宗邸続歌	豊重	豊重の注記「因幡守護」(誤記ヵ)	『長興宿禰記』
明応元(1492)	3月7日	飛鳥井雅康邸歌会	豊時	因幡守護代渡辺某参加	『蔭凉軒日録』
明応2(1493)	正月20日	義材御所犬追物	豊重		『蔭凉軒日録』
	7月3日	甘露寺親長邸蹴鞠	豊時		『親長卿記』
	7月28日	近衛政家邸蹴鞠	豊時		『後法興院政家記』
	7月27日	紫野馬場笠懸	豊時	細川政元被官・上原賢家主催	『蔭凉軒日録』
	8月18日	甘露寺親長邸蹴鞠	豊時		『親長卿記』
	9月7日	近衛政家邸蹴鞠	豊時		『後法興院政家記』
	10月1日	近衛政家邸蹴鞠	豊時		『後法興院政家記』
	10月12日	近衛尚通邸蹴鞠	豊時	豊時の申沙汰で開催	『後法興院政家記』
	10月26日	甘露寺親長邸蹴鞠	豊時		『親長卿記』
明応3(1494)	2月22日	近衛政家邸蹴鞠	豊時		『後法興院政家記』
	3月8日	近衛政家邸続歌	豊時		『後法興院政家記』

表4　豊時・豊重父子の御供衆供奉

年	月　日	内　　容	人　名	備　　考
文明14(1482)	7月26日	義尚御所歌会	豊時	出典・『親長卿記』
	8月11日	義尚御所歌会	豊時	出典・『十輪院内府記』
文明18(1486)	正月18日	義政，鹿苑院御成	豊重	
	正月19日	義政，相国寺御成	豊重	
	2月16日	義政，等持寺御成	豊重	
	5月22日	義政，宝鏡寺御成	豊重	
	6月24日	義政，普広院焼香御成	豊重	
	7月11日	義政，小河御所御成	豊重	
	7月13日	義政，鹿苑院施食御成	豊重	
	7月14日	義政，等持寺施食御成	豊重	
	7月15日	義政，誓願寺等御成	豊重	
長享元(1487)	正月11日	義尚，東府(義政)御成	豊重	
	正月18日	義政，鹿苑院御成	豊重	
	正月24日	義政，等持寺御成	豊重	
	2月13日	義政，逆修初七日焼香御成	豊重	
	2月20日	義政，鹿苑院焼香御成	豊重	
	3月5日	義政，鹿苑院焼香御成	豊重	
	3月24日	義政，千僧供施食御成	豊重	
	3月26日	義政，鹿苑院御成	豊重	
	4月18日	義政，七観音参詣御成	豊重	
	4月21日	義政，鹿苑院焼香御成	豊重	
	4月27日	義政，鹿苑院御成	豊重	豊重，御剣役
	6月5日	義政，大智院御成	豊重	
	7月11日	義政，室町殿（義尚）御成	豊重	
	7月13日	義政，鹿苑院施食御成	豊重	
	7月14日	義政，等持寺施食御成	豊重	
	7月15日	義政，鹿苑院等御成	豊重	
	7月17日	義政，鹿苑院勤行始焼香御成	豊重	
	7月23日	義政，鹿苑院御成	豊重	
	8月2日	義政，鹿苑院御成	豊重	
	8月7日	義政，鹿苑院御成	豊重	
	8月8日	義政，鹿苑院御成	豊重	
	8月13日	義政，鹿王院御成	豊重	
	9月12日	義尚，近江出陣	豊重	出典・『長興宿禰記』

	12月7日	細川政元の鈎の陣（義尚）訪問	豊重ヵ	出典・「武家儀条々」（『大館記』所収）
延徳元(1489)	4月9日	義尚葬礼（等持院）	豊重	
延徳2(1490)	正月13日	両御所（義視・義材），細川政元邸御成	豊重	豊重，義材御剣役 出典・「於公私可分利事」（『武家書法式』第6冊所収）
	正月23日	義政葬礼（等持院）	豊重	豊重，義材御剣役
	2月5日	両御所，鹿苑院御成	豊重	豊重，義材側御供
	2月23日	両御所，鹿苑院御成	豊重	
	7月5日	両御所，細川政元邸御成	豊重	豊重，御剣役
延徳3(1491)	正月14日	義材，鹿苑院御成	豊重	
	正月25日	義視葬礼（等持院）	豊重	
	2月7日	義材，鹿苑院御成	豊重	豊重，御剣役
	2月19日	義材，鹿苑院御成	豊重	豊重，非番なるも供奉
	2月24日	義材，鹿苑院御成	豊重	
	3月26日	義材，常徳院御成	豊重	豊重，非番なるも供奉
	4月17日	義材，大智院御成	豊重	豊重，非番なるも供奉
	6月21日	義材，細川義春邸御成	豊重	
	6月26日	義材，参内御成	豊重	
	7月8日	義材，臨川寺御成	豊重	
	7月14日	義材，鹿苑院等御成	豊重	豊重，御剣役
	7月15日	義材，等持院等御成	豊重	
	8月16日	義材，伊勢貞宗邸御成	豊重	
	8月27日	義材，近江出陣供奉	豊時・豊重	
明応元(1492)	2月15日	義材，一条御所御成	豊時・豊重	豊時，御剣役
	4月2･3日	義材，一条御所御成	豊時・豊重	
	4月20日	義材，畠山尚順陣所御成	豊時・豊重	出典・『妙音院朝乗五師日並』
	5月19日	義材，一条御所御成	豊重	
	8月21日	義材，近江より一時帰洛	豊重	
明応2(1493)	2月1日	義材，参内御成	豊重	
	2月7日	義材，大智院等御成	豊重	
	2月15日	義材，河内出陣	豊時・豊重	

※特に断りのない場合の出典は『蔭凉軒日録』による

領・政豊に合力・同心しないようにとある。[14]しかし、実際の豊時は惣領家の軍事侵攻に関与・同調していた形跡がある。幕府側の対応は豊時と惣領家の距離の近さを受けたものと考えられるが、幕府側の想定通り、豊時は惣領家と行動を共にしていた。豊時が現地に出陣したのかどうかという点、いつ頃まで惣領家の侵攻に与していたのかという点は判然としないものの、侵攻直後の両者の密接な関係を示す史料といえよう。

（三）山名豊時・豊重父子の都鄙間分業

史料三では惣領家の行動に同調する行為は「曲事」とされているが、しばらくの間、豊時と京都政界の繋がりに大きな変化は見えない。[15]筆者が別稿で述べたように、当初、山名氏の軍事侵攻に対する京都政界の姿勢は一定ではなく、厳しい態度を示せなかったことも関係しているのであろう。一方で文明一八年正月になると、御供衆に「山名小次郎」（豊重）の名前が見えるようになる。この人物は山名系図の諸本に豊時の子として見えるが、これ以降、御供衆として義政に近侍している（表4）。さらに文明一八～一九年の足利義政徳日進物はいずれも豊重が納入しているほか、文明一八年九月には伊勢貞宗邸での歌会に出席、文明一九（長享元・一四八七）年正月には公家・三条西実隆のもとに年始の挨拶に出向くなど、豊時に代わって在京活動を担っている。[16]豊重を「因幡守護」とする史料もあるが、[17]この段階の豊重が守護公権を行使した形跡はない。豊重は父に代わって因幡守護の名代の立場で在京活動をしていたと見るべきであろう。

他方、文明一八年六月の足利義教年忌仏事銭は豊時が進納しており、[18]両者は在京活動に伴う役負担を分担していたといえる。豊時の居所については具体的な史料を欠くが、長享元年七月、因幡国は「国中乱逆」と伝えられており、[19]戦乱対応に伴う因幡在国の可能性が考えられる。つまり、豊時・豊重父子は京都・因幡間で分業を行っていたといえるのではないか。因幡守護山名氏の場合、一族を名代として京都に置き、守護本人が行ってきた在京活動を代行させている点で京都との結合を依然として重視している。当該期の因幡守護山名氏は国内が再び情勢不安に陥っても豊時・豊重父子の都鄙間分業によって京都との繋がりを保持し続けた点は特筆すべきだろう。惣領家をめぐる戦況が悪化し、以前と同じような惣領家の支援が望めない状況下で豊時は京都政界との関係維持に腐心するようになった可能性がある。

以上、本節では応仁・文明の乱後の因幡守護山名氏について都鄙関係を軸に見てきたが、惣領家系統出身の守護・山名豊時は当初国内基盤が脆弱であり、惣領家の支援を受ける存在であった。文明一五年一二月以降の豊時は惣領家の対赤松氏戦に同調する一方で、幕府御供衆の一員でもあった豊時は京都との関係を重視する姿勢も見せた。再び因幡国内の情勢が悪化すると、豊時・豊重父子は都鄙間分業を行い、京都・因幡双方で活動を展開したように、京都政界との繋がりを維持しようと試みた動きは特に注目すべき点である。

二　足利義尚政権と因幡守護山名氏

前述したように、豊時・豊重父子と京都の関係が密接である以上、中央政界の影響を考慮する必要がある。本節では足利義尚政権との関係を素材に因幡守護山名氏をめぐる政治情勢を考察したい。

応仁・文明の乱後の室町幕府では、足利義政の子・義尚が将軍に就任していたが、依然として父・義政も幕政に関与する状況が続いていた。そうした中、義尚は長享元（一四八七）年九月に近江国の六角氏を攻撃するため、諸大名（名代が多い）・奉公衆・奉行衆らを引き連れて出陣した。先行研究では、義尚は六角氏攻めを契機に父の下から独立して事実上の「義尚政権」が成立したと評価されている[20]。こうした中央政界の変化は因幡守護山名氏にいかなる影響をもたらしたのだろうか。

義尚の六角氏攻めには豊重が従軍していることがわかる。(21)これより前の同年七月時点で因幡国は「国中乱逆」と伝えられており、父・豊時は戦乱対応のため在国中であった。豊重は豊時の名代として参加したのであろう。少なくとも因幡国内の争乱は義尚の動きより先行しており、この時点では中央政界との連動面は見えてこない。しかし、義尚の近江出陣後の長享元年一二月には次のような動きが見られた。

【史料四】

十三日、天陰不レ雪不レ雨、及二東方白(亀泉集証)一愚著レ衣将レ往二浦作(浦上則宗)陣所一、(中略)浦話云、(中略)又因幡森二郎(毛利次郎)御赦免之事、我々為二訴訟一、去晦日達二上聞一、乃御免、老後面目不レ可レ過レ之云々、(22)(後略)

史料四は『蔭凉軒日録』の記事であるが、長享二年正月、近江出陣中の赤松氏重臣・浦上則宗の陣所を訪れた相国寺蔭凉軒主・亀泉集証は、浦上則宗から「因幡森二郎」が昨年末に赦免されたとの情報を聞き取っている。先行研究で指摘されるように、「森二郎」とは文明一一年に反守護争乱を引き起こした因幡国人・毛利次郎を指しており、豊時と対立する勢力であった。赤松氏の訴訟によって毛利次郎が赦免されたとあるが、近江出陣中の訴訟であり、赦免を決定したのは義尚と見てよい。毛利次郎の赦免は対立する豊時側にとって決して好ましい事態ではない。こうした事態はさらに悪化していった。

【史料五】

十三日、天晴、(中略)往二常喜(春英寿芳)一、伸二病中慰問之謝一、次大徳院面二玉廷(信京)一、吊二松雲(春芳秀陽)一、次妙厳(東瑛洪暾)同前、(中略)次物持庵、与二浦作(浦上則宗)一茶話移レ剋、妙厳翁云、依二浦作調法一、因州太守事、孫次郎(山名政実)方相定、面二浦作一代レ余見レ伸二忱謝一者為レ幸、以二其旨一伝二浦作一、〔云脱カ〕々々鈎之御所(足利義尚)先御領掌之分也、愚云、孫次郎殿自二小喝食一愚(亀泉集証)所レ近也、本望不レ過レ之、此人理運之国也云々、(23)(後略)

史料五も『蔭凉軒日録』の記事であるが、長享二年八月、赤松氏重臣・浦上則宗の工作により山名孫次郎（政実）

が因幡守護に補任されたとある。つまり豊時は因幡守護から解任されたのである。さらに「鈎之御所先御領掌之分」とあるため、それは義尚の容認の下で実行されていた。一七日には山名政実が義尚の陣を訪れており、二四日には義尚と政実の対面が実現している。[24] 前掲史料四とあわせると、義尚は赤松氏・反豊時勢力側と結び付く動きを示している。

すでに先行研究でも言及されているが、改めて因幡国をめぐる対立軸を整理しておくと、山名政実を擁立した因幡毛利氏・矢部氏といった因幡南部の国人衆が反豊時勢力として豊時側と対立していた。さらに隣国の赤松氏が反豊時勢力を支援し、山名政実の守護補任や因幡毛利氏の赦免に協力・支援していた。そうした動きに対して近江在陣中の将軍・足利義尚は赤松氏・反豊時勢力に与する姿勢を明確にしたのである。

片岡秀樹・高橋正弘両氏によれば、かかる赤松氏の動きの背景には山名惣領家との対立問題が存在しており、山名惣領家に対する後方攪乱の一環で因幡情勢に介入したという。また、筆者が別稿で述べた点であるが、奉公衆を支持基盤とする義尚政権は、奉公衆所領の違乱を行う山名氏に対して強硬な姿勢を見せていた。義尚の近江出陣を契機として、両者の思惑が一致した結果、因幡の争乱は単なる地域紛争にとどまらず、反豊時勢力の都鄙間連携が義尚政権を巻き込む形で広域的に展開したのである。

しかし、長享三（延徳元・一四八九）年三月、反豊時勢力に融和的な姿勢を見せていた義尚が死亡すると、反豊時勢力の攻勢に変化が見え始めた。義尚死去直後の同年四月、因幡・伯耆両国の争乱の影響が美作国に及ぶため、赤松氏は国元から上洛できない状態に陥っていた。[25] 因幡情勢への介入が一転して赤松氏分国内の情勢不安にも波及していた様子がうかがえる。さらに同年七月には因幡国から公家・柳原量光が上洛しているが、[26] 二年前は戦乱のため上洛不能であった点を踏まえると因幡情勢の鎮静化が推測できる。同年九月には八東郡徳丸で合戦が行われており、[27] 反豊時勢力の拠点近くまで豊時方の攻勢が及んでいる。続いて同年一一月には反豊時勢力の拠点である私部城や若桜矢部氏の館が豊時方に攻撃され、毛利次郎や山名政実らが相次いで自刃するに至った[28]。高橋氏は播磨への脱出を許さず、豊時方の完勝であったと評価している。これ以降は豊時の対抗馬であった政実の系統が史料上全く登場せず、豊時流が守護職を継承する流れが固定化している。高橋氏の指摘は首肯できる評価であろう。

このように義尚の死を契機として今度は豊時方の攻勢が強化されて勝利に至った様子が見て取れる。高橋氏が指摘するように、豊時が因幡国内に確固たる自己の権力基盤を築いていた点がもちろん大きいだろうが、反豊時勢力が義尚という中央の理解者を失った側面も無視できないだろう。義尚の死は反豊時勢力に動揺をもたらし、因幡情勢に変化を起こしたといえよう。中央政界の変化が因幡国内に波及し、都鄙間で反豊時勢力の連携が広がったものの、義尚政権の終焉によって新たな変化も生じたのである。

それでは義尚政権後、因幡守護山名氏と京都の関係はどのように展開していったのだろうか。次節で考察しよう。

三　足利義材政権と因幡守護山名氏

（一）足利義材政権における因幡守護山名氏の位置

義尚の死後、父・義政が政務復帰を宣言したが、その義政も翌延徳二（一四九〇）年正月に死去したことにより、足利義材が新たな将軍に就任、足利義材政権が成立した[29]。義材は義政の弟・義視の子であるが、応仁・文明の乱の際に父・義視が西軍方に擁立された経緯もあり、乱後は美濃国に父子共に逼塞していた。元来、中央政界に確固たる基盤を持たない義材は権力強化と求心力向上を目的に近江・河内へ相次いで出陣、前将軍の義尚と同様に諸大名らを率いて軍事行動を展開した。こうした特徴を持つ義材政権と因幡守護山名氏はいかなる関係であったのか。

まず、将軍御供衆としての活動を見ると、豊重は当初から義材に近侍している（表4）。また、御供衆は二番あるいは三番編成で役をつとめていたが[30]、豊重の場合、御供の中心となる御剣役を度々担うだけでなく、非番の時であっても義材に供奉した事例が複数回確認できる。さらに延徳三年八月以降は上洛した父・豊時も御供衆として供奉しており、父子共に義材に近侍していた。

後掲史料七（二六二頁）には「山名左衛門佐・同子息《しそく》治部少輔とりわけ上意御めをかけられし」とあり、義材側が豊時・豊重父子を重視していたとする。例えば、豊時・豊重父子は延徳三年八月以降、父子共に官途が昇進しており、豊時は治部少輔から左衛門佐、豊重は小次郎から治部少輔へ任官されている[31]。加えて豊時は延徳四（明応元・一四九二）年七月、正五位下から従四位下に上階しているが、豊時の叙位には義材が関与していた[32]。豊時・豊重父子は御供衆として近侍する一方、父子を重要視した義材は官位を昇進させて優遇の意を示している。これらを踏まえると、因幡守護山名氏は義材政権と密接な関係を築いたといえる。

こうした背景については、先に述べたような義材政権の特徴が影響していると考えられる。京都における基盤が弱かった義材は支持基盤の拡大を目指して諸大名へ接近したことが指摘されているが[33]、因幡守護山名氏もその一例といえよう。前代の義尚政権は山名氏に対して強硬姿勢を見せたが、義材政権は全く異なる対応を示したのである。この点は別稿で述べたように、山名惣領家に対しても同様であったが、特に因幡守護山名氏の場合、戦乱対応で在国期間が長い惣領家よりも在京活動の経験が豊富であった。また、当時の山名惣領家は内紛中であったうえ、上洛した当主・山名俊豊とその宿老達は経験不足の若年層を中心に構成されていた[34]。そのためであろうか、因幡守護山名氏側が上洛した惣領家の出仕に同行し、日常的に惣領家に出入りするなど、惣領家を補佐するような動きを見せている[35]。また、次の史料によれば、因幡国人が惣領家の出行に加わっている。

【史料六】

（前略）公方様《（足利義材）》御皆《開》陣ニ而京都ニおゐて度々御召遊候内にも、御代始□《之》御馬にて御なり《成》諸大名何れも御裏うち御ゑほし《（烏帽子）》付て御出仕候次第、御走衆、御こしそへ《（腰添）》四人、御供衆両人御出仕候、御騎馬両人、壱人ハいなは《（因幡）》の国田原信濃守殿、御小太刀御持□《候》、壱人ハ備後国山内二郎四郎殿、（中略）源三《（渡辺）》事四人之御こしそへ之内ニ被二仰付一候、一人ハ山内形《（刑）》部四郎方、一人ハもちのセ《（用瀬）》新右衛門尉方、一人ハ田原新四郎、一人ハ源三、以上四人にて候、(36)（後略）

史料六は備後国人渡辺氏が後年記した『渡辺氏先祖覚書』の一節である。それによると、惣領家当主・山名俊豊が義材に出仕した際に供奉した者の中に因幡国出身者が含まれている。田原氏に加えて、「もちのセ新右衛門尉」（用瀬氏）も因幡国智頭郡用瀬郷出身の国人と思われる。(37)惣領家は備後守護でもあるため、備後国人の供奉には違和感がないが、因幡国人の供奉は注意が必要である。先に述べた因幡守護山名氏の動きを踏まえると、惣領の出行に因幡国人が供奉したのも惣領家を補佐する動きが反映されたと見てよいだろう。川岡勉氏は、永正年間の惣領家による備後支配を因幡守護山名氏が補佐した事例を紹介しつつ、義材政権期に豊重が備後国人と関係を結んだ可能性を指摘している。豊重との関係は断定できないものの、史料六は川岡氏の指摘を補強する史料として注目できる。

このように当時の因幡守護山名氏は在京活動の経験が豊富なうえ、惣領家を補佐する立場であった。本来、因幡守護山名氏は他の一族と比較して家格が劣っており、(38)惣領家に対して従属的な一族であった。しかし、豊時・豊重父子は在京活動を展開して京都における独自の基盤を築く一方、都鄙間情勢と連動しつつ分国内の争乱を鎮圧するなど、戦乱が続いていた他の一族よりも安定的な立場を得ていた。つまり、この時期、山名一族内部における同氏の位置は相対的に浮上していたといえるのではないか。義材政権が因幡守護山名氏をとりわけ重用した背景にはかかる事情が存在しているのであろう。義材政権は山名氏全体を取り込む思惑で接近したが、自身に近侍する因幡守護山名氏を対山名氏の窓口として重要視し、各種の栄典を付与したのである。

義材政権は諸大名に接近する一方、一部の側近を重用する政治や度重なる軍事行動は周囲の不満を高めていった。明応二（一四九三）年、義材は河内の畠山基家を討伐するため、再び諸大名らを率いて出陣したが、同年四月、京都に残留していた細川政元・日野富子・伊勢貞宗らは新将軍の義澄を擁立するクーデター事件を引き起こした。これを明応の政変と呼ぶ。政変の結果、義材は捕縛されて将軍の座を追われたが、のちに義材は京都を脱出して北陸や西国を流浪し、京都の義澄政権との間で対立を続けていく。足利将軍家の分裂を引き起こしたこの政変は、戦国期の本格的な幕開けとされる。

（二）明応の政変と因幡守護山名氏

当時、因幡守護山名氏は他の大名家と同様に義材の河内出陣に従軍しており[39]、現地で政変に遭遇している。政変時の因幡守護山名氏はいかなる動きを見せたのだろうか。

明応の政変と因幡守護山名氏の関係に触れた先行研究はそう多くないが、高橋正弘・川岡両氏によれば、政変時の豊時は義澄派、豊重は義材派に属しており、父子で異なる行動を見せたという。閏四月四日時点で「土岐次郎二日上洛御礼ヲ申云々、山名左衛門佐罷上、同治部少輔ハ御陣ニ祗候云々」とあり[40]、河内の義材陣営から続々と大名・奉公衆らが離脱して京都の義澄陣営へ合流する中、豊時も閏四月二日には上洛している。一方で豊重は義材陣営に残留しているように、当初父子で対応が分かれたのは確かである。

川岡氏は豊重の行動の背景として義材と豊重の親密さを指摘するが、前述のとおり義材は豊時にも接近しており、豊重のみ義材陣営に残留した理由は他に求めるべきだろう。一方で高橋氏は豊時の指示で豊重が義材陣営に残留したと指摘している。高橋氏の指摘は注目すべき内容と考えるが、改めて史料をもとに検討してみよう。

【史料七】

山名左衛門佐・同子息《しそく》治部少輔とりわけ上意御めをかけられしに、むけなるはたらき、うたてしくおほへてよめる、

紀貫恒

おやハまつのきし山なの治部少輔雪ふミわけてのほる河内路(41)

史料七は義材に近い人物が編纂に関与したとされる狂歌集『金言和歌集』であるが、その中に明応の政変時の因幡守護父子に関する狂歌が一首収められている。史料七は従来山名氏研究の分野では注目されていないが、義材側に重用されていたにもかかわらず、明応の政変において因幡守護父子が義材陣営を見限った様子が詠まれている。とりわけ豊重も上洛している点は注意しなければならない。結局のところ、豊重も義材側を見限って京都に帰還しているのである。さらに「おやハまつ」とある点は、豊時・豊重父子の連携を示唆しているように見える。この点はどうであろうか。次の史料を考察しよう。

【史料八】

「（袖書）二品之一通をも後便ニ可レ給候、今日風呂へ入候、京にて聞候ニ為レ一無二相違一候、」

尊書拝閲祝着存候、仍山礼部帰洛と心得候つる、今晩歟明朝歟と申候、昨夕鳥羽之寺迄と申候、是ハ今度藤井寺ニ候神保衆をハ正覚寺へ招請候、其を追懸候て、誉田衆合戦候間、左督（畠山政長）打出られ候跡ニ山礼ハ被レ出候ける、何ニ迎えも候哉、人も□と承候、定説者未レ存候、（中略）正覚寺勢ハ千余と申候、大半没落仕候、自二正覚寺一来候人申事候、公方（足利義材）をハ桃井一人被二与申一候て、正覚寺を一歩不レ可二御退一候御腹と被レ申候由候、四海安泰之定説、自他期二後便一候、恐惶敬白、

閏卯十一日　聖松（惟久）（花押）

「安大史殿《（切封上書）（安倍盛俊）》(42)　聖松」

史料八は南禅寺慈聖院の惟久聖松の書状である。この中に「山礼部」なる人物が河内の正覚寺（義材陣営）を離脱して上洛したとある。この「山礼部」とは誰であろうか。「山礼部」の呼称は名字を省略しているが、名字に山が含まれる一族といえば、畠山氏や山名氏を挙げることができる。このうち、山名姓の人物を「山＋官途の唐名」で呼称した事例は他にも確認できることに加えて、(43)「礼部」は治部省の唐名であるから、山名一族かつ治部少輔（または大輔）を名乗っている人物と考えられる。当時、山名一族で治部少輔を名乗っているのは豊重であり、「山礼部」は豊重を指す可能性が浮上する。

さらに片岡秀樹氏によれば、史料八の差出人・惟久聖松の下には豊時の子・高岩□源が弟子入りしていたという（□の字は不明）。(44)高岩□源は豊重にとって兄弟に当たる人物であり、その師・惟久聖松は因幡守護山名氏と密接な関係を持っていたことがわかる。惟久聖松は豊重上洛の情報を因幡守護山名氏の関係者から入手できる環境にあったといえる。また、史料八の袖書には京都で情報を得た旨が記されているが、閏四月二日頃に父・豊時は上洛している。先に上洛した豊時が惟久聖松に対して情報提供したことも考えられよう。加えて「山礼部」は河内を出発後、鳥羽に至っている。河内路を利用している形跡があり、史料七とも整合性が取れる点も留意したい。やはり、「山礼部」とは豊重を指すと見てよいだろう。

史料七・八によると、豊時が上洛したのが閏四月二日頃、正覚寺を脱出した豊重が鳥羽まで到達したのが同一〇日であるから、豊重単独で正覚寺の義材陣営に残留していた期間もさほど長くない。先に上洛した豊時が京都の情勢を見極めたうえですぐに帰還の指示を出していると見るべきであろう。これらを踏まえると、豊時・豊重父子は互いに連携しながら動いており、史料七で「おやハまつ」とあるのも父子連携を示していると改めて理解できる。よって豊重は自らの意思で父に反して残留したのではなく、高橋氏の推測のとおり、豊時の指示であえて義材陣営に残留したと指摘できる。

このように明応の政変が発生すると、豊時・豊重父子は連携しつつ、義材・義澄両陣営の間で情勢変化に応じて行動した。義材政権は因幡守護山名氏に接近したが、政変発生後の豊時・豊重父子の行動を見る限り、義材政権の固い支持基盤になったとはいえない。小池辰典氏によれば、政変発生後、速やかに義材の廃立・捕縛が成功したわけでなく、政変を主導した勢力とその他の大名たちとの間で意見の相違などもあり、流動的な情勢であったという(45)。豊時・豊重父子の行動もかかる情勢下で両陣営を見極める意図が存在したといえる。ただし、上洛後の豊時の行動は迅速で間もなく豊重に義材陣営からの脱出を指示している。豊時は政変の成功を確信したのであろう。豊時が激変する中央政界でうまく立ち振る舞っている様子が見て取れる。

一方、豊重も父と歩調を合わせている以上、この時点の豊重の立場を義材派と断定するのは慎重でありたい。川岡氏は義澄政権下で豊重が「幕政から排除」されたとするが、いち早く義澄陣営に合流した豊時も翌明応三年には因幡に下向しており(46)、その後は在国している。少なくとも豊時・豊重父子は在京して義澄政権を支えたわけではない。義澄政権発足後、京都を離れていった他の大名と同じ行動を見せている点は留意する必要があろう。これまでの因幡守護山名氏は京都との関係を重視し、父子連携の下で在京活動を展開する側面が見られたが、政変を境にその後は父子共に在京した形跡はない。在京奉公を通じて幕府との関係を展開する段階とは異なる状況に入ったといえる。明応の政変は因幡守護山名氏にとって新たな段階に突入する契機となったのである。

以上、本節では足利義材政権と因幡守護山名氏の関係を述べたが、第二節で述べた義尚政権とは異なり、義材政権と因幡守護山名氏は互いに密接な関係を築いた。特に義材政権は自らの支持基盤として山名氏を取り込む思惑の下で因幡守護山名氏に接近した。しかし、明応の政変が発生すると、豊時・豊重父子は連携しつつ、流動的な政治情勢の中でうまく立ち振る舞った。その結果、因幡守護山名氏は新たな義澄政権に合流することになるが、これまで重視した在京活動は確認できなくなる。明応の政変を境に因幡守護山名氏と京都の関係は新たな段階へ入ったと指摘できる。

おわりに

本章では応仁・文明の乱後の因幡守護山名豊時・豊重父子の動向を当時の都鄙関係の中に位置付けて考察した。各節の最後にまとめたので省略するが、中央政界の動きに応じて因幡守護山名氏をめぐる情勢が段階的に変化する中で豊時・豊重父子は連携しつつ行動した様子が見て取れる。元来、国内基盤が脆弱で惣領家の影響下にあった豊時・豊重父子は京都との関係を重視する一方で、反守護争乱を鎮圧して、豊富な在京経験をもとに自らの基盤を都鄙間で構築していった。こうして豊時流が守護職を継承する流れが固定化していったといえる。

最後に明応の政変後の豊時・豊重父子の動向を述べて終わりとしたい。先に述べたように、政変後は豊時・豊重父子共に在京した形跡は確認できないが、それは義澄政権と因幡守護山名氏の関係が途絶したことを指すわけではない。文亀元（一五〇一）年一〇月、義澄政権下で豊時は伊予守に任官されている(47)。伊予守は山名惣領の嫡男が名乗ることの多い官途であり、庶子家で名乗ったのは豊時のみである。官途付与の点からも、義澄政権と豊時の関係は依然継続していた。その一方で明応九（一五〇〇）年頃、山口に滞在していた義材の使者・伊勢貞仍が因幡国を訪れており、豊時・豊重父子と接触していた可能性が高い(48)。萩原大輔氏によれば、義材の西国流浪期間中の諸大名は義材・義澄両陣営の間で「両面外交」をとる場合があったという(49)。足利将軍家の分裂という事態に対して、因幡守護山名氏の場合も同様に臨機応変な対応をしていたのではなかろうか。

豊時は文亀元年一一月、石清水八幡宮新善法寺知行分因幡国瀧房荘を今千代丸が相続した件につき義澄政権からの下知を受けているが(50)、これを最後に史料上には見えなくなる。続いて永正元（一五〇四）年閏三月には豊重単独で署判した感状が発給されており、(51)高橋正弘氏も指摘するように、この間に豊時から豊重へ代替わりしたと見てよい。しかし、豊時が見えなくなった後の因幡国内は反守護争乱の再発と豊時流内部での家督争い、さらには惣領家の軍事介入を招くことで再び混乱の時代へ突入していくのであった。

注

（1）片岡秀樹「因幡守護山名氏の活動」（『地方史研究』一三三―二、一九八三年）、小坂博之「山名勝豊と室町中期の因幡守護」（『地平線』六、一九八九年）、片岡秀樹「室町期における因幡の守護」（『鳥取地域史研究』一八、二〇一六年）など。

（2）前掲注（1）片岡論文「因幡守護山名氏の活動」、高橋正弘『因伯の戦国城郭　通史編』（自費出版、一九八六年、一三～二六頁）。以下、本章で引用する片岡秀樹氏の見解は特に断らない限り前掲論文、高橋正弘氏の見解は前掲書に拠る。

（3）戦国初期政治史と都鄙関係の連動に言及した研究は数多いが、ひとまず石田晴男「室町幕府・守護・国人体制と「一揆」」（『歴史学研究』五八六、一九八八年）、家永遵嗣「将軍権力と大名との関係を見る視点」（『歴史評論』五七二、一九九七年）を掲げておく。ただし、筆者が別稿で触れたように山陰東部地域については断片的な指摘にとどまる（拙稿「応仁・文明の乱後の山名氏と室町幕府」『ヒストリア』二七四、二〇一九年、本書第三部第二章として所収）。なお、本章で言うところの別稿は本論文を指している。

（4）川岡勉「戦国期備後における守護支配と国衆」（『戦国期守護権力の研究』思文閣出版、二〇二三年、初出二〇一八年）。以下、本章で引用する川岡勉氏の見解は本論文に拠る。

（5）文明～延徳年間の因幡の戦乱をめぐる先行研究については、小坂博之『山名豊国』（吉川広昭、一九七三年、一三～一七頁）、水野恭一郎「応仁文明期における守護領国」（『武家時代の政治と文化』創元社、一九七五年、初出一九六一年）、前掲注（1）片岡論文「因幡守護山名氏の活動」、前掲注（2）高橋著書一三～二六頁、鳥取県立公文書館県史編さん室編『尼子氏と戦国時代の鳥取』（鳥取県、二〇一〇年、一一～一五頁）など参照。

（6）拙稿「応仁・文明の乱と山名氏」（『日本史研究』六六〇、二〇一七年）。本書第三部第一章として所収。

（7）東軍方の山名上総介の因幡入国については『蔭凉軒日録』文明一九年五月二日条、東軍方の禅僧が因幡南部で活動していた点は『政所賦銘引付』文明八年八月二一日条参照。

（8）山名勝豊に関する伝承は『因幡民談記』巻一「山名家当国守護之事」、勝豊死去に関する史料は『師郷記』享徳元年一一月一〇日条。

（9）『結番日記』文明八年三月二三日条。

（10）『蔭凉軒日録』文明一六年一二月九日条・文明一八年六月一二日条。

（11）『政所賦銘引付』文明一〇年一一月二五日条・文明一六年五月一三日条。

（12）『親長卿記』文明一四年九月三日条。

（13）年月日未詳「伺事条々注文」（『大日本古文書　家わけ第二一　蜷川家文書』一四八号）。以下、本史料集からの出典は『蜷川家文書』と略記し、文書番号を記す。

（14）旧稿では、豊時が幕府の指示に従って参戦しなかったと述べたが、惣領家の侵攻後に豊時が播磨国内の所領を宛行った文書の存在を把握した。よって本章では誤認箇所を修正している。詳細は本章付記参照。

（15）例えば、文明一七年八月、足利義尚の任大将祝要脚進納の際には、豊時が礼銭千疋を納入している〈文明一七年〉七月一八日「山名豊時書状」『蜷川家文書』一八七号、〈文明一七年〉「足利義尚任大将祝要脚進納注文」『蜷川家文書』二一三号）。この点は惣領家も同様だが、豊時が幕府儀礼から排除されたわけではない。

（16）（年月日未詳）「道慶足利義政徳日進物役者注文」（『蜷川家文書』二四五号）、『長興宿禰記』文明一八年九月七日条、『実隆公記』文明一九年正月四日条。

（17）前掲注(16)『長興宿禰記』の記事では豊重に「因幡守護」と注記されている。

（18）『蔭凉軒日録』文明一八年六月二六日条。

（19）『親長卿記』同年同月二〇日条。

（20）百瀬今朝雄「応仁・文明の乱」（『岩波講座日本歴史七　中世三』岩波書店、一九七六年）、鳥居和之「応仁・文明の乱後の室町幕府」（『史学雑誌』九六―二、一九八七年）、設楽薫「足利義尚政権考」（『史学雑誌』九八―二、一九八九年）など。

（21）『長興宿禰記』長享元年九月一二日条、「長享元年九月十二日常徳院殿様江州御動座当時在陣衆着到」（『群書類従　第二九輯』雑部、一八二頁）。

（22）『蔭凉軒日録』長享二年正月一三日条。

（23）『蔭凉軒日録』長享二年八月一三日条。

(24)『蔭凉軒日録』長享二年八月一七日・二四日条。なお、一七日条によれば、赤松氏被官・英保氏が政実に同行している。
(25)『蔭凉軒日録』延徳元年四月二五日条。
(26)『親長卿記』延徳元年七月二六日条。前掲注(19)によれば、文明一九年時点の量光は戦乱の影響により上洛不能であった。
(27)長享三年九月一四日「山名豊時感状」(『新鳥取県史　資料編　古代中世一　古文書編上巻』所収「北川家文書」一号)。以下、本史料集からの出典は『新鳥取県史』と略記し、文書番号を記す。
(28)『蔭凉軒日録』延徳元年一一月一七・一八・二〇日条。
(29)義材政権に関する先行研究は、上杉剛「足利義材政権についての一考察」(『史友』一七、一九八五年)、設楽薫「将軍足利義材の政務決裁」(『史学雑誌』九六—七、一九八七年)、同「足利義材の没落と将軍直臣団」(『日本歴史』三〇一、一九八七年)など。とりわけ明応の政変に関しては数多くの研究蓄積が存在しているが、ひとまず山田康弘「明応の政変直後の幕府内体制」(『戦国期室町幕府と将軍』吉川弘文館、二〇〇〇年、初出一九九三年)の先行研究整理を参照。
(30)御供衆の職掌と活動については、二木謙一「室町幕府御供衆」(『中世武家儀礼の研究』吉川弘文館、一九八五年)参照。
(31)前掲注(1)片岡論文「因幡守護山名氏の活動」、前掲注(3)拙稿。
(32)『宣秀卿御教書案』(宮内庁書陵部蔵)、『御湯殿上日記』明応元年八月一二日条。
(33)家永遵嗣「明応二年の政変と堀越公方府の滅亡」(『室町幕府将軍権力の研究』東京大学日本史学研究室、一九九五年)、山田康弘『足利義稙』(戎光祥出版、二〇一六年、九一～九六頁)など。
(34)『蔭凉軒日録』延徳三年八月二八日条。
(35)『蔭凉軒日録』延徳三年八月二三日条、『北野社家日記』明応元年八月三日条。
(36)田口義之「渡辺先祖覚書」(『山城志』七、一九八四年)、ならびに小林定市「渡邉氏の先祖覚書と長和庄支配構造」(『福山城博物館友の会だより』三一、二〇〇一年)掲載の翻刻文を参照したうえ、広島県立歴史博物館寄託原本にて校合した。なお、当該史料の名称は広島県立歴史博物館における登録名に従い、「渡辺氏先祖覚書」で統一した。本史料は天文年間に原型が成立した二次史料であり、利用には注意が必要だが、前掲注(3)拙稿で触れたように、山名俊豊をめぐる動きについては一次史料と合致する点が多く信用できる。
(37)『応仁記』には、西軍方山名勢の中に「田原・持瀬《モチノ》」の名前が見える(和田英道編『応仁記・応仁別記』古典文庫、一九七八年、七四頁)。

(38) 山名惣領家は諸大名の中でも最上位の相伴衆、伯耆・石見両守護家はその下位に当たる外様衆であったのに対して、因幡守護家はさらに下位の御供衆であった。室町幕府の家格秩序については、木下聡「室町幕府の秩序編成と武家社会」(『室町幕府の外様衆と奉公衆』同成社、二〇一八年、初出二〇一四年)参照。
(39) 『蔭凉軒日録』明応二年二月一五日条、『妙音院朝乗五師日並』同年四月二〇日条など。
(40) 『政覚大僧正記』明応二年閏四月四日条。
(41) 『金言和歌集』(『続群書類従　第三三輯下』雑部、四七頁)。宮内庁書陵部本に基づいて字句を改めた。なお、詞書については続群書類従本に錯簡があるため、島津忠夫「異本金言和歌集」(岡見正雄博士還暦記念刊行会編『室町ごころ』角川書店、一九七八年)の訂正に従った。
(42) (明応二年)閏四月一一日「慈聖院聖松書状」(『晴富宿禰記』明応二年六月条・第四二～四三紙)。
(43) (文明一七年ヵ・月日不詳)「伺事条々事書注文」(『蜷川家文書』一八九号)には石見守護一族の山名中務少輔(政理)を「山中書」と表記している。
(44) 片岡秀樹「中世因幡の禅宗の展開」(『鳥取地域史研究』一九、二〇一七年)。
(45) 小池辰典「明応の政変における諸大名の動向」(『白山史学』五一、二〇一五年)。
(46) 『後法興院政家記』明応三年五月七日条。
(47) 『御湯殿上日記』文亀元年一〇月条(日付不詳)。
(48) 『下つふさ集』(『私家集大成　第六巻　中世四』八八二頁)。
(49) 萩原大輔「足利義尹政権考」(『ヒストリア』二二九、二〇一一年)。
(50) 文亀元年一一月九日「室町幕府奉行人連署奉書」(『新鳥取県史』五四六号)。
(51) 永正元年後三月二三日「山名豊重感状」(『新鳥取県史』所収「北川家文書」二号)。

【付記】

本章の原論文は、二〇二〇年二月刊行の『鳥取地域史研究』二二号に掲載された。原論文では、文明一五(一四八三)年一二月に始まる山名氏と赤松氏の抗争に際して、因幡守護山名豊時は幕府の要請を受け入れて惣領家に与しなかったと述べたが、その後、岡村吉彦氏は豊時が関与していたと指摘している(同「山名氏」『二〇一六年度～二〇一九年度科学研究費補助金〔基盤研究（B)）研究成果報告書　中世後期守護権力の構造に関する比較史料学的研究』研究代表者・川岡勉、二〇二〇年）。岡村氏は明示されていないが、その根拠となる史料は次に掲げる宛行状と考えられる。

【史料】「山名豊時袖判知行宛行状」（『兵庫県史　史料編　中世二』所収「赤松文書」四号）

※なお、文書名を修正している。

（花押）

印南郡志方郷□　□（但）、□（為カ）□□宛行者也、早守二先例一可レ被二知行一状如レ件、

文明十六年十一月日

原七郎兵衛尉殿

この文書は文明一六年一一月付で原七郎兵衛尉に対して播磨国印南郡志方郷内の所領を宛行ったものであるが、袖判が据えられている。掲載されている『兵庫県史　史料編　中世二』では袖判の主を特定しておらず、原論文執筆時には筆者も見落としていた。一方で近年、当該史料を含む文書群が古書店の目録に掲載された際の写真を確認すると（『思文閣古書資料目録』二六〇、二〇一八年、三一頁）、袖判は豊時の花押と判断できるため、豊時発給文書と位置付けられる。文明一六年は惣領家による赤松分国侵攻の最中であり、豊時が播磨国で給分宛行を実施しているのも惣領家の軍事行動と連動していると見るのが自然であろう。よって原論文の記述は誤認であり、本章では豊時も惣領家の侵攻に与したとする見解に改めた。

豊時が現地に出陣したのかという点、いつ頃まで同調していたのかという点は判然しないものの、豊時の姿勢は惣領・政豊との密接な関係を示唆する行動であった。のちに足利義尚政権が豊時を排除する動きに出た背景もこうした政豊との関係に規定されたものであろう。義尚政権による対政豊圧迫策は豊時も射程に収めていたといえる。

第四章　応仁・文明の乱後における石見守護山名氏の動向

はじめに

中世の石見国は全体的に山がちで平地に乏しいという地理的条件の下、独立性の強い国人領主たちが多数割拠するという特徴を持つ地域であった(1)。また、南北朝期には南朝方や足利直冬方の拠点が存在するなど、反幕府勢力が根強い地域でもあった。

このような状況の下、隣国の大内氏は石見国人益田氏と結んで石見国内に進出していった。松岡久人氏が明らかにしたように、大内氏は石見国内の反幕府勢力の掃討を展開して石見守護に補任されるなど、一四世紀末にかけての石見国は大内氏による支配体制が構築されつつあった(2)。

しかし、応永の乱によって大内義弘が敗死すると大内氏は石見守護を解任され、京極氏を経て山名氏が新たな守護に補任された。その後、山名義理が守護に補任されると義理流山名氏（以下、石見守護山名氏と呼称する）が永正年間に解任されるまで代々守護職を継承し、石見国は山名氏分国の一部として新たな段階を迎えることになったのである。

岸田裕之氏によれば、新たに守護となった山名氏は応永の乱後の周辺情勢に対応するために配置された存在であり、石見国内の基盤が弱かったため、石見国人の懐柔を進めたという(3)。また、松岡氏や井上寛司氏によって、石見国人たちは石見国邇摩郡を分郡知行する大内氏との間で依然として関係を取り結んでいたことが指摘されているように(4)、室町期の石見守護山名氏は独立性の強い国人に対して国内の権力基盤が弱い存在とされてきた。

一方で近年では山下和秀氏や渡邊大門氏によって、守護による国人への軍勢催促や在地の紛争介入、守護奉行人組織の整備などの側面が明らかにされている(5)。このように一五世紀半ばにかけての石見守護山名氏は、権力基盤は弱いながらも守護としての役割はある程度果たしていたことが指摘されている。

そのような中にあって石見国において大きな転換期となったのが応仁・文明の乱である。岸田氏によれば、応仁・文明の乱後の石見国では益田氏を中心とする国人領主連合が形成され、益田氏を中心に国内の政治的安定が図られたという(6)。また、応仁・文明の乱後の石見国人は自らの所領を保証する上部権力として大内氏を選択し、大内氏の下に結集していったことが倉恒康一氏や山下氏によって指摘されている(7)。

石見国内の政治秩序が大きく変化する一方で、応仁・文明の乱を境に石見守護山名氏は急速に力を失っていった。松岡氏は、隣国の大内氏が正規の守護である山名氏を凌ぐ力をもって従来の守護職権とは異質の支配を確立したと指摘したほか、井上氏も大内氏の影響力が全域に拡大し、守護家の上位にある存在として石見国支配を展開したと指摘している(8)。また、井上氏によれば、文明元（一四六九）年以降の石見守護山名氏による発給文書を確認することはできず、守護としての機能を停止したという(9)。以上のように応仁・文明の乱後の石見国では、国人の支持を受けた隣国の大内氏が台頭する一方で正規の守護である山名氏は没落していくとされている。

しかし、その一方で永正一四（一五一七）年には尼子氏の支援を受けた山名側の軍事行動によって石見国内が混乱しているほか、応仁・文明の乱後の石見守護山名氏にかかわる史料も少ないながら断片的に確認できる。つまり、石見守護山名氏は完全に「消滅」したとはいえない。

それでは、このような状態に対して石見守護山名氏側はどのような動きを見せたのだろうか。従来、乱後の守護家の動向は等閑視されてきたため、この点については十分に考察されてこなかった。

そこで本章では、応仁・文明の乱以降の石見国における地域秩序が大きく変質する中で石見守護山名氏がいかなる動きを見せたのかという点を解明したい。これまで注目されてこなかった石見守護山名氏に視点を設定し、その動きについて段階的に把握することで、守護職を保有する一方で実質的な支配を行い得なかった石見守護山名氏の実態について明らかにしていきたいと考える。

一　応仁・文明の乱と石見守護山名氏

（一）応仁・文明の乱と分国情勢の変化

先行研究において、応仁・文明の乱は石見守護山名氏が「没落」した契機であるとされている。井上寛司氏は応仁二（一四六八）年に東軍方の山名是豊が石見守護に補任されたことを受けて西軍方（政清）と東軍方（是豊）の二人の守護が並び立つ異常な状態が生まれたことを指摘している(10)。また、山下和秀氏は大内道頓（教幸）の乱が西軍方の大内政弘の勝利で終わったことを背景として東軍方の是豊が石見国で実質的な活動を行い得なかったと指摘したうえで、西軍方の政清とあわせて双方が守護としての役割を果たすことができなかったと述べている(11)。

しかし、なぜ西軍方の政清も守護としての活動を行うことができなかったのかという点は十分に考察されておらず、検討する余地があると考える。

それではこの点について次の史料をもとに検討してみよう。

【史料一】

石見国益田又次郎貞兼事、御神本惣領候、同国三隅中務少輔豊信事者、彼益田庶子之処、今度豊信、自二最前一敵方同心、種々致二計略一候、剰益田所帯、悉申給候、如レ此候上者、三隅一跡事、被レ仰二付又次郎貞兼一候者、忝可二畏入一候、以二此旨一可下令二披露一給上候、恐々謹言、

（文明元年）十二月六日　政清（花押）

飯尾（為脩）左衛門大夫殿[12]

史料一は政清が西幕府側に対して東軍方の三隅氏の所領を益田氏に給付することを求めた書状であり、政清の発給文書として確認できる最後の史料とされているが[13]、史料一には同じ日付の大内政弘書状が存在しているという特筆すべき点がある[14]。この大内政弘書状と史料一は全くの同文言であり、宛所も同一である。二つの史料が同時に発給されたことがうかがえる。

久留島典子氏は応仁・文明の乱後に山名政清の遵行状と大内政弘の副状が発給されている事例を紹介し、史料一についてもそれと同様に山名氏の遵行状と大内氏の副状が発給されたものとしている[15]。一方で川岡勉・野下俊樹両氏は、史料一の事例は下達文書ではなく遵行状とは判断できないと指摘しており、首肯できる[16]。さらに野下氏は大内政弘が益田氏の要請に基づいて仲介した事例と述べており、益田氏はこれを確実に達成するために守護山名氏の文書発給も同時に求めたとしている。以上の指摘を踏まえると、文明元年頃の石見国内では山名・大内両氏が事実上並立する関係にあったといえる。ただし、かかる関係が石見守護山名氏の反発を招いた形跡は見られない。後述するように、乱前から石見守護山名氏と大内氏は血縁関係で結ばれており、乱後の両者は相互補完的な協力関係に基づく石見国支配を展開している。史料一のような文書発給事例は、山名・大内両氏の合意がなければ要請を実現できなかったことを示しており、山名・大内両氏が協力関係にあった点を間接的に示唆するものといえるだろう[17]。

では、そのような関係が存在したにもかかわらず、なぜ石見守護山名氏は守護としての機能を果たし得ない状況になったのか。その後の石見情勢を見てみると、東軍勢力の伸長という点が挙げられる。益田氏を除く他の国人の大半

が東軍に与する状況が出来しただけでなく、文明二（一四七〇）年には大内道頓の挙兵によって大内氏内部も東西両陣営に分裂する事態が生まれるなど、石見国周辺では東軍勢力が急速に拡大していた。さらに文明四年冬には益田氏も東軍に転向しており、一時的に西軍方の大内氏の勢力が石見から後退することになった。この点を踏まえると連携相手であった大内氏の勢力後退（＝西軍勢力の退潮）が石見守護山名氏の分国支配にも連動し、影響を与えたといえよう。

（二）石見守護山名氏の内部分裂

次に石見守護山名氏（政清方）内部の変化を考えていきたい。従来、西軍の政清方内部の状況は十分に検討されることがなかった。この点について次の史料をもとに詳しく見ていきたい。

【史料二】

可レ参二御方一云々、尤神妙、仍取二立聟房《山名》一可レ致二忠節一候也、

同日（一一月三〇日）

山名掃部頭とのへ(18)（後略）

史料二は「昔御内書符案」に収められている足利義政御内書案写であり、文明三年の発給文書と思われる(19)。当時の足利義政は東軍方であるため、「御方」に参るとの表現は山名掃部頭が東軍方に加わることを指している。先に見たように、山名掃部頭は応仁年間に美作国で赤松氏と交戦しており、当初は西軍方であった。このように石見守護山名氏（政清方）の内部にも東西両陣営の対立による分裂状態が発生したことを明らかにできる。

宛所の山名掃部頭は永享年間以降、石見守護代として見える人物である。詳しくは本書第二部第二章で触れているが、石見守護山名氏の通字である「清」を実名に使用しており、守護家当主からの偏諱であると考えられるほか、政

清の「伯父」とされる人物であった。[20]当主に近い一族である掃部頭系統は、少なくとも永享年間以降、一貫して石見守護山名氏権力の中枢に位置した一族であり、このような権力中枢に位置した人物の東軍転向は守護家内部に大きな動揺を与えたと考えられる。

さらに石見守護山名氏の内部分裂を示す動きとして、守護家奉行人の一人である美甘氏が文明一〇年頃に大内武治の家臣団に組み込まれていたことが挙げられる。[21]美甘氏は応仁・文明の乱以前において石見に在国していた守護家奉行人の一員であり、[22]大内氏との関係は確認できない。大内武治については和田秀作氏が検討されているが、東軍方として挙兵した大内道頓に与した一族であり、東軍方の石見国人との関係も確認できるという。[23]この点を踏まえると、大内武治と美甘氏の関係も乱中に形成されたと見るべきであり、美甘氏が東軍方に与しなければ、両者の関係は成り立ち得なかったといえる。

このように、古くから守護代として石見守護山名氏の権力中枢で活動した一族が離れていったことは注目すべき点である。加えて石見国支配を担った在国奉行人の中にも東軍方に合流していった人物が存在した点も留意しなければならない。石見守護山名氏（政清方）が守護の権限を遂行できなかった背景の一つとして現地で分国支配を担ってきた守護代や奉行人が相次いで東軍に転向したことによる内部の混乱を指摘できる。乱中における内部分裂の発生は、石見守護山名氏に対して大きな動揺と打撃を与えたといえよう。

以上、応仁・文明の乱において石見守護山名氏は東軍転向者の出現に伴う内部分裂を招いたこと、東軍勢力拡大に伴い連携相手であった大内氏の勢力が一時的に石見国から排除されたことを背景にその勢力を後退させたと指摘した。また、もう一つの分国である美作国では文明二（一四七〇）年正月の合戦を最後に山名氏の動向は確認できなくなり、[24]間もなく赤松氏が美作国を制圧した。それでは、こうした事態が生じたことに対して、石見守護山名氏側はどのような対応を取っていくのだろうか。

二　応仁・文明の乱後の石見守護山名氏

（一）大内氏への接近

先行研究では文明元年以降の発給文書が見られないことを理由に、石見守護山名氏が史料上から姿を消してしまうとされてきた。しかし、前述したように、完全に史料上から消えてしまったわけではない。応仁・文明の乱後、石見守護山名氏は自らの周辺の情勢が大きく変化する中で、どのような動きを見せるのだろうか。

まず、『蜷川親元日記』に見える山名氏関係記事から乱後の石見守護山名氏一族の動向に関わる記事を取り上げて考察する。室町幕府政所代・蜷川親元の日記には、各地の大名との進物のやり取りなどの記事が数多く収められているが、この中に次のような史料が存在している。

【史料三】

一、大内殿（政弘）より度々之御礼興文蔵主（東周興文）来臨、礼物先以二御私分一請二取之一、貴殿（伊勢貞宗）へまいる分、
太刀金・万疋・蜜壺一大・虎豹皮各一枚入レ箱、斜皮青五枚入レ箱以上京兆（政弘）より各有レ状、
山名与次（郎脱カ）（政理）殿より三千疋太刀金　御返御太刀信国金フクリン馬
麻生殿（弘家）より　弐千疋同　御返報太刀助重　金覆輪
陶尾張守（弘護）　弐千疋同　太刀長基　同前
内藤弾正忠（弘矩）　弐千疋同　太刀近景
以上百九十貫文杉江方へ渡レ之、[25]（後略）

史料三は文明一三年に大内政弘が進物を行った際の史料である。史料三には大内政弘のほか、筑前国の麻生氏や大内被官の陶・内藤氏が進物を行っているが、この中に山名氏が含まれている。

この山名与次郎はどのような人物であろうか。この人物は文明一〇年に足利義政から偏諱を受けて「政理」と名乗っているが[26]、与次郎という名は石見守護・山名政清も名乗っており、両者が血縁上近しい関係であることがうかがえる[27]。また、池田本「山名系図」には政清の子として「中務少輔」、『寛永諸家系図伝』の未定稿本系図には「中務少輔政理」なる人物が記載されている[28]。実際、後掲史料六（二八一頁）にあるように、政理は中務少輔を名乗っている。これらの点を踏まえると政理は石見守護山名氏一族で山名政清の子息に当たる人物といえるだろう。

次に政理から幕府関係者への進物が大内氏とその被官・国人が行った進物の中に含まれている点に注目したい。この時の進物は大内氏の在京雑掌僧である東周興文が取次を行っており、政理が直接幕府とやり取りをしたわけではない。また、史料三のほかにも東周興文を経由した事例を確認できる。

【史料四】

一、山名与次郎とのへ貴殿より被レ進レ之、御馬一疋青黒印雀目結、興文蔵主方へ渡二遣之一了、相二副□状一[29]、

史料四は伊勢貞宗が政理に対して馬を贈った際の記事だが、この時も東周興文に渡しており、大内氏の在京雑掌僧を経由している。史料三は政理側から幕府関係者への進物事例だが、反対に政理側へ進物する場合でも大内氏の在京雑掌僧が窓口として動いていたことがわかる。このように、政理と幕府を結ぶ取次役として大内氏の在京雑掌僧が活動していた。以上のような動きは、幕府と直接結び付く回路を保持していた応仁・文明の乱以前には確認できない。乱後の石見守護山名氏が大内氏の強い影響下に置かれていたことを示しているといえよう[30]。

また、石見守護山名氏と大内氏が密接な関係にあったことは、石見国支配においても同様であった。例えば、「庄

内」（長野荘）の知行に関して「茆庵御遵行幷左京大夫副状」が益田氏に対して発給されているが[31]、このうち「茆庵」は後掲史料六（二八一頁）にも登場する人名である。その傍注には「山名大夫殿事也」とあることから出家した政清の法名とわかる。加えて「左京大夫」とは大内政弘を指していることから、政清と政弘の両方から遵行に関する文書が発給されていたことがわかる。

文明一〇年頃に出された大内政弘の書状によれば、「庄内」のことについて大内政弘が「守護方」に調法することを益田氏に対して述べており[32]、大内氏が石見国人と守護との間を取り持つ役割を果たしていたことが判明する。別の史料では、前述した政清の子・政理と益田氏との間を取り持つ動きを見せており[33]、大内氏が守護・国人間の仲介役として活動している事例も確認できる。

このほかにも『西林和歌集』の詞書には「中務少輔源（山名）政理、周防にすみ給ひし時」とある[34]。木下聡氏によれば、この和歌集は延徳二年～明応二年にかけてのものであり、この頃の政理は大内氏の本拠地である周防国山口に住んでいたという[35]。居所も大内氏の膝下に構えているという点を踏まえると、政理が大内氏の下に包摂されていたと指摘できる[36]。

以上、本項では応仁・文明の乱後の石見守護山名氏が隣国の大内氏の保護下に置かれたことを明らかにした。大内氏への接近は乱後の石見守護山名氏の動向を考えるうえでも重要な点であるといえるが、従来十分に意識されてこなかった。また、これまで大内氏による石見国支配への関与は石見国人による支持を背景としたものとされてきたが、大内氏の下に結集する動きは、石見国人だけでなく守護家側にも見られたといえる。石見国内での実体を失いつつあった石見守護山名氏は大内氏に近づくことで家の存続を図ったといえよう。

（二）石見守護山名氏による美作国侵攻

前項では、応仁・文明の乱後の石見守護山名氏が大内氏に接近したことを述べた。一方、同時期の石見守護山名氏については、文明一一年八月頃の『大乗院寺社雑事記』の記事に「山名大夫（政清）入国事、大内合力、美作事、赤松国事、珍事々々」とあり、政清が大内氏の協力を得て美作国への「入国」を図っている。[37] 別の史料には「大内美作へ山名大夫しすへ可㆓出陣㆒之由風聞候」とあることから、[38] 大内氏が政清を支援するために美作国に出陣する風聞が流れていたようである。

美作国は応仁・文明の乱の際に赤松氏に制圧されていたが、応仁・文明の乱終結から間もない頃の石見守護山名氏は大内氏の支援を受けて美作国支配の回復を目指して動いていたことがわかる。

その後、一時的に石見守護山名氏による美作国進出の動きは史料上から見えなくなるが、文明一五年一二月、今度は惣領家の山名政豊が播磨国などに侵攻する事態となった。それでは、この時の石見守護山名氏はどのような動きを見せたのだろうか。

美作情勢を見ると、翌文明一六年春の時点で美作国の半分を山名氏が制圧したことが伝えられているが、[39] 幕府御料所美作国小吉野荘代官をつとめていた奉公衆・安東政藤が文明一七年に出した書状には「去年春、山名兵部（政清）強入国之刻、有元民卩丞為㆓張下（本カ）㆒、山名方被官人村々へ引入」とある。[40]『大日本古文書　家わけ第二一　蜷川家文書』では、「山名兵部」のことを伯耆守護家一族の「元之ヵ」としているが、美作は石見守護山名氏の元分国であり、応仁・文明の乱頃まで兵部少輔を名乗っていた政清を指していると見てよい。さらに後掲史料六には文明一八年四月時点の政清（茆庵）が惣領の政豊と共に播磨国の書写山に「同居」していたとある。このように、惣領家による軍事行動には石見守護山名氏も同調・参加したことが判明する。

一方で次に掲げる史料からは、この時も大内氏による支援を確認できる。

【史料五】

為㆓山名中書（政理）合力㆒、至㆓作州㆒進発之儀、当郡（石見国邇摩郡）中加㆓下知㆒之処、子息出陣感悦、弥相㆓加人数㆒、一段奔走可㆑為㆓肝要㆒也、代官在陣之仁事、自身着国相待之由、自㆓院庄㆒重々被㆓申下㆒之間、所㆑遣㆓使者吉川雅楽允 祖式又次郎㆒也、然者早至㆓彼堺㆒不㆑移㆓時日㆒可㆑令㆓上着㆒之由、可㆑被㆓相談㆒之状如㆑件、

文明十七年十一月十五日　（大内政弘）（花押）

大家出雲守殿(41)

【史料六】

十一日（中略）作州旅人至、美・備両国今無事、茀庵山名大夫殿事也、今年四十八歳、未年、火姓人、書写山ニ与㆓金吾（山名政豊）㆒同居、中務少輔（山名政理）殿在㆓院庄㆒(42)（後略）

史料五は大内政弘が石見国邇摩郡の大家出雲守に対して軍勢催促を行っている史料であるが、「山名中書合力」とある。次の史料六には院庄に滞在していた人物として「中務少輔」なる人物が挙げられており、史料五に見える「院庄」からの指示とは山名中務少輔が発したものといえる。以上より、大内氏は院庄を拠点にしていた山名政理を支援するために邇摩郡内の国人を動員していたことが判明する。(43)このように、政理と大内氏が緊密な連携を取りつつ、美作国における戦闘を展開していたことを明らかにできる。

石見守護山名氏の動向を見ると、石見国人の周布氏に対して軍勢催促をしており、周布氏は美作国に着陣した形跡が見られる。(44)このほかには三隅氏が石見守護山名氏に与して出兵したことも確認できるが(45)、これら以外の国人の参戦状況は不明な点が多い。史料五によれば、大内氏の催促によって邇摩郡内の国人が動員されているが、代官の出陣事例を踏まえると、石見国人の多くは消極的姿勢であったのではないか。応仁・文明の乱後、石見国内への影響力が低

下した石見守護山名氏にとって大内氏の支援は必要不可欠であり、石見国人の支持を集める大内氏を期待していたといえよう。このように、美作国問題も石見守護山名氏が大内氏に接近した背景の一つとして捉えることができる。

以上、本項では美作国をめぐる石見守護山名氏の動向について考察したが、石見守護山名氏は大内氏との緊密な関係の下で行動していたことがわかる。前項で見たように石見国内での基盤を失いつつあった石見守護山名氏は一方で旧分国である美作国に侵攻しており、石見国外に進出していく動きを見せていた。その中にあっても大内氏は有力な支援者として存在していたのである、それではなぜこのような両者の関係はなぜ成立し得たのだろうか。この点について次項で検討していきたい。

(三)　石見守護山名氏と大内氏

まず、応仁・文明の乱以前における両者の関係を見ると、嘉吉の乱で横死した石見守護・山名熙貴の娘が山名持豊の養子となった後に大内教弘のもとに嫁いだ事例が知られている(46)。

久留島典子氏によれば、熙貴の娘は大内政弘の母に当たり、応仁・文明の乱の際には在京する政弘の留守を担う存在として大内家中に大きな政治的影響力を行使したという(47)。久留島氏の研究を踏まえると、当時の大内氏当主であった政弘自身が石見守護山名氏の血を引く人間であったということになる。

さらに政弘母が亡くなったのは明応四（一四九五）年正月で、応仁・文明の乱後も存命であった(48)。大内氏内部に大きな影響力を行使した政弘の母が存命であったという点は、乱後の大内氏による石見守護山名氏への支援が様々に見られたことと無縁ではないだろう。木下和司氏は山名政理の室は大内政弘の娘であった点を指摘し、乱後の石見守護山名氏と大内氏が近い存在であったとしており(49)、両者が婚姻関係を結ぶ事例は政理の代になっても確認できる。このように、二代続けて婚姻関係を結ぶ姿からも両者が強い結合を長い間維持していたといえる。両者の関係の背後には婚姻関係を通じた人的ネットワークが存在していたと指摘できよう。

もう一つ考えたいのは応仁・文明の乱以前の連携相手であった山名惣領家と石見守護山名氏の関係性の変化という点である。川岡勉氏が指摘するように山名一族は惣領家を中核とする「同族連合体制」を築いていたが(50)、応仁・文明の乱末期の東軍方との和睦をめぐって惣領家と石見守護山名氏の間で異なる対応が見られた(51)。文明六年、惣領家はいち早く東軍と和睦しているが、石見守護山名氏は大内氏と同様にそのまま西軍陣営に残留している。また、前述したように、応仁・文明の乱終結直後の石見守護山名氏は美作国回復に向けた軍事行動を展開しているが、それと同時期の伯耆・因幡両国では深刻な混乱状況が発生し、文明一一年にはその混乱に対処するために惣領家が但馬に下向する事態に至っていた。このような状況を踏まえると、惣領家は石見守護山名氏に対して軍事支援する余裕がなかったのではなかろうか。こうした情勢変化を受けて、婚姻関係を結んでいた大内氏が新たな連携相手として浮上したと見られる。もちろん史料六にあるように、惣領と行動を共にした様子も見られるから完全に惣領家との関係が途絶したわけではないが、石見守護山名氏が大内氏に接近した背景には、このような山名一族内部の状況を踏まえる必要もあるだろう。

以上、応仁・文明の乱後における石見守護山名氏について考察したが、対幕府関係、分国支配の再建や軍事的支援など、様々な側面で大内氏に依拠する姿を見出すことができた。石見守護山名氏は血縁上近しい存在である大内氏に接近することで家の存続を図った一方で、大内氏は石見守護山名氏の庇護者として振る舞ったのである(52)。

それではこの関係はその後どのように変化するのか。そして石見守護山名氏はいかなる動きを見せていくのだろうか。これらの点について次節で考えていきたい。

三　長享年間以降の石見守護山名氏とその変化

（一）　室町幕府外様衆への転身

前節では、石見守護山名氏が大内氏の支援を受けつつ、美作国に侵攻したことを指摘した。しかし、長享二（一四八八）年七月、惣領の山名政豊が播磨国から撤退すると、石見守護山名氏も同時に美作国から撤退し、美作国を回復する動きも失敗に終わった。[53] それでは、その後の石見守護山名氏はどのような動きを見せていくのか。

延徳三（一四九一）年、将軍足利義材による六角氏征伐が行われると、在国していた諸大名も上洛して参加したことが知られているが、山名一族も例外ではなかった。次の史料は上洛した山名一族に関する『蔭凉軒日録』の記事である。

【史料七】

廿三日（中略）午前山名又次郎（俊豊）殿出仕、伴衆垣屋新五郎（豊成）・太田垣・八木・田井庄・垣屋駿河守・村上六騎、徒衆七十人許、或云百人許、因幡守護父子（山名豊時・豊重）同参、又式部少輔殿之類三人同参云々、[54]（後略）

最初に見える山名又次郎（俊豊）とその伴衆はいずれも但馬国の山名惣領家の一族・被官であり、次に見える因幡守護父子も同じく山名一族であるが、最後に「式部少輔殿之類三人」も同じく参上したとある。

この「式部少輔」なる人物については従来検討されたことがなかったが、『益田家文書』には在国小守護代をつとめた「式部少輔義宗」という人物が見える。[55] また、応仁元年頃、山名政清が俣賀氏に対して軍勢催促をした際の書状には「就㆓作州進発㆒、式部少輔下向候」とあり、義宗が発給した書状も残っている。[56] このほかにも文明一七年頃、政理が周布氏に対して軍勢催促をした書状にも「猶式部大輔《ママ》可レ申候」とある。[57] 史料七に見える「式部少輔」が義宗と同一人物とは限らないものの、山名一族が参陣したことを取り上げた箇所にまとめて記載されていることを踏まえると、在国小守護代をつとめたことのある式部少輔義宗と同一またはその子孫と見てよいだろう。

義宗については姓不明とされているが、石見守護山名氏の祖である山名義理の息子・掃部頭の息子として「式部少輔義宗」の名前が見える系図が存在する。[58] 池田本や因幡民談記本といった他の山名系図には義宗の名は登場しないため、慎重に考える必要はあるが、本書第二部第二章で述べたように、山名清宗の子供と見られる。[59]

以上より、史料七に見える「式部少輔」とは石見守護山名氏の一族と見られる。このほか、別の史料には「山名殿同名茆庵息御対面」ともあり、「茆庵」すなわち山名政清の息子が参陣して、足利義材と面会したことが判明する。[60] このように足利義材の六角氏征伐には石見守護山名氏の一族も参加していたのである。

これらの動きについて注意したいのは、大内氏による仲介が見られないという点である。前述したとおり、応仁・文明の乱後の石見守護山名氏は大内氏による取次行為を介して室町幕府と関係を取り持っていた。しかし、延徳年間の石見守護山名氏は再び直接的に幕府と結び付こうとする動きを見せていた。大内氏の支援を受けていた美作国をめぐる争いが失敗した後に現れた新たな動きとして注目したい。

続いて明応二（一四九三）年一〇月までに政清は死亡し、正式に政理への代替わりが実現したと思われる。[61] さらに、永正五（一五〇八）年に第二次足利義材政権が成立すると、新たな段階に入っていく。木下聡氏によれば、山名政理は足利義材と共に上洛し、幕府外様衆に列したと考えられるといい、これ以降の史料上に散見される外様衆・奉公衆の山名氏は政理の系統であると指摘されている。[62]

実際、『不問物語』には足利義材が上洛する際の「御供人数」として「山名中務大輔《ママ》」が見える。[63] この史料について木下氏は特に言及されていないが、足利義材の上洛に供奉した山名氏が存在することは確かであろう。このように木下氏による指摘はその後の石見守護山名氏の動向を考えるうえで重要であり、おおむね首肯できる。

その一方、この「山名中務大輔《ママ》」が政理本人なのかという点には検討の余地が残る。政理の官途については、文亀元（一五〇一）年の時点では「中務少輔」であったことがわかるが、永正三年までに新たに「紀伊守」に任官していたことが判明する。[64] 以上を踏まえると、永正五年当時の「山名中務大輔《ママ》」とは政理ではないと思われる。しかし、当時の山名一族で中務少輔を名乗っていたのは石見守護山名氏のみであること、政理が山口に滞在していたことを踏まえると、政理と近しい一族と見てよい。史料が乏しいため推測の域を出ないが、政理の子に当たる人物ではないだろうか。

以上、分国支配の再建に失敗した石見守護山名氏は、京都に活路を見出す方向に転換したと考えられる。延徳年間に見られた動きはその萌芽であったのではなかろうか。このように石見守護山名氏をめぐる情勢が新たな段階を迎えたと指摘できるが、息子が上洛した後の政理はどのような動きを見せていくのだろうか。次項で検討したい。

（二）大内氏の石見守護補任と石見守護山名氏

石見国をめぐる情勢に目を向けると、大内氏の石見守護補任という新たな事態を挙げることができる。本項ではこの点を中心に考察していきたい。

まず、大内氏の石見国に対する姿勢について見ていくと、永正四年に「古帳」を求めていることがわかる。[65] この「古帳」とは、「石見国中荘公物田数注文案」と「石見国諸郡段銭注文案」のことを指している。いずれも石見国支配に関わる基本台帳というべき史料である。大内氏の動きについて、久留島典子氏は「新たに守護相当の立場となった者」が古帳を入手したと述べられている。[66]

この点について注意したいのは、永正四年の時点でようやく大内氏は石見国支配に関わる基本台帳を入手したという点である。つまり、それ以前の大内氏はこれらの台帳を所持していなかったということになる。

先行研究は大内氏が石見国を事実上の「分国」としたと指摘するが、乱後の大内氏は石見国人と守護家双方の求めに応じて石見国に介入しており[67]、正規の守護である石見守護山名氏が存在する以上、守護家の職権に関わる領域には深く入り込まないでいたと指摘できよう。大内氏による「古帳」入手は、大内氏の姿勢に大きな変化が生じたことを表すものとして注目される[68]。

こうした動きが顕在化する中、永正一四年には大内義興が石見守護職に補任され、正式に大内氏は石見守護の座に復帰することになった。この時、「前守護」となった石見守護山名氏はいかなる動きを見せたのだろうか。

【史料八】

廿三日　晴、福光将監兼修来（中略）石見国物忩守護山名紀伊守出張云々、之間、来月可㆓下国㆒云々[69]（後略）

史料八は中御門宣胤の日記であるが、同年七月、宣胤のもとを訪れた石見国人の福光氏が「石見国物忩」を受けて下国することを伝えている。この背景として「守護山名紀伊守出張」が挙げられているが、山名紀伊守すなわち政理が軍事行動を展開していたことがわかる。

【史料九】

石見国守護職事、被㆑仰㆓付大内左京大夫（義興）㆒処、得㆓先守護代語㆒、佐々木尼子（経久）可㆓合力㆒之旨有㆓其聞㆒、於㆓現形㆒者相㆓談左京大夫㆒、可㆑被㆑励㆓戦功㆒之由被㆓仰出㆒候也、仍執達如㆑件、

永正十四
八月十一日　貞連（飯尾）（花押）
英致（松田）（花押）
益田治部少輔（宗兼）殿[70]

さらに史料九によれば、大内義興に石見守護職が与えられた直後に「先守護代」が尼子経久の支援を受けて大内氏と対立していることがわかる。「先守護代」とあるのは前守護である山名政理の守護代と見てよい。つまり、前述の史料八に見える「山名紀伊守出張」も大内氏との対立に伴う行動であると解することができよう。

これまで応仁・文明の乱後の石見守護山名氏が大内氏の保護を受けていたことを明らかにしてきたが、良好であった両者の関係に大きな変化が生じたことがわかる。大内義興の石見守護補任という事態を受けて、政理は従来の方針を大きく転換して尼子氏に支援を求め、大内氏との対立を選択したのである。

大内氏の守護補任の背景も判然としないが、永正一二年以降の石見国では益田氏と三隅氏の争いが深刻化していた。藤井崇氏によれば、大内氏は使者派遣などを通じて石見情勢に対処する動きを見せていたという(71)。一連の混乱の中にあって、足利義材政権は実行力の乏しい石見守護山名氏に代わって大内氏の実力を期待して補任したのではなかろうか。

一方、石見守護山名氏にとっては、実態が伴わなくなっているとはいえ、守護家という自らの地位を喪失するものであり、容認できなかったと見られる。政理は息子とは異なり、石見国との関係を最後まで維持しようと試みていたのであろう。大内氏がそれを否定する動きに出た時、石見守護山名氏にとって大内氏と結合する意味はなくなったのであり、今度は尼子氏に接近したのである。

しかし、この時期の尼子氏はのちに見られるような積極的な他国侵攻は行っておらず、尼子氏の支援が継続した形跡は見られない。史料九以降、政理を史料上から確認することはできず、一連の行動は失敗に終わったと見てよい。その後も政理の子孫は京都で活動しているが、石見国との関係は判然としなくなっていく。

ここで述べた内容をまとめると次のようになる。まず、分国支配の再建が失敗した石見守護山名氏は大内氏の下から離れる動きを見せ始めた。政理の息子・中務少輔某は足利義材と共に上洛して以降、室町幕府外様衆・奉公衆に転身していった。一方で政理本人は、大内氏の石見守護補任という事態に際して、従来の方針を転換して尼子氏の支援を受けて大内氏と対立したが、最終的に失敗し、史料上から姿を消すのであった。

おわりに

本章では応仁・文明の乱後における石見守護山名氏の動向を検討してきたが、実態を失いつつあった石見守護山名氏が自らを庇護する存在を求めて動いたことが明らかとなった。まず、血縁上近しい存在であった大内氏の支援を求める動きを見せたが、最終的に分国支配の再建に失敗すると今度は幕府在京直臣に転じたり、尼子氏の支援を受けるなど、その時々の情勢に応じて庇護者を変えていった。

他の山名一族を見ると、一六世紀以降の伯耆・因幡両守護家が同じように隣国の大名権力（尼子氏）の支援を受けていることが指摘されている(72)。伯耆・因幡両山名氏の事例と比較しても石見守護山名氏の場合は早い段階で見られた点が特徴的である。

これまでの研究では石見国人の支持を受けた大内氏が同国全域に影響力を及ぼし、事実上の分国と化したことが指摘されてきた。この中にあって守護家の存在は等閑視されていたが、本章で明らかにした動きを踏まえると、大内氏による石見国支配への関与の背景には国人だけでなく、石見守護山名氏側の動きも関係していたといえよう。このように応仁・文明の乱後の石見国では、守護家と国人双方が大内氏を国内に引き込むことで新たな政治状況が生み出されていったのである。

注

(1) 井上寛司「石見国」(網野善彦ほか編『講座日本荘園史九　中国地方の荘園』吉川弘文館、一九九九年)。
(2) 松岡久人「南北朝室町期石見国と大内氏」(松岡久人著・岸田裕之編『大内氏の研究』清文堂出版、二〇一一年、初出一九七三年)。
(3) 岸田裕之「安芸国人一揆の形成とその崩壊」(『大名領国の構成的展開』吉川弘文館、一九八三年、初出一九七八年)。
(4) 前掲注(2)松岡論文、井上寛司「周防大内氏の石見国邇摩郡分郡知行」(『南北朝遺文月報二』東京堂出版、一九八九年)。
(5) 山下和秀「「正任記」よりみた石西国人領主の動向と大内氏」(『古代文化研究』一七、二〇〇九年)、渡邊大門「守護山名氏の石見国支配」(『鷹陵史学』三八、二〇一二年)。
(6) 前掲注(3)岸田著書「芸石国人領主連合の展開」。
(7) 倉恒康一「戦国初期の石見国の政治秩序について」(『芸備地方史研究』二五四、二〇〇七年)、前掲注(5)山下論文。
(8) 前掲注(2)松岡論文、井上寛司・岡崎三郎編『史料集・益田兼堯とその時代』(益田市教育委員会、一九九六年、一八二頁)。
(9) 前掲注(8)井上・岡崎著書一四七～一四八頁。
(10) 前掲注(8)井上・岡崎著書九三頁。
(11) 前掲注(5)山下論文。
(12) (文明元年)一二月六日「山名政清書状」(『大日本古文書　家わけ第二二　益田家文書』五九一号)。以下、本史料集より引用する際には『益田家文書』と略記し、文書番号を記す。
(13) 前掲注(8)井上・岡崎著書一四七～一四八頁。
(14) (文明元年)一二月六日「大内政弘書状」(『益田家文書』一八四号)。
(15) 久留島典子「刊行物紹介　大日本史料家わけ第二十二益田家文書之四」(『東京大学史料編纂所報』四七、二〇一一年)。
(16) 川岡勉「石見における守護支配の展開と益田氏」(『戦国期守護権力の研究』思文閣出版、二〇二三年、初出二〇一八年)、野下俊樹「応仁・文明の乱における大内政弘の政治的役割」(『九州史学』一八五、二〇二〇年)。なお、旧稿では久留島氏の指摘に従った見解を示していたが、この点は訂正する。
(17) 文明元年当時、山名政清・大内政弘両人は在京中であり、共に西軍陣営に属していた。両者が非常に近い場所に滞在していたことも注意すべき点である。

(18)（年未詳）一一月三〇日「足利義政御内書案写」（『足利義政発給文書（二）・足利義煕（義尚）発給文書』戦国史研究会、二〇一六年、八六四号）。

(19)史料二の発給年については、拙稿「応仁・文明の乱と山名氏」（『日本史研究』六六〇、二〇一七年）参照。本書第三部第一章として所収。

(20)『応仁別記』（和田英道編『応仁記・応仁別記』古典文庫、一九七八年、一五九頁）。

(21)『正任記』文明一〇年一〇月三日条には、大内武治の御内衆として「美甘遠江守」の名前が見える。

(22)（享徳四年）六月二九日「高山統空書状」（『益田家文書』五五〇号）など。

(23)和田秀作「大内武治及びその関係史料」（『山口県文書館研究紀要』三〇、二〇〇三年）。

(24)文明一三年四月七日「難波行豊軍忠状」（『新鳥取県史　資料編　古代中世一　上巻』五二〇号）。

(25)『蜷川親元日記』文明一三年正月三〇日条。

(26)『蜷川親元日記』文明一〇年九月二五日条。

(27)『草根集』康正二年八月二八日条（『私家集大成　第五巻　中世三』明治書院、一九七四年、八一九頁）。

(28)池田本「山名系図」については、宮田靖国編『山名家譜』（六甲出版、一九八七年）掲載の写真版を参照した。また、『寛永諸家系図伝』の未定稿本系図は、国立公文書館蔵『寛永諸家系図伝』第八冊所収「山名系図」（請求番号一五六―〇〇一五）参照。

(29)『蜷川親元日記』文明一三年五月一七日条。

(30)政清に対しても息子・政理の押領行為の停止を命じる幕府の下知が大内氏の在京雑掌僧経由で伝達されており、政清・政理父子共に大内氏と密接な関係にあったといえる（〈文明一六年ヵ〉九月二六日「伊勢貞宗書状案」国立公文書館所蔵「諸状案文」所収文書、請求番号・古〇一七―〇三〇二）。

(31)（年未詳）一二月二一日「杉武明書状」（『益田家文書』六五二号）。

(32)（文明一〇年）二月一日「大内政弘書状」（『益田家文書』一八七号）。

(33)（年未詳）五月八日「陶弘護書状」（『益田家文書』六一七号）。

(34)『私家集大成　第六巻　中世四』（明治書院、一九七六年、八四二頁）。

(35)　木下聡「「室町幕府申次覚書写」について」(『東京大学史料編纂所研究成果報告』二〇一一—三、二〇一二年)。
(36)　ただし、石見守護山名氏が大内家中に取り込まれたとはいえない。例えば、史料三には大内氏家臣と異なり、山名政理は「殿」呼称が付けられている。また、一六世紀前半に成立した『大館常興書札抄』には土岐氏と同等の家格の者として「山名中務少輔」の名前が記されており、守護家という家格は維持していることがわかる(『群書類従　第九輯』文筆部・消息部、六五四頁)。
(37)　『大乗院寺社雑事記』文明一一年八月二日条。
(38)　(文明一一年)月日未詳「某書状」(『大乗院寺社雑事記』文明一一年一一月一日条紙背文書)。
(39)　『大乗院寺社雑事記』文明一六年三月八日条。
(40)　(文明一七年)九月一二日「安東政藤注進状案」(『大日本古文書　家わけ第二一　蜷川家文書』二一七号)。
(41)　文明一七年一一月一五日「大内政弘判物」(『山口県史　史料編　中世三』所収「常栄寺文書」八号)。
(42)　『蔗軒日録』文明一八年四月一一日条。
(43)　当時、邇摩郡は大内氏が分郡として知行していた(前掲注(4)井上論文参照)。
(44)　(文明一七年ヵ)二月一日「(山名)政理書状」(『萩藩閥閲録』巻一二一ノ一「周布吉兵衛」七六号)、(年未詳)三月二一日「山名政理書状写」(山口県文書館所蔵「周布家文書写」所収文書、請求番号・県史編纂所史料九七九)。
(45)　(文亀元年)七月一〇日「赤松政秀書状」・(同年)七月一二日「浦上則宗書状」(『上郡町史　第一巻』所収「赤松家風条々録」六二七～六二九頁)。なお、三隅氏の動向については倉恒康一「赤松家風条々録に見える石見国人三隅氏の美作国所領について」(『十六世紀史論叢』三、二〇一四年)を参照。
(46)　『建内記』嘉吉三年六月三日条。
(47)　久留島典子「応仁文明の乱と益田氏」(『東京大学史料編纂所研究紀要』一七、二〇〇七年)。
(48)　『晴富宿禰記』明応四年二月二四日条。
(49)　木下和司「山名理興出自について」(『備陽史探訪』一七一、二〇一三年)。
(50)　川岡勉『山名宗全』(吉川弘文館、二〇〇九年、一五九～一七〇頁)。
(51)　前掲注(19)拙稿。
(52)　なお、大内氏側としては石見守護山名氏の保護と支援を通じて、間接的に石見国や美作国へ勢力を拡大することを目論んだ可能性もあるが、この点については史料上判然とせず、今後の課題としたい。

(53)『蔭凉軒日録』長享二年七月二三日条には山名政豊の播磨撤退とあわせて「此日作州院庄之敵退散」とある。

(54)『蔭凉軒日録』延徳三年八月二三日条。

(55)（年未詳）八月二八日「式部少輔義宗書状」（『益田家文書』九〇号）など。

(56)（応仁元年ヵ）八月二二日「山名政清書状」（『日本大学総合図書館蔵　保賀文書』所収「保賀文書」四三号）、（同年ヵ）九月二二日「式部少輔義宗書状」（保賀文書四四号）。

(57)前掲注(44)「(山名)政理書状」（『萩藩閥閲録』「周布吉兵衛」七六号）。

(58)前掲注(28)『寛永諸家系図伝』第八冊所収「山名系図」。

(59)このほか、石見小笠原氏の系図には小笠原長隆の娘について「山名式部少輔聟ニトル」との記述が見られる（井上寛司「石見小笠原文書について」『山陰地域研究』二、一九八六年、参考二号）。

(60)『蔭凉軒日録』延徳三年一二月二九日条。

(61)明応二年一〇月に発給された政清の子・政理の安堵状には「潤徳院殿」という政清の諡号が見えるため、同年以前に政清は死亡したと見られる（同年同月二一日「山名政理書下」『仁和寺史料　古文書編二』二二三号）。なお、政清の諡号「潤徳院」は池田本「山名系図」で確認できる。

(62)前掲注(35)木下論文。

(63)『不問物語』下巻「一、大樹上洛御門出之事」。なお、翻刻は和田英道「尊経閣文庫蔵『不問物語』翻刻」（『跡見学園女子大学紀要』一六、一九八三年）を参照。『不問物語』の内容については、末柄豊氏が史料的価値の高さを指摘している（同「『不問物語』をめぐって」『年報三田中世史研究』一五、二〇〇八年）。

(64)最後に「中務少輔」として見えるのが文亀元年に出された「室町幕府奉行人連署奉書案」（『室町幕府文書集成奉行人奉書編』二二五七号）。次に見える（年未詳）六月一七日「足利義材御内書案」は「同（山名）紀伊守」宛てに発給されている（『大分県史料一』所収「到津文書」二六六号）。同じ御内書案の宛所として見える「同相模守」（伯耆守護山名尚之）は永正三年に死亡しているため、永正三年までの発給であることがわかる。

(65)貞応二年三月「石見国中荘公惣田数注文案」（『益田家文書』八六一号）、永享一二年九月一〇日「石見国諸郡段銭注文案」（『益田家文書』八六三号）。八六一号の奥書によれば、正文は「茆庵」が所持しており、永正四年八月二日に書写したとある。両方とも同じ筆跡であり、同時期に益田氏によって写されて大内氏に進上されている。
(66)　前掲注(15)久留島刊行物紹介。
(67)　大内氏による国人間紛争への介入が国人側の要請の延長線にあった点については、前掲注(7)倉恒論文参照。
(68)　このような変化の原因については判然としないが、大内義興が足利義材を奉じて上洛する時期の前後であること、また同時に政理の子息が京都に転出する動きを見せていたことも留意したい。
(69)　『宣胤卿記』永正一四年七月二三日条。
(70)　永正一四年八月一一日「室町幕府奉行人連署奉書」(『益田家文書』二七五号)。
(71)　藤井崇『大内義興』(戎光祥出版、二〇一四年、一一〇頁)。
(72)　鳥取県立公文書館県史編さん室編『尼子氏と戦国時代の鳥取』(鳥取県、二〇一〇年、一七〜二四・四四〜五〇頁)など。

【付記】

本章の原論文は、二〇一八年一〇月刊行の『地方史研究』六八巻五号に掲載された。原論文発表後に石見守護山名氏の美作国侵攻に関係する史料を新たに把握したため、注(30)に加えている。注(30)の史料によれば、政清(茆庵)に対して大内氏の在京雑掌経由で幕府の指示が伝達されていた。大内氏との繋がりは政理に限らず、父の政清も同様であったといえる。なお、政清は明応二年までに死没した形跡がある点も本文ならびに注(61)に追記した。

また、原論文の採用決定は二〇一八年三月であったが、それ以降にも川岡勉「石見における守護支配の展開と益田氏」(『戦国期守護権力の研究』思文閣出版、二〇二三年、初出二〇一八年)、野下俊樹「応仁・文明の乱における大内政弘の政治的役割」(『九州史学』一八五、二〇二〇年)が相次いで発表されている。本章では川岡・野下両論文の指摘に基づき、史料一の解釈を修正しているが、基本的な論旨に変更はない。

川岡・野下両論文は幕府の西国政策が大内氏を基軸として展開し、石見国衆も大内氏の下に結集したと述べているが、筆者が本章で明らかにした守護家の動きは両論文の論旨とも齟齬はないと考えている。石見国衆と同様に守護家もまた大内氏の傘下に入ったといえる。このように、乱後の石見国では、守護職を持つ山名一族が隣国の大名家の庇護を受けるという特異な政治状況が形成されるが、幕府としても西国政策の中心に位置付けた大内氏と石見守護山名氏の相互関係が良好で石見国内が安定していれば、京都から離れた地域でもあるため、特に問題視しなかったと見ることができる。

なお、最近、川岡氏は大内氏を西国の権力秩序の中核に位置付ける幕府政策に対して石見守護山名氏が反発しなかったのか気にかかるとも述べている（同「大内氏の石見支配と吉見氏」前出川岡著書、初出二〇一二年）。この点に関しても、本章で明らかにしたように、大内氏の庇護を受けて分国支配の再建を図ろうとした石見守護山名氏の政治的立場を踏まえれば、当初石見守護側にとって問題なく受容できる政策であったと理解できるだろう。

ただし、川岡氏の懸念は一六世紀になってから顕在化する。出雲尼子氏と手を結んだ石見守護山名氏が国内で争乱を引き起こすことになるが、その起点となる動きを考えると、大内氏が石見国支配に関する「古帳」を入手した動きを挙げることができる。すでに実質的な国内状況と乖離しているとはいえ、古帳の正文は守護側が所持しており、守護職に紐づいた文書といえる。逆にいえば、それまで大内氏はかかる行為に出ていないのであり、一五世紀後半と一六世紀以降で大内氏の石見国に対する政治姿勢には相違があるといえるのではないか。石見守護山名氏にとってみれば、最後の拠り所といえる守護職に直接触手を伸ばす動きは到底容認できなかった。そして守護職解任を受けて大内氏と手を切り、出雲尼子氏の援助を求めたのであろう。

つまり、一五世紀後半以降の石見国をめぐる諸勢力の関係は、大きく分けて①応仁・文明の乱以降、幕府の西国政策の影響や守護家・国人双方が大内氏の庇護を求める動きにより、大内氏が国内に関与する段階から②一六世紀初頭に国人の固い支持を受けた大内氏が自ら主体的に動いて守護の立場も獲得する段階へ変化していったと見てよい。最初から大内氏は石見守護山名氏を否定する動きを見せたわけではない。大内氏の対石見国姿勢が①から②へ段階的に変化する中で守護家は政治的立場を喪失し、実質的に消滅するに至ったのである。なぜ大内氏が変化したかという理由は、今後の課題としておきたい。

終章　本書の総括と展望

本書では一五世紀を中心とする守護家（当主・一族・被官）の政治動向や都鄙間活動、権力組織の変容などを三部構成で検討してきた。とりわけ室町期の政治史上、重要な守護家でありながらも実態が十分明らかとはいえない山名氏を素材として取り上げ、その動向を都鄙の政治情勢の中に位置付けて捉え直した。最後に本書各部で述べた内容をそれぞれまとめたうえで、今後の展望を示したい。

一　本書の総括

（一）室町期政治史と山名氏の動向

南北朝内乱を経て、次第に室町殿の下に武家領主たちが在京する社会構造が定着していくと、中央政治と分国支配の両面に関与する守護（大名）層の動向は京都社会の秩序やその政治情勢に規定されるようになった。まずは、本書第一部で考察した内容を中心に、一四世紀末から応仁・文明の乱開戦直前にかけての政治史の展開と課題を在京守護家の視座から見ていく。

序章で触れたように、これまでの研究では室町殿の権力確立過程と対守護弾圧・抑圧策、将軍専制志向の室町殿と衆議を重視する守護勢力の相克などの二項対立的な視点で理解されることが多かった。しかし、第一部第一章・第二章で述べたように、室町殿の対守護政策を抑圧的・弾圧的と捉えるのは一面的理解に過ぎないといえる。特に第一部第一章は室町殿の権力確立過程における有力守護反乱を再検討した内容だが、実際の政治過程を復元すると、勢力削減策という従来の視点ではすべては理解し難い足利義満らの動きが垣間見える。抑圧や勢力削減という表現は一見平易でわかりやすいが、そうした表現で捉えにくい側面が零れ落ちてしまう恐れがある点は強調しておきたい。

また、第一部第二章も同様に足利義教による守護家の継嗣問題への関与を見直しているが、地方の戦乱対応や守護家側の事情を踏まえると、義教の姿勢を抑圧的・弾圧的とする評価は必ずしも当たらない。義教の動きは守護の分国支配を支える側面があり、守護家側の不利益に直結したわけではないのである。もちろんこれらの事例ですべて理解するのは慎重であるべきだが、二項対立的な見方ではなく、室町殿と守護層の相互補完的な関係と個々の政治情勢、時期的差異を土台に政治過程を見ていく必要がある。重層的で多様な勢力の動向を踏まえつつ、予定調和的でなく、かつ単線的ではない都鄙間政治史の構築が求められているといえる。

義満の権力確立後、多少の政治的混乱はあるにせよ、京都の室町殿の下に諸大名が結集する政治構造は大きく動揺していない。おおむね義満～義教期の政治秩序は室町殿の利害調整能力に依拠する形で維持されており、在京する守護家が中心となって室町殿の幕政運営を補完していた。山名氏の場合もその一員であり、中でも惣領である時熙・持豊父子の政治的立場は義教期に至っても基本的に安定していたと見てよい。ただし、第一部第二章で述べたように、義教の軍事政策が地方の国人らに重い負担を課し、結果的に地域社会の混乱を招いていた。京都の武家社会内部で決定された政策に地方の諸勢力が振り回される様子が確認できるが、嘉吉の乱以後の社会不安を準備する下地が形成されつつあったことは留意しておきたい。

その後、現役の将軍である義教が暗殺された嘉吉の乱を契機にこれまで諸領主層を整序してきた室町殿の求心力や調停能力が動揺し始めると、従来は表出しなかったような諸領主個々の政治的立場が複雑に絡み合った情勢が展開していくようになる。特に本書で取り上げた山名氏の場合は、嘉吉の乱後に赤松氏の旧分国（播磨・備前・美作）守護職を獲得しており、室町幕府の政治秩序に新たな変化をもたらす一因となっていた。赤松氏旧分国の獲得は山名氏の強大化に繋がる一方、赤松氏本流の復興を目指す勢力や山名氏に反発する勢力との対立も招いた(1)。赤松氏旧分国の保有問題は、中央政界の政治的諸関係によって再発を繰り返すような不安定さを帯びており、山名氏は政情不安の火種を抱える状態であったといえる。そうした流動的な情勢に巻き込まれた山名氏が他の有力守護家との人的ネットワーク強化に奔走し、とりわけ従来あまり見られなかった細川京兆家との協調関係を築き上げたのも政治的安定を求めた結果と評価できる(2)。

ところで室町期の政治史を検討する際、守護家当主の個別動向があたかもその家全体の意志であるかのように表現されやすい。しかし、第一部第三章で述べたように、当主・一族・被官の政治的立場やその動きは一言で表現し難い。守護家当主の動向が注目される一方で一族・被官の様相はやや後景に退く傾向があるが、内部の動向も留意しなければ多様な勢力を踏まえた政治史の復元には至らない。守護家自体が様々な立場の人間を内包した組織である点は至極当然であるものの、従来、室町期の政治史研究ではそうした要素をどれほど意識・反映させてきたのであろうか。その意味においては、家永遵嗣氏による守護家の枠組みを超えた内衆同士のネットワーク論は示唆的であり(3)、昨今の室町期研究の進展や史料環境の改善などを踏まえると、より深く追求すべき課題である。第三部第二章の付記で述べたように、細川京兆家内部で山名・赤松両氏とそれぞれ繋がるグループが存在し、京兆家当主が中立的姿勢を試みていたことも同様の事例であろう。

また、第一部第三章では、応仁・文明の乱に至る政治過程において山名氏内部は必ずしも一枚岩とは言えない状況であり、持豊の強力な一族被官の統制を指摘する近年の議論に対して疑問視する立場を示した。もちろん筆者も山名氏の一族間結合を否定するわけではないが、段階的に変化する都鄙の政治情勢を踏まえなければならない。強固な一族結合が指摘される細川氏でも同様に政治情勢との連動が見られることが指摘されており[4]、政治史的視点の導入は「同族連合体制」の内実解明に必要な視座といえよう。なお、山名氏内部に存在した不安定要素は第三部で指摘したように、応仁・文明の乱中の山名氏の動向にも影響を与えるものであり、一五世紀後半以降も政治課題の一つとして山名氏を束縛していった。

このように、様々な思惑を抱えた者を多数包摂した守護家同士が複雑に関係し合う中、嘉吉の乱後の中央政界は室町殿の機能不全を背景として不安定な情勢に置かれると途端に制御できなくなってしまう要素を胚胎していたといえる。足利義政は上意の再建と将軍親政を目指したものの、親政強化による影響を受けた諸大名側の反発を招いて、文正の政変が発生してしまう。その結果、収拾がつかなくなった在京領主たちの抱える政治的問題が一気に破裂したのが、応仁・文明の乱と総括できる。こうして生起した大乱によって、多数の武家領主が在京する社会構造の解体を招くことになったのである。

(二) 京都社会と山名一族・被官

序章で示したように、恒常的に在京するようになった守護家の権力構造やそれを支える一族や被官にとっても京都社会との関係は重要な視点といえる。近年の議論を踏まえつつ、第二部の各論では山名氏における具体的な事例を明らかにした。

まず、第二部第一章のように、南北朝期に将軍近習の地位にあった一族が近習層から離れて守護家に被官編成された事例は注目できる。すでに先行研究で言及されている幕府・守護家双方で奉行人をつとめた在京文筆家集団の存在だけではなく、本来は奉公衆などの諸階層に編成される在京領主に対しても守護被官になる回路が用意されていたのである。また、第二部第二章で取り上げた石見守護家の場合、たとえ分国内の在地領主層の被官編成が困難であったとしても京都における被官編成は他の在京守護家と同様に確認できる。河村昭一氏は一色氏の権力組織に占める在京武士の比重が無視できないことを指摘しているが(5)、それは多少の差こそあれ、一色氏に限った話ではないだろう。在京守護家にとって離れた分国地域よりも基本的な活動拠点としている京都の方が被官編成の機会が豊富かつ容易であったといえる。一方で編成される側にとってみれば、京都の武家社会内部で中核的な位置を占める守護層に繋がることは有益であったうえ、同時に彼らは守護として分国支配も関与していたから、その庇護を受けることは地方における権益確保にも有利であったのだろう。守護層による権力編成は在京諸勢力の受け皿として機能していた。これまでの守護被官研究では、その分国内における権力編成が注目されやすかったが、今後は守護層の都市領主としての側面（恒常的な在京）を踏まえた検討もあわせて進めなければならない。

さらに第二部第一章で述べたように、被官にとって在京奉公は家格上昇にも繋がった。第二部第一章で取り上げた山口国衡は重臣層に定着できなかったものの、京都における文芸活動に秀でた八木宗頼のように地位を向上させた事例がある。在京という要素は、守護家の内部構造の変容にも大きく影響する視点といえる。加えて第二部の各補論で述べたように、被官に限らず、京都社会との関係は守護一族（庶流）も同様であった。地方に拠点を有した庶流が都鄙を往来しつつ、京都で文芸活動に勤しみ人的ネットワークを広げる姿は守護被官の事例と何ら変わりない。

また、第二部補論一ではそうした庶流家が備後守護代の地位にあったことを明らかにしたが、都鄙をまたぐ形で一族の分国経営に関与していた事例は金沢源意に限らない。第二部第二章の石見守護代山名清宗・義宗父子もそのような例のひとつである。中世後期の武家における一族分業の実態は父子・兄弟を中心に研究が見られるが(6)、第二部で述べた庶流たちは惣領家の周縁に位置する一族であった。遠縁・別流に属する者たちも惣領家を中心とする人的ネットワークに包摂されて都鄙をまたぐ分業に従事していた点は留意しておきたい。こうした庶流は幕府外様衆などに編成される場合も存在したが、例えば、日野山名氏のような外様衆の庶流家は幕府の家格秩序の下に編成される一方、惣領家とも密接な関係を有した[7]。先行研究の中には、幕府による守護家庶流の近習編成などが守護家に対する統制や抑圧、場合によっては一族結合の弱体化をもたらしたという見方も存在するが[8]、こうした見方は一面的であろう。室町期の守護家庶流は幕府・惣領家などと重層的に結びつき、基本的には都鄙間で相互補完的な一族関係を展開したと見てよい[9]。

このように、非守護の一族も含めて守護家構成員は都鄙往来、在京活動を展開していた。京都社会と彼らの具体的な諸相は政治史を見る際の基礎的考察としてより論究すべき課題といえる。とりわけ非守護の庶流家も視野に入れた包括的な一族関係を描き出す必要があるが、金沢源意のように惣領家の婚姻政策に関与していた例も見過せない。単に一族同士の相互関係を明らかにするだけではなく、当該期の政治情勢を十分に踏まえたものでなければならない。もちろん京都を介さない地域社会独自の動き、あるいは地方情勢が京都を規定する動きなどを軽視しているわけではなく、こうした側面の考察は今後の課題でもある。ただ、京都社会や都鄙関係を重視する見方は、在京領主が主体を占める畿内近国地域を中心に有効な視座であることには変わりないと考える。

(三) 応仁・文明の乱以後の山名氏と都鄙の政治情勢

応仁・文明の乱を境に都鄙の政治情勢は大きく変化し始め、戦国期的な政治状況が徐々に形成されていく。第三部では、応仁・文明の乱以降の都鄙の政治情勢の展開と山名氏の動向を検討した。

在京する武家領主層の矛盾が破裂した戦乱を応仁・文明の乱と位置付けた時、西軍方の大将格になった山名氏も旧赤松氏分国の保有をめぐる対立問題を抱えていた。この点は第一部第三章で述べたが、開戦直前に争点化したことにより、分裂的状況を内包していた山名氏は一部の例外を除いて惣領の下に結集、西軍の中核として活動したのである。しかし、第三部第一章で明らかにしたように、開戦直後には旧赤松氏分国の支配維持は困難となり、さらに東軍方の政治工作によって山名氏の結束は一気に動揺していく。そうした混乱状況に迫られる形で山名持豊は東軍方との和睦交渉に本腰を入れていくのである。にもかかわらず、赤松氏の抵抗で最初の和睦交渉は頓挫し、山名氏は赤松氏分国の放棄を条件に和睦を受け入れざるを得なかった。西軍陣営形成と和睦交渉の背景に関しては、古河公方の動向をもとにした関東情勢との連動説も提示されているが[10]、少なくとも山名氏の場合、関東問題はさほど重要ではなかったといえる。山名氏の場合、諸大名に担ぎ上げられる形で西軍の「大将」に擁立されたとする指摘があるが[11]、あっさりと西軍陣営を見限る様子からも山名氏参戦理由の本質を垣間見ることができる。乱後の山名氏は赤松氏分国回復をめぐる問題に規定されていくことになる。

このような状況を踏まえつつ、第三部第二章・第三章では惣領家と因幡守護家双方の政治動向を乱後の都鄙間情勢に位置付けて考察した。応仁・文明の乱終結後、京都の求心性は大きく動揺し、それまで在京していた諸勢力が続々と下向していった。山名氏も京都を離れて在国するようになっているから例外ではない。ただ、注意しておきたいのは、山名氏の立ち位置は容易に変化し得るものではなかった。第三部第二章で触れたように、文明一一（一四七九）年の山名惣領家の在国をめぐる騒動を見ると、依然として山名氏が幕府側にとって必要な存在として認識されていたことがうかがえる。さらに山名氏自身も中央政界と無縁になるわけではなく、中央政界の動向を踏まえたうえで赤松氏との抗争を展開していた。

第三部第三章で取り上げた因幡国の争乱事例からわかるように、当初から中央情勢の影響を受けていたとは限らない。しかし、長享・延徳年間の争乱の場合、次第に都鄙をまたぐ形での広域的な相互連動が確認できるようになっている。結局のところ山名氏の周辺情勢が中央政界の動きにある程度規定される面が散見される点、将軍家の求めに応じて在京する志向性を持っていた点は、一六世紀の事例とは異質であった。武家領主が多数在京する社会構造は解体されていくが、すぐさま完全に崩壊したわけではない。乱後も都鄙の連動は確実に存在する一方、所々で京都から離れる動きも散見されるという戦国期に向けての過渡期的な状況が展開した。第三部第二章・第三章で明らかにした山名氏の動向を踏まえると、都鄙間で接近・離反・連動という要素が相互に展開しながら、段階的に戦国初期の政治情勢が形成されたといえる。この間に幕府政治の運営は多数の守護（大名）層が参加しなくとも成り立つ形式が定着し、山名氏にとっても在京に対して積極的な意義を持ちにくい状態に移行していった。第三部第二章・第三章の成果を踏まえると、在国基調が高まる大名側の対幕府姿勢はさしあたって明応の政変が一区切りとなり、恒常的な在京を前提としない一六世紀的な将軍・大名関係に変化したのである。

一方、先にまとめた成果は主に近国地域の様相であるが、第三部第四章はいわゆる中間地域である石見国の事例であり、都鄙の連動は副次的で異質な政治状況が展開していた。近国地域に所在した家（惣領家・因幡守護家）に関しては、おおむね中央政権の段階的変化と相互連動しつつ展開した様子が見て取れるが、京都から離れた石見守護家の場合、流動的な地域社会の情勢に規定されながら、隣国の大内氏の傘下に入る動きを見せた。京都から分国に軸足を移していく中で守護家を規定する要素も地域ごとの差異が大きくなっていく様子がうかがえる。ただし、第四章付記で触れたように、応仁・文明の乱後、すぐに石見守護家が政治的立場を完全に喪失したわけではなく、大内氏の石見国進出には段階差が存在した。中間地域であっても守護という立場は容易に崩れるものではなく、徐々に進行した地域社会の変容と共に、戦国期的な政治状況が準備されていった。近国との違いも大きいが、いずれにしても一六世紀初頭までに戦国期的な地域社会の下地が形成される点は留意しておきたい。

また、すでに述べたように、山名氏は赤松氏に奪われた旧分国の回復という課題を抱えていた。文明一五年から始まる赤松氏との抗争は、惣領家が主導した動きだが、第三部第三章・第四章で明らかにしたように、惣領家以外の一族も広く参戦している。播磨などの分国を取り戻すことは一族共通の課題であり、応仁・文明の乱による一族結合の動揺を受けた惣領家は軍事行動を通じて求心力の回復を企図したと思われる。この課題は長享二（一四八八）年の対赤松氏戦争の敗北を境にひとまず清算されて、山名惣領家は新たな内訌期に突入していった。山名氏を長らく規定し続けた政治課題が事実上解決不可能な状態に陥り、惣領家も深刻な内訌に直面していく中、惣領家を中心とする一族結合の再建は十分に果たされないまま、一六世紀段階に移り変わると見てよい。もちろん川岡勉氏が指摘するように、一六世紀に入っても一族同士の繋がりが途絶したわけではない(12)。しかし、山名一族の動向は地域による差異が大きくなっており、戦乱で没落した一族や惣領家と敵対する出雲尼子氏の援助を受けた庶流家も散見される。一五世紀段階では都鄙間で活動する一族が惣領家の下に結集し、相互補完的な協調関係を取り結んでいたが、一族個々の独自行動が目立つ一六世紀とは異なる。この時期は一族関係の視点からも戦国期的な様相に移行する過渡期として位置付けてよいだろう。

このように、応仁・文明の乱から明応の政変にかけての期間は室町期と戦国期を結ぶ過渡期であり、戦国初期の政治状況が準備される時期として積極的な位置付けが与えられなければならない。第三部で見てきたように、地域による相違点が大きくなる一方、近国では依然として京都情勢との連動面が強く残存していた。明応の政変以後の将軍家分裂とそうした情勢に対する地域権力の動向も重要であるが、明応の政変に至る過程では中央政権の段階差も存在しており、等閑視できない。一五世紀後半における守護家をめぐる政治史については、地域による差異や京都との距離を考慮しつつ、基本的には京都と地方双方の視点をもとにして戦国期に向けた下地の形成過程を描き出す必要があろう。

二　今後の展望

以上、本書では一五世紀を中心として山名氏を素材に守護家の政治動向や都鄙における諸活動を明らかにしてきた。

すでに課題を提示した部分もあるが、今後の展望をいくつか述べたうえで擱筆したい。

本書は一五世紀を中心に考察したため、諸領主が在京する構造が成立していく南北朝期に関しては十分に触れたわけではない。本書で取り上げた山名氏の場合、南北朝内乱に乗じて勢力を拡大させた時氏・師義父子の相次ぐ死後、複雑な一族関係が展開したことが考えられるが、一族被官の在京・在国のあり方や被官組織の実態、明徳の乱に至る政治過程など積み残された課題は多い。

室町期以降を含めた守護家の一族関係の実態に関しても課題が残る。山名氏を例にみると、最近、岡村吉彦氏は、山名惣領家を中心に庶流家が連携する相互補完的な協調関係を展開していたと述べており、惣領による庶子家「統制」を強調する議論に一石を投じている。(13)本書でも一族関係が山名氏の政治動向に与えた影響に言及しており、同族間結合の在り方は重要な視点といえる。筆者としては、基本的に岡村氏と同様の意見であり、室町期山名氏の「同族連合体制」は岡村氏の見解が最も実態に近いと考えている。ただ、現在の「同族連合体制」論は非守護の庶流家を視野に入れた議論には至っていない。本書では非守護の庶流家の動向やその位置付けについて触れたが、取り上げていない一族も多く、検討の余地が残っている。そもそも山名氏に限らず、他の守護家も含めて庶流の動向や存在形態は依然として不明な点が多い。今後は守護ではない庶流家も包摂した議論を戦国期まで広げていく必要があろう。中世後期の守護家における同族間結合の実態やその具体的評価については、先述した課題を踏まえつつ、ひとまず次の課題としておきたい。

さらに惣領とその周辺の政治動向もより具体的に論及する余地がある。本書が取り上げた山名氏の場合、幕府の「宿老」に成長した山名時熙、嘉吉の乱後の山名持豊の政治的位置なども検討課題である。とくに持豊本人に関しては、父時熙と対比させて幕府に対する自立的な性格を強調する評価が存在するが、(14)筆者が別稿で述べたように、持豊の京都に対する志向性の高さは無視できない。(15)持豊の持つ自立的側面はあくまで一面に過ぎないことを意識しながら持豊を捉え直す必要がある。そうした意味で山本隆志氏が試みたような京都との関係の中で持豊を捉える視点は改めて重要といえる[16]。

山田徹氏は、公・武・寺・社の関係を超えて広がる人脈や政治動向の問題を明らかにしたうえで様々な主体が関係し合う室町期政治史を見ていく必要を提起している[17]。本書は武家中心の政治史となっており、様々な主体の動向を視野に入れた研究は課題といえる。一例を挙げると、荘園領主との関係の場合、嘉吉の乱後の山名氏は荘園押領や違乱を展開し、荘園制を破壊して社会秩序を乱す代表的存在として評価されている[18]。ただし、山名氏が新たに獲得した播磨・備前・美作は、赤松氏の残党による挙兵が相次いだ時期もある。新たに入部した山名氏が直面していた政情不安と度重なる軍事行動に伴う在地社会の混乱も視野に入れた議論が必要であろう。片岡秀樹氏は公家の月輪尹賢が山名氏の扶持を受けた事例を紹介しているが[19]、この人物は播磨国内の伏見宮家領をめぐって山名氏と伏見宮家の間を取り持つ動きを見せており興味深い[20]。また、応仁・文明の乱の際には西軍陣営に属した公家衆も確認できるうえ、正親町三条公治の娘は山名政豊に嫁いでいた[21]。荘園押領・違乱という視点に限ると山名氏は寺社本所側にとって最も敵対した勢力といえるが、実際には京都社会の中で緊張関係を持ちつつ相互交流が展開していたように思われる。武家以外の諸勢力との関係を単純な対立構図に落とし込むのではなく、具体的な事例を検証することでその実態を解き明かしていかなければならない。

このほか、本書第三部のように、戦国初期の政治状況の形成を意識して考察したが、そうした動きによって成立した一六世紀の政治情勢に関しては十分に触れていない。例えば、山名氏が本拠とした山陰東部地域の場合、畿内近国の外縁部に位置するが、次第に尼子氏や毛利氏の東進、織田氏の伸張に伴い、地域社会が大きく変動していく。一方、そうした中にあっても山名氏が天正年間に事実上滅亡するまで山陰東部地域を支配した点は等閑視できない。室町期に比べて流動性が高まる地域社会の変容や都鄙関係の変質を踏まえつつ、畿内近国周縁部の守護家とその周辺が段階的に変化していく過程を具体的に明らかにしていきたいと考えている。

様々な課題を提げたが、個別分散的なテーマの提示にとどまったことは否めない。室町期を中心に「内部」や「個」の視座から政治・社会を捉え直し、多様な勢力の一角から全体史を見ていく試みは今後も必要であろう。その中で守護の研究はやり尽くされたわけではなく、個別の諸論点につき具体的に取り組む余地は依然残されている。とりわけ山名氏はその最たるものであろう。今後も引き続き課題への取り組みと実証の積み重ねに努めることで中世後期社会の中に山名氏を位置付け、当該期社会を捉えていきたいと考えている。このように積み残した課題は多いが、ひとまず擱筆したい。

注

（1）馬田綾子「赤松則尚の挙兵」（大山喬平教授退官記念会編『日本国家の史的特質古代・中世』思文閣出版、一九九七年）、家永遵嗣「三魔」（木下昌規編『シリーズ室町幕府の研究五　足利義政』戎光祥出版、二〇二四年、初出一九九九年）など。

（2）川岡勉氏は、持豊の婚姻政策を勢力拡大と山名排除の動きへの対抗という両面で理解している（同『山名宗全』吉川弘文館、二〇〇九年、六〇～六一頁など）。基本的に川岡氏の評価が妥当と考えるが、山名氏をめぐる政情不安が協力者を広げる行動（人的ネットワークの拡大）に繋がる点は特に留意しておきたい。嘉吉の乱後の山名氏は単に強大化という視座では捉え切れないといえる。

（3）家永遵嗣「将軍権力と大名との関係を見る視点」（『歴史評論』五七二、一九九七年）。

（4）前掲注（1）馬田論文。

（5）河村昭一『南北朝・室町期一色氏の権力構造』（戎光祥出版、二〇一六年）。

（6）呉座勇一「室町期武家の一族分業」（阿部猛編『中世政治史の研究』日本史史料研究会、二〇一〇年）など。

（7）拙稿「中世後期日野山名氏の基礎的考察」（『大阪大谷大学歴史文化研究』二四、二〇二四年）。

（8）福田豊彦・佐藤堅一「室町幕府将軍権力に関する一考察（上）・（下）」（『日本歴史』二二八・二二九、一九六七年）、福田豊彦「室町幕府の奉公衆体制」（『室町幕府と国人一揆』吉川弘文館、一九九五年、初出一九八八年）など。

（9）守護家の一族関係の実態は、清水克行「ある室町幕府直臣の都市生活」（『室町社会の騒擾と秩序　増補版』講談社、二〇二二年、初出二〇〇二年）、川口成人「細川持賢と室町幕府」（『ヒストリア』二六六、二〇一八年）、同「貞清流畠山氏の基礎的研究」（『京都学・歴彩館紀要』三、二〇二〇年）など参照。
（10）家永遵嗣「応仁・文明の乱前後の東国問題と将軍権力」（『室町幕府将軍権力の研究』東京大学日本史学研究室、一九九五年）。
（11）永島福太郎『応仁の乱』（至文堂、一九六八年、二二九～二三五頁）。
（12）川岡勉「戦国期備後における守護支配と国衆」（『戦国期守護権力の研究』思文閣出版、二〇二三年、初出二〇一八年）。
（13）岡村吉彦「山名氏の同族連合体制と庶流守護家」（川岡勉編『中世後期の守護と文書システム』思文閣出版、二〇二二年）。
（14）市川祐士『室町幕府の地方支配と地域権力』（戎光祥出版、二〇一七年）。
（15）拙稿「書評　市川裕士著『室町幕府の地方支配と地域権力』」（『日本史研究』六七三、二〇一八年）。
（16）山本隆志『山名宗全』（ミネルヴァ書房、二〇一五年）。
（17）山田徹「公・武の関係をどうとらえるか」（山田徹・谷口雄太・木下竜馬・川口成人『鎌倉幕府と室町幕府』光文社、二〇二二年）。
（18）前掲注（2）川岡著書四八～五六頁など。
（19）片岡秀樹「山名氏と月輪尹賢卿の関係」（『但馬史研究』二二、一九九九年）。
（20）月輪尹賢が山名時熙の扶持を受けていた点は『満済准后日記』正長二年八月一〇日条参照。伏見宮家領の播磨国衙別納市余田の年貢納入に関する取次行為は『看聞日記』嘉吉三年三月二六・二七日条などに見える。
（21）応仁・文明の乱中の西軍方公家衆については、水野智之「室町時代における公家勢力の政治的動向」（『室町時代公武関係の研究』吉川弘文館、二〇〇五年、初出二〇〇三年）、山名氏と正親町三条家の婚姻関係については、片岡秀樹「山名氏と三條家」（『但馬史研究』一三、一九九〇年）参照。

山名氏略系図

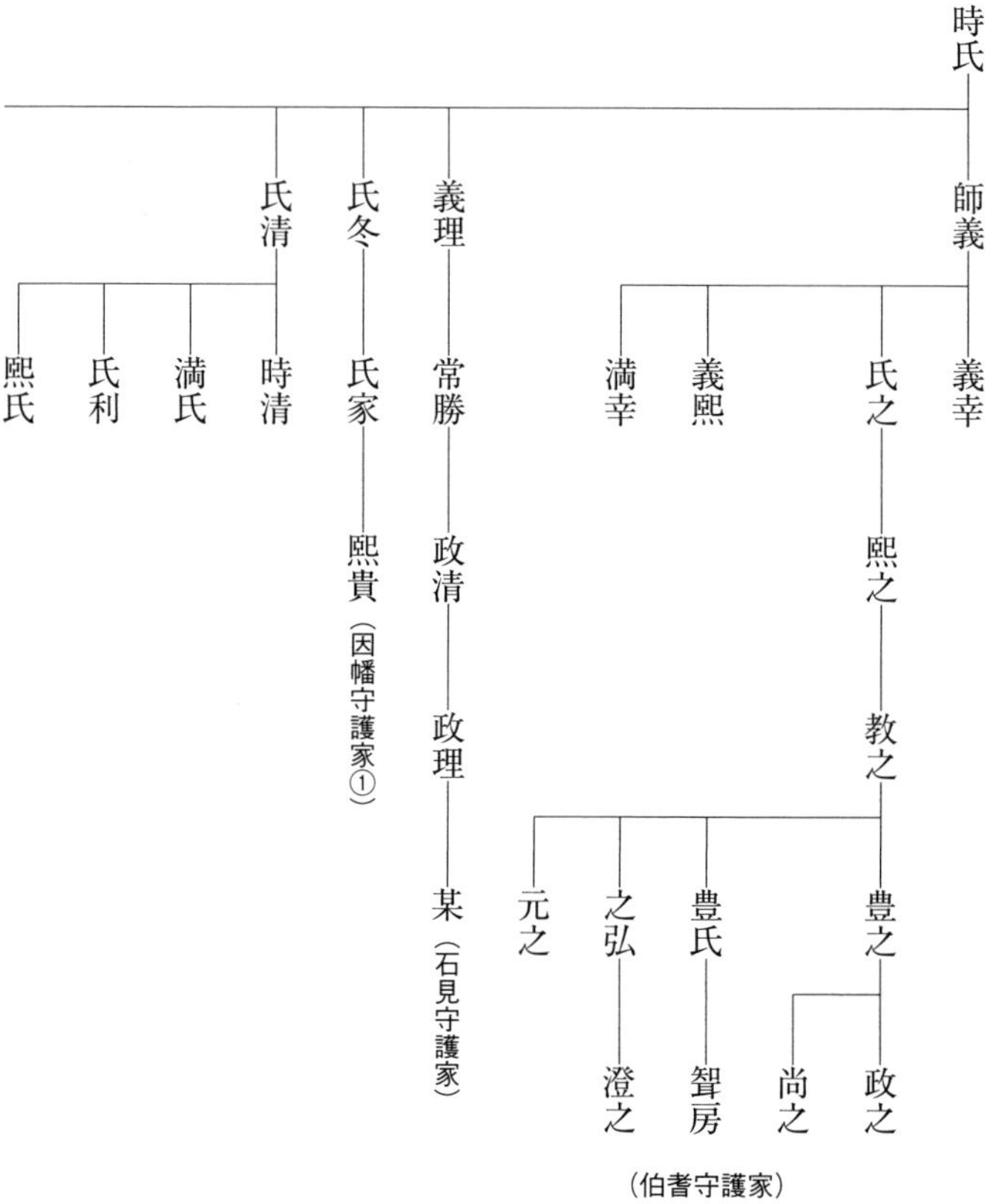
時氏
師義
義理
氏冬
氏清
義幸
氏之
義熙
満幸
熙之
教之
豊之
豊氏
之弘
元之
政之
尚之
聟房
澄之
（伯耆守護家）
常勝
政清
政理
某（石見守護家）
氏家
熙貴（因幡守護家①）
時清
満氏
氏利
熙氏

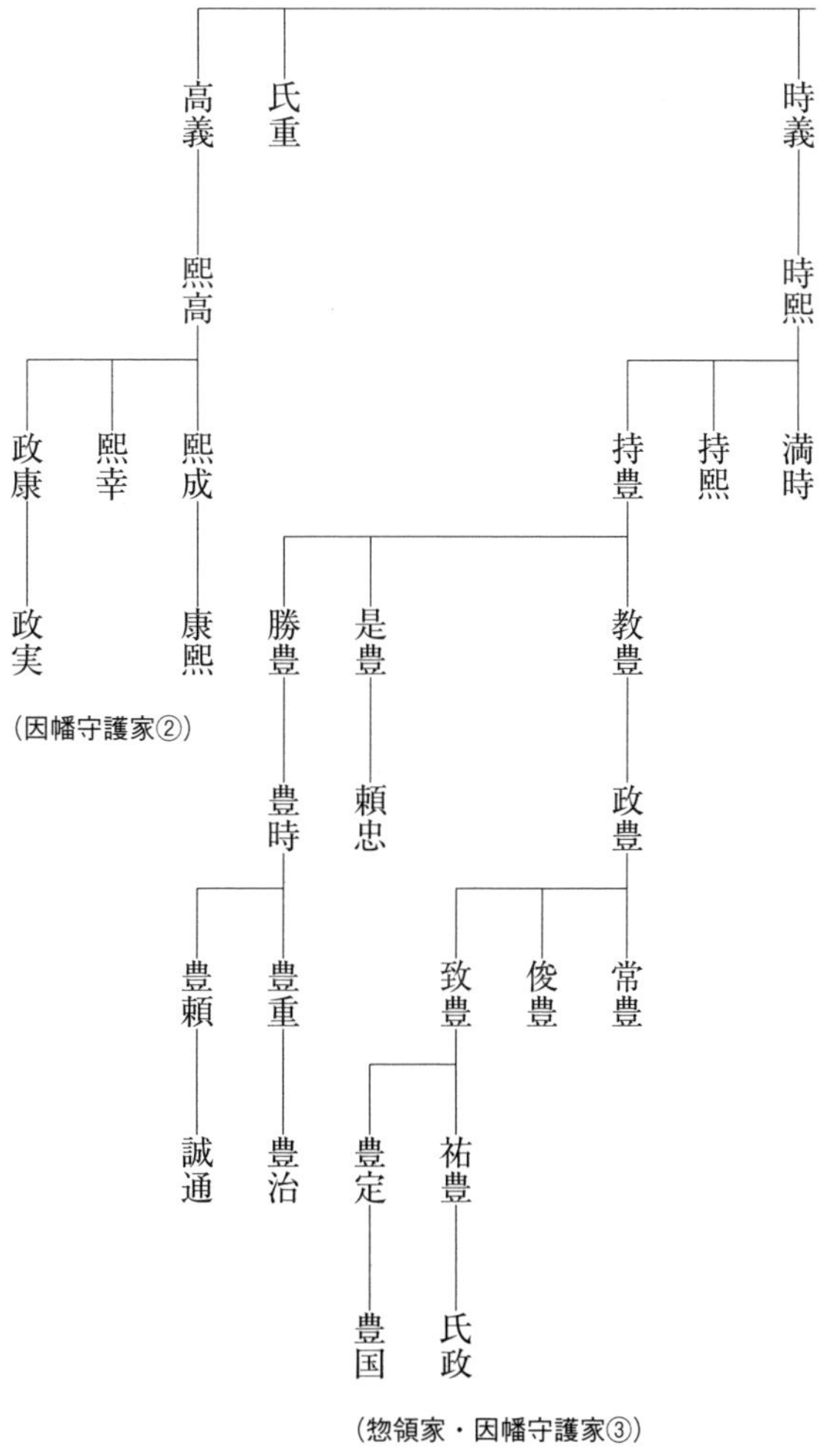

作成にあたっては、『群書類従』所収系図・池田本系図・『寛永諸家系図伝』所収系図（未定稿本）などの山名氏系図を参考のうえ、先行研究の成果を適宜反映させた。

初出一覧

序　章　室町期政治史研究と山名氏（新稿）

第一部　室町期政治史と山名氏の動向

第一章　明徳の乱と山名氏（新稿）

第二章　足利義教政権と石見守護山名氏（『地方史研究』七三―一、二〇二三年）

第三章　山名教豊・是豊兄弟の政治的位置（『年報中世史研究』四五、二〇二〇年）

第二部　京都社会と山名一族・被官

第一章　南北朝・室町期の山名氏と被官山口氏（新稿）

第二章　石見守護山名氏の権力構造とその変遷（『古代文化研究』二七、二〇一九年）

補論一　備後金沢氏の素性について（『戦国史研究』八三、二〇二二年）

補論二　山名一族の連歌と人的ネットワーク―「和泉守清舎」考―（新稿）

第三部　応仁・文明の乱以後の山名氏と都鄙の政治情勢

第一章　応仁・文明の乱と山名氏（『日本史研究』六六〇、二〇一七年）

第二章　応仁・文明の乱後の山名氏と室町幕府（『ヒストリア』二七四、二〇一九年）
第三章　因幡守護山名豊時・豊重父子と室町幕府（『鳥取地域史研究』二二、二〇二〇年）
第四章　応仁・文明の乱後における石見守護山名氏の動向（『地方史研究』六八―五、二〇一八年）
※原題は「応仁・文明の乱後における石見山名氏の動向」
終　章　本書の総括と展望（新稿）

本書収録にあたっては、必要に応じて修正した箇所や注を削除・追加した部分などがある。おおむね論旨に変更はないが、その後確認された史料などに基づき主張を変えた部分もある。特に補足が必要と判断した部分については、該当する章の末尾に付記を加えたので、適宜参照されたい。

あとがき

本書は二〇二〇年一二月に大阪大学大学院文学研究科へ提出した学位請求論文「室町期山名氏の政治史的研究」をもとに、その後発表した論文や新稿の追加などを行い、再構成したものである。学位請求論文を審査いただいた主査の川合康先生、副査の市大樹・野村玄両先生には厚く御礼申し上げたい。

私の出身地は、鳥取県中部の湯梨浜町（旧東郷町）である。中世の荘園絵図（東郷荘絵図）で知られた地域であり、伯耆一宮の倭文神社や羽衣石城も所在している。さらに通っていた小学校の所在地は、東郷荘絵図に朱塗りの神社と思しき建物が書き込まれているほか、戦国期には城郭が築かれた場所でもあった。小学校の前庭には造成時に見つかった石垣の一部が保存されており、私も含めた子どもの遊び場になっていた。歴史に興味を惹かれるような要素はたくさんあったと思うが、それでも周囲に歴史好きの同級生は一切いなかったと記憶している。そのような中で、なぜ歴史好きに育ってしまったのか、今となっては自分でもよくわからない。

大学進学は迷うことなく文学部を志望した。センター試験の悲惨さを思うと奇跡的に大阪大学へ入学を許された。最初は高校までとは違う「歴史学」に戸惑ったが、平雅行・川合康両先生をはじめとする先生方の講義・演習を受けるうちに徐々に戸惑いも薄れてむしろ改めて興味が湧いてきた。ところがあっという間に三回生となり、卒業論文の準備をしなければならない時期になった。たまたま研究室で別の演習準備をしていた際、先輩の高木純一氏から川岡勉氏の著書『山名宗全』（吉川弘文館、二〇〇九年）を紹介された。それまで私は伯耆国人・南条氏に興味があったが、当時は『新鳥取県史』の資料編がまだ刊行されていなかった。そのうえ、南条氏の関連史料は断片的であり、卒業論文の作業は行詰まりそうな予感がしていた。そもそも南条氏は元伯耆守護代であり、必然的に山名氏も関係してくる。そのため、どのみち地元に関係するのであればと大変軽い理由で山名氏を取り上げることに決めてしまった。

　実際に作業を始めてみると面白いもので、未解明の点が多いことに気付いた。そうしたことから一気に山名氏にのめり込んでいったが、各地に分散する関連史料・文献の収集で手一杯となった。卒業論文では山名氏の在京雑掌や対幕府外交を取り上げたが、とても論文とは言えない代物であった。辛うじて大学院進学を許していただいたものの、不出来な卒業論文のトラウマと就職活動の反省から公務員試験を受けると決めていた。しかし、修士論文のネタがない状態で修士二年の夏になってしまい、追い詰められた末に思い出したのが、第三部第一章で取り上げた「足利義政御内書案写」であった。この文書は、卒業論文執筆時には把握していたが、宛所や内容を十分に理解できず放置していた。ある日、コピーしていた池田本系図を眺めていると、山名豊高《(氏)》の息子に「聟房」と書かれていることに気付いた。そこから宛所の人々の素性や発給年次を考えてみると、応仁・文明の乱終結に向けた政治情勢と関連するのではないかと思うようになり、修士論文に組み込むことになった。

　さらに幸運であったのは、二〇一六年の博士前期課程修了と同時に島根県の中世史専門職員として採用されたことである。もともと専門職には興味があったが、自分には無理な話と思っていた。その意味では本当に運が良かったと思う。島根県では県立古代出雲歴史博物館、同教育庁文化財課世界遺産室に配置され、調査研究などの様々な分野を経験させてもらった。何にもわからないまま、島根にやってきた私に懇切丁寧なご指導、ご助言をいただいた島根県の方々には改めて厚く御礼申し上げたい。

　もう一つの転機となったのは、二〇一七年に修士論文の一部が『日本史研究』に掲載されたことである。まさか掲載されるとは思っておらず、ここでも先に述べた「足利義政御内書案写」に助けられた形となった。掲載が決まった直後、川合先生の研究室に出向き御礼を伝えたが、その際、川合先生から社会人学生として博士論文を書くことを勧められた。これから研究をどうしようかと思っていた時期でもあり、川合先生からのお誘いは大変ありがたく、博士後期課程に進学する旨をお伝えした。この時改めて山名氏に向き合う決心がついたと思う。二〇一八年に社会人学生として復帰した私は、大阪と島根を行き来しながら研究を進める生活を送ることになった。

その一方でお世辞にも地方の研究環境は良いとは言えなかった。この頃には、特に都鄙関係や京都の政治史との相互連動を重視して研究を行うようになっていたが、研究で参照すべき基礎的な史料集や文献が一切県内に存在しないケースも多々あった。大阪に足繁く通ったのも、研究のモチベーション維持の目的があったが、大学に行かなければ必要な文献にアクセスできない状況でもあったためである。しかし、そうした生活も長くは続かなかった。周知のとおり、二〇二〇年の春先から新型コロナウイルス感染症が蔓延し、移動自粛が広がった。頻繁に県外へ移動していた私はその影響をもろに受けることになってしまったが、そうした中でも何とか学位請求論文にまとめ上げることができたのは、三年で論文をまとめなさいという川合先生のアドバイスが目標にあったからと思う。

人付き合いが得意ではないにもかかわらず、研究を今まで続けることができたのも、周囲の皆さんのおかげと改めて感じている。特に学部一回生最初の英語の授業でたまたま隣の席になって知り合い、同じ研究室、同じ中世ゼミに所属することになり、今も付き合いのある大上幹広氏、院の同期である田辺旬・車谷航両氏、現在の職場でもお世話になっている永野弘明氏、島根県で同僚になった後輩の田村亨氏にはいつも刺激を受けている。また、学部で就職した同期たちにも定期的に旅行や飲み会に誘ってもらい、研究から離れることで良い息抜きになった。さらに島根に来てからは、井上寛司先生にお世話になることが多く、いつも抜き刷りをお送りするたびに温かいお言葉をいただいて励みになっている。井上先生からも博士論文をまとめるようにお言葉をいただき、勝手ながら私自身の心の支えになっていた。このほかにもお名前を挙げて御礼を申し上げるべき方々は多いが、この場を借りて深謝申し上げたい。

なお、本書の刊行にあたっては、川合先生のご紹介で吉川弘文館が引き受けて下さった。出版事情の厳しい中、懇切丁寧にご対応いただいた同社の皆さま、編集部の石津輝真・志摩こずえ両氏には厚く御礼申し上げたい。

最後になるが、ここまで過ごすことができたのも、家族の支えがあったからと思う。同級生とは違って歴史に興味を持つようなだいぶ変わった子どもであったが、それでも理解し続けてくれた両親は私が欲しい本を惜しみなく買ってくれた。大学・大学院在籍中、弟たちが相次いで京都の大学に進学してきたが、弟の下宿先を定宿にさせてもらっていた。迷惑であったかもしれないが、頻繁にやってくる自分を受け入れてくれた弟たちにも感謝したい。そして、もう一人、この場を借りて謝意を述べたいのは祖父である。日本海新聞の読者欄に投稿するのが趣味の一つであった祖父は暇なときに机に向かい物書きをしていた。論文を書くのがそこまで苦にならないのもそうした祖父の姿を見ていたことが影響したのだろう。幼い時から目をかけて色々と気遣ってくれた祖父は最大の理解者の一人でもあった。せめて祖父に本書を届けたかったが、それも叶わなかった。一昨年の白寿の祝いの際には元気そうであったから、間に合うと甘く考えてしまったことを大変後悔している。本書を祖父の墓前に捧げたい。

二〇二三年四月から久しぶりに関西に戻った。現在の職場では自由に研究させていただいており、学科の先生方のご理解には深く感謝申し上げたい。関係の皆さんに感謝しつつ、今後も精進していきたいと考えている。

二〇二五年一月

伊藤大貴

【付記】本書は、令和四（二〇二二）年度・同六（二〇二四）年度公益財団法人髙梨学術奨励基金若手研究助成による成果を含んでいる。

著者略歴

一九九一年　鳥取県生まれ

二〇二一年　大阪大学大学院文学研究科文化形態論専攻博士後期課程修了、博士（文学）

現在　大阪大谷大学文学部歴史文化学科専任講師

〔主要著書・論文〕

「十五世紀後半における備後守護山名氏の段銭収取と国人」（志賀節子・三枝暁子編『日本中世の課税制度　段銭の成立と展開』勉誠出版、二〇二二年）

「石見吉見氏と室町幕府」（島根県古代文化センター編『島根県古代文化センター研究論集　第二八集　中世石見における在地領主の動向』島根県教育委員会、二〇二二年）

「中世後期日野山名氏の基礎的考察」（『大阪大谷大学歴史文化研究』二四、二〇二四年）

室町期山名氏の研究

二〇二五年（令和七）二月一日　第一刷発行

著者　伊《い》藤《とう》大《だい》貴《き》

発行者　吉川道郎

発行所　株式会社　吉川弘文館

郵便番号一一三—〇〇三三

東京都文京区本郷七丁目二番八号

電話〇三—三八一三—九一五一〈代〉

振替口座〇〇一〇〇—五—二四四番

https://www.yoshikawa-k.co.jp/

印刷＝株式会社　理想社

製本＝誠製本株式会社

装幀＝山崎　登

ISBN978-4-642-02996-4

索　　引

この索引は，本文および注から採録した．ただし，章節のタイトル・図表・系図・参考文献名・史料名は除外した．なお，人名のうち，「山名」は省略した．□は不明文字を指す．

I　人　　名

あ　行

か　行

さ　行

た　行

な　行

は　行

ま　行

や　行

ら　行

わ　行

Ⅱ　研究者名

あ　行

か　行

さ　行

た　行

な　行

は　行

ま　行

や　行

ら　行

わ　行

Ⅲ　地名・寺社名

あ　行

か　行

さ　行

た　行

な　行

は　行

ま　行

や　行

ら　行

わ　行